백제 사비성(泗沘城), 도성(都城)에서 왕도(王都)로

백제 사비성(泗沘城), 도성(都城)에서 왕도(王都)로

심상육 지음

서경문화사

책머리에

지금은 사라진 주소지인 '충남 부여군 장암면 정암리(안골) 304번지'.

1973년 여름, 나는 그곳에서 태어났다.

여든을 넘기신 어머니는 가끔 나의 어린 시절을 회상하며 말씀하시곤 한다. 집 앞을 지나던 엿장수가 갓난아기였던 나를 보더니, "이 아이는 사주점을 보지 않아도 잘 살 것"이라 했다는 이야기다.

쉰을 넘긴 2026년, 조금 늦은 감은 있으나 박사학위를 받고, 고향 부여의 포근한 집에서 아들과 딸, 그리고 사랑하는 아내 명옥과 행복한 가정을 일구었으니, 그 옛날 엿장수는 제법 신통한 눈을 가졌던 모양이다.

어린 시절, 산에서 칡뿌리를 캐다 우연히 마주했던 옛 무덤의 아련한 감촉은 소년의 가슴에 깊이 각인되었다. 비록 영특하거나 숙기 있는 아이는 아니었으나, 그 아련한 기억에 이끌려 운명처럼 발굴 현장에 발을 딛고 고고학의 세계로 들어섰다.

강원고고문화연구원 지현병 원장님으로부터 고고학의 기초를 배웠고, 故 이남석 교수님을 통해 학문적 글쓰기의 길을 찾았으며, 홍보식 교수님께서는 문장에 담긴 학자의 책임감을 가슴 깊이 새겨주셨다.

2020년 겪었던 예기치 못한 해직(解職)의 시련은 오히려 안주함을 경계하고 곁을 지켜준 소중한 동료들을 얻는 반전의 계기가 되었다.

나의 고고학적 기반은 강릉대학교박물관, 공주대학교 사학과, 국립부여문화유산연구소, 백제고도문화재단이다. 이를 바탕으로 부여에 대한 고고학적 연구는 2000년부터 국립부여문화유산연구소에서 고향의 산천을 누비며 지리를 익혔고, 궁남지와 관북리 유적을 조사하며 사비 도성의 기초를 닦았다. 이후 백제고도문화재단에서 부여 나성을 시작으로 능안골, 화지산, 가림성 등 주요 유적들을 조사하며 백제 사비성에 대한 고고학적 지식을 채워 나갔다.

2017년, 석사 학위를 받은 지 10년 만에 다시 박사 과정에 도전했다. 현재 다시 관북리 유적의 발굴 현장에 서서, 사비성에 대한 연구의 결을 정리하고자 박사학위 논문을 집필했고, 이제 부끄러움을 무릅쓰고 이를 한 권의 책으로 묶어 세상에 내놓는다.

이 책은 박사학위 논문인『백제 사비도성 축조와 전개 과정 연구』를 바탕으로 일부 내용을 수정하고 보완한 것이다. 책의 제목은 고민 끝에『백제 사비성, 도성에서 왕도로』라 붙였다. 행간 곳곳에 여전히 미진함과 오류가 숨어 있음을 고백한다. 이는 앞으로 치열하게 해결해 나가야 할 숙제로 남겨두며, 긴 여정의 한 매듭을 짓고자 한다.

2026년 3월 31일
사비성의 심장부,
관북리 유적 국립부여문화유산연구소 부여지역조사단 사무실에서
심상육 적음

국가 권력의 중심이 되는 도성에서 왕도로 전환되는 첫 대상, 백제 사비성

이 책은 저자 자신이 부여에서 30여 년간 고고학 현장에서 품고 있었던 열정적인 탐구와 애정이 담긴 연구 내용을 정리한 책이다.

저자는 오랜 세월 부여의 발굴 현장에서 마주한 유구와 유물, 그리고 땅이 층층이 품고 있던 시간적 이야기를 통해 백제 왕도의 실체와 그 경관을 단계적으로 고증하기 위해 끊임없이 노력해왔다. 단순한 유적 설명을 넘어, 물질자료가 전하는 역사적 의미를 섬세하게 읽어내며 약 1,500여 년 전 백제 사비기 부여의 모습을 우리 앞에 생생히 펼쳐 보인다.

이 책은 사비왕도가 웅진 시기를 거쳐 우리나라 최초로 '도성 중심 체제'에서 '왕도 중심 체제'로 전환된 공간임을 통찰력 있게 밝힌다. 학문적 성실함과 치밀한 분석이 어우러져 독자는 백제 왕도의 공간을 단순히 이해하는 데 그치지 않고, 그 시간을 함께 간접적으로 경험하게 된다.

이 책을 통해 백제를 사랑하는 이들에게는 마음의 울림을, 한국 고대사에 관심 있는 이들에게는 새로운 시각과 배움의 기쁨을 선사할 책이다. 사비성을 통해 백제 왕도의 본질을 묻고자 하는 모든 이에게 이 책을 추천하고 싶다.

아울러 오랜 세월 한결같이 학문의 길을 걸어오신 선생님의 노력과 가르침에 깊은 존경의 마음을 전한다. 이 책이 공부하는 독자들에게 또 하나의 소중한 이정표로 오래도록 읽히기를 바란다.

공주에서

공(주)부익 류미나(충남역사문화연구원 선임연구원) 씀

추천사

묵묵한 연구의 시간이 일궈낸 귀한 결실을 축하드리며

고고학은 땅속에 묻힌 파편들을 통해 과거 역사의 체계를 복원하는 학문입니다. 이번에 심상육 박사님께서 오랜 연구의 결실인 박사학위 논문을 한 권의 책으로 펴내신다는 소식을 듣고, 직장 후배로서 진심 어린 축하와 존경의 마음을 전합니다.

제가 곁에서 지켜본 심상육 박사님은 누구보다 '기본'의 힘을 믿는 분이셨습니다. 보통 연륜이 깊어지고 중견의 위치에 서게 되면 실제 자료를 직접 정리하거나 세밀하게 분석하는 실무적인 일에는 거리를 두기 마련입니다. 하지만 박사님은 늘 예외였습니다. 제가 아무리 일찍 출근해도 언제나 저보다 먼저 자리를 지키고 계셨고, 때로는 늦은 밤까지 연구실의 불을 밝히며 유물 자료 하나하나를 꼼꼼히 살피곤 하셨습니다. 20년이라는 세월의 격차를 넘어, 박사님께서 보여주신 그 한결같은 근면함과 자료를 대하는 진지한 태도는 저와 같은 후학들에게 무엇보다 큰 가르침이 되었습니다.

이러한 박사님의 성실함은 이번 저서에 고스란히 녹아 있습니다. 이 책은 백제 사비도성이 웅진 천도라는 위기 속에서 어떻게 계획되고, 자연재해를 극복하며 완성형 도성으로 발전해 나갔는지를 면밀하게 검증하고 있습니다. 특히 관북리 유적의 토층을 근거로 사비기의 시간성을 6단계로 세밀하게 구분하고, 나성 내외부의 공간 확대 과정을 물질 자료를 통해 검증해낸 지점은 박사님만의 집요함이 아니면 불가능했을 성취입니다.

현장의 단편적인 현상에 매몰되지 않고, 지형적 이점과 생산 시설, 방어 체계까지 아우르는 거시적인 시각으로 사비도성의 시스템을 복원해낸 이 연구는 고고학을 공부하는 사람들에게 좋은 길잡이가 될 것 같습니다. 업무와 연구를 병행해야 하는 고단한 일상 속에서도 학자로서의 정체성을 잃지 않고 끝내 이토록 방대한 기록을 매듭지으신 박사님의 의지에 깊은 경의를 표합니다.

심상육 박사님의 빛나는 성취를 다시 한번 축하드리며, 앞으로도 박사님이 걸어가실 깊이 있는 연구의 여정을 늘 존경하는 마음으로 응원하겠습니다.

부여에서

김지선(국립부여문화유산연구소 선임연구원) 씀

추천사

고대 국가 백제사는 수도인 한성·웅진·사비와 금마저를 중심으로 연구되어 왔다. 그 가운데 완성된 도성인 사비도성의 축조와 전개 과정을 통해 사비시기 백제의 모습을 조명한 연구서 『백제 사비성, 도성에서 왕도로』가 발간되었다.

저자인 심상육은 고향인 부여에 대한 깊은 애정을 바탕으로 사비시기를 연구해 온 대표 고고학자이다. 사비에 대한 다수의 발굴조사와 관련 연구 논문을 통해 사비도성의 전개 과정을 체계적으로 밝혀 왔다. 그 최종 결과물로서 2026년 공주대학교 대학원에서 박사학위 논문으로 취득한 『백제 사비도성 축조와 전개 과정 연구』이다.

저자는 백제 사비고고학회의 핵심 일원으로서, "사비(私費)를 털어서 사비(泗沘)를 연구한다"는 학회 슬로건을 실천하며 사비시기 백제 연구에 헌신해 왔다. 이번에 출간된 『백제 사비성, 도성에서 왕도로』는 그 연구 성과를 집대성한 저술로, 토기·기와·동전 등 절대연대 자료를 비롯한 다양한 고고학 자료의 분석을 통해 사비도성의 변천 과정을 실증적으로 밝혀냈다.

『백제 사비성, 도성에서 왕도로』에서는 백제 후기 국가 운영의 핵심 공간이었던 사비도성의 형성과 변천을 고고학 자료와 문헌 사료의 정밀한 분석을 통해 체계적으로 복원하였다.

저자는 저서를 통해 사비도성을 웅진시기에 우리나라 최초로 국도의 중심을 왕성에서 도성으로 인식하였으며, 그 기반은 나성 외부 공간과 인접해 위치한 군·성의 배치 양상을 통해 고증했다. 이후 사비도성의 발전은 나성 외부 공간의 개발과 자연재해에 따라 붕괴된 시스템 복원을 통해 완성형의 사비도성으로 발전되었으나, 완성형의 사비도성은 영원하게 운영되지 못하고 침략군의 침입으로 사비도성은 운영이 중단된 것으로 보고 있다.

이 저서를 통해 사비도성의 역사적 의미를 재정립하고 백제사 연구의 지평을 넓히는데 중요한 기여를 하였으며, 나아가 백제 사비 도성사를 이해하려는 연구자 및 한국 고대사의 흐름을 깊이 있게 알고자 하는 독자들에게도 큰 길잡이가 되리라 믿는다.

마지막으로 공부익의 한 사람으로서 선생님의 연구 결과의 결실에 대한 진심 어린 축하와 경의를 표하며 앞으로도 공부익 모임의 취지처럼 백제 고고학의 동행자로 함께 걸어가겠습니다.

익산에서

공부익(산) 박동범(원광대학교 마한백제문화연구소 선임연구원) 씀

목 차

I.

서론

백제(百濟)[1] 사비성(泗沘城)[2]은 백제가 웅진에서 사비로 천도한 538년부터 660년 멸망에 이르기까지 약 123년간 백제의 찬란한 문화를 꽃피웠던 최후의 수도이다. 사비도성은 철저한 계획 아래에 조성된 고대 도성의 전형으로서, 고대 동아시아 도성사에서 독특한 위치를 차지하고 있다. 특히, 2015년 '백제역사유적지구(Baekje Historic Areas, 百濟歷史遺蹟地區)'가 유네스코 세계유산으로 등재되면서 관북리 유적(官北里 遺蹟)과 부소산성(扶蘇山城), 나성(羅城), 정림사지(定林寺址), 왕릉원(王陵園)이 사비도성을 구성하는 핵심 유적들에 대한 학술적·대중적 관심이 최고조에 달했다. 그래서 외견상으로는 수많은 발굴 조사와 연구 성과를 통해 사비기 백제의 실체가 명확히 드러난 것처럼 보이기도 한다.

그러나 이러한 외적 성장과는 다르게, 사비성의 실체적 진실, 즉 실증적 연구는 여전히 안개 속에 가려져 있는 부분이 많다. 세계유산 등재라는 화려한 수식어 뒤에 숨겨진 학술적 공백은 의외로 크다. 무엇보다 사비성의 핵심인 왕궁의 구체적인 위치와 그 변화 양상, 도성 전체의 물리적·공간적 범위에 대한 논의는 여전히 합의된 결론에 이르지 못했다. 또한, 120여 년이라는 긴 시간 동안 사비성이 평면적으로 고착되어 있었던 것이 아니라, 정치적 상황과 사회적 변화에

---

1) 溫祚都河南慰禮城, 以十臣爲輔翼, 國號十濟. 是前漢成帝鴻嘉三年也(『三國史記』卷第二十三「百濟本紀」第一 溫祚王).

2) 十六年, 春, 移都於泗沘, 國號南扶餘(『三國史記』卷第二十六「百濟本紀」第四 聖王).

따라 시간적으로 어떻게 변모하고 확장되어 갔는지에 대한 동태적인 고찰도 부족한 실정이다.

이처럼 사비성에 대한 이해도가 낮은 근본적인 원인이 문헌 자료의 부족에 있다는 점은 부정할 수 없다. 이러한 불가피한 점 때문에 사비성 연구에 고고학적 발굴 자료의 의존도는 높아질 수밖에 없다. 고고학은 남겨진 물질 자료를 통해 과거의 역사와 문화 그리고 인류의 생활 모습을 연구하는 학문으로 역사 기록이 부족한 고대 사회에는 물질 자료가 역사를 연구하는 주요 자료가 될 수밖에 없다. 물질 자료는 사람들이 사용하던 동시대 자료로서 사회 제반 분야의 내용을 함축하고 있으며, 동시에 물질 자료의 변화는 사회 제반 분야의 변화를 반영[3]하기 때문이다.

이 연구는 이러한 인식에서 출발한다. 사비성이 우리 역사에서 갖는 함의(含意)인 '국가 권력의 중심이 왕성(王城)에서 도성(都城)으로 전환되는 첫 사례'라는 점을 분명히 하기 위해, 고고학적 층위와 유물을 근거로 시간적 변천 과정을 정밀하게 재구성하고자 한다. 이를 통해 불명확했던 공간 범위를 확정하고, 사비성이 백제라는 국가의 명운과 궤를 같이하며 어떻게 유기적으로 성장했는지를 밝히는 것이 이글의 궁극적인 목적이다.

1. 사비성 연구사 검토

사비성에서 고고학적 조사 · 연구는 1915년 부여 왕릉원인 능산리고분의 발굴을 시작으로 110년이 넘는 시간이 지나면서 백제 후기 역사를 이해할 수 있는 건축물과 문자 기록물의 흔적을 찾아내는 성과를 냈으며, 이를 바탕으로 문헌 연구와 상보적 관계를 형성하면서 상당한 연구 성과를 낸 점은 부정할 수 없다.

---

3) 洪潽植, 2001, 『6~7世紀代 新羅古墳 研究』, 부산대학교 박사학위논문, 1쪽.

즉, 사비성 연구는 백제 최후의 도성으로서 계획적으로 축조되었다는 관점에서 왕궁, 축조 시기, 도성 변천 과정, 5부의 형태, 주요 구성물 등에 관한 연구가 이루어져 왔다.

우선, 사비성은 백제 최후의 왕도로서 급박한 상황에서 급조된 웅진과는 달리 계획적으로 축조되었다는 인식이 지배적이다. 따라서 사비천도 이전에 도성지로서 사비지역이 선정되고, 왕궁과 산성 그리고 나성에 대한 축조가 이루어졌다고 보고 있다. 그리고 도성의 모델에 대해서는 연구자마다 견해 차이는 존재하나, 윤무병과 다나카 도시아키(田中俊明)은 중국 남조 건강성의 영향을 받아 계획된 도시[4]로 보았으며, 황인호는 정형화된 격자망이 아닌 자연 지형과 소하천, 주요 도로를 기준으로 한 다원화된 도시 계획이 적용[5]되었다고 주장하였다.

다음으로 사비성은 나성을 외곽 경계로 삼고, 나성 외부에 존재한 청마산성, 증산성, 석성산성 등이 방어 시설로 기능하였다[6]고 보았다. 여기에 김영심은 나성 밖의 산성들이 왕도 범위의 확장과 관련 있다고 추정하였다.[7] 그리고 이 시설물을 대체로 사비 천도 시점에는 존재했던 것으로 여기고 있다. 물론 나성의 축조가 도시 공간의 확대에 따른 결과물로 이해하여 천도 이후에 점진적으로 설치되었다는 연구도 있다.[8]

우리나라 고대 국가의 중심지에 관한 논의와 마찬가지로 백제 후기의 국도인 사비성에서도 왕궁 위치에 관한 연구는 다양하게 연구가 진행되었다. 1960~

---

4) 尹武炳, 1988,「泗沘都城에 대하여」,『百濟研究』19; 田中俊明, 1990,「王都로서의 泗沘城에 대한 豫備的 考察」,『百濟研究』21.

5) 황인호, 2012,「百濟 泗沘都城의 都市計劃에 대한 검토」,『고고학』11-3.

6) 심상육, 2020,「발굴자료를 통해 본 사비도성의 변천과 경관」,『百濟文化』62.

7) 김영심, 2000,「사비도성의 행정구역편제 -王都 5部制의 시행-」,『사비도성과 백제의 성곽』.

8) 李南奭, 2014,「사비도성의 경관과 나성의 축조배경」,『百濟文化』50.

1980년대 연구에서는 김영배와 홍사준, 성주탁은 부소산 남사면의 관북리 일대를 왕궁지로 추정[9]하였고, 홍재선은 관북리보다는 쌍북리 일대[10]에 무게를 두기도 했다. 2000년대 이후에는 발굴조사 성과를 토대로 왕궁의 점진적 변천 과정에 대한 논의가 활발해졌다. 즉, 이병호[11]와 김성남[12]은 왕궁이 구아리와 관북리 일대에 걸쳐 확장 및 정비가 이루어졌다고 보았다. 남호현은 관북리 유적의 성토대지를 통해 사비도읍 초기에는 관북리 일대가 왕궁의 핵심지가 아닌 지원시설지였을 가능성[13]을 제기하기도 했다.

이와는 달리 「괄지지(括地志)」의 '백제왕성(百濟王城)'은 부소산성이 분명하므로, 부소산성 내부에 왕궁이 위치했을 것이라는 연구가 서정석 등에 제기[14]되었고, 여호규[15]와 이병호[16], 김기섭[17], 김대영[18] 등은 백제가 사비천도 직후에는 부소

---

9) 金永培, 1968, 「熊川과 泗沘城 時代의 百濟王宮址에 對한 考察」, 『百濟文化』 2; 洪思俊, 1971, 「百濟城址研究 -築城을 中心으로-」, 『百濟研究』 2; 成周鐸, 1982, 「百濟泗沘都城 研究」, 『百濟研究』 13.

10) 洪再善, 1981, 「百濟 泗沘城 研究 -遺物과 遺蹟을 中心으로-」, 東國大學校 碩士學位請求論文.

11) 이병호, 2007, 「부여 정림사지의 창건 배경과 도성 내 위상」, 『백제와 금강』.

12) 김성남, 2007, 「백제 사비왕궁의 확대와 변모과정 시론」, 『제57회 충남대백제연구소 공개강좌 발표문』.

13) 南浩鉉, 2010, 「扶餘 官北里 百濟遺蹟의 性格과 時間的 位置」, 『百濟研究』 51.

14) 徐程錫, 2004, 「百濟 泗沘都城의 構造」, 『國史館論叢』 104.

15) 여호규, 2022, 「『括地志』에 나타난 백제 泗沘 都城의 공간구조와 扶蘇山城의 성격」, 『百濟文化』 67.

16) 이병호, 2022, 「백제 사비도성 내 부소산성의 위상」, 『百濟學報』 40.

17) 김기섭, 2019, 「백제 왕궁왕도의 변화상과 역사문화적 의미」, 『백제왕도 -동아시아 문화의 정수』.

18) 김대영, 2025, 『백제 사비기 부소산성의 성격 변화 연구』, 국립공주대학교 박사학위 논문.

산성 내부에 왕궁을 구비해 왕성으로 기능하다 7세기 초 공간 부족 등으로 관북리 일대로 확장되었을 것으로 추정하였다. 즉, 초기에는 부소산성 내부에 왕궁이 있다가 점차 성 바깥의 공간으로 이동했다는 견해이다.

한편, 필자는 사비도읍기 쌍북리에 왕궁이 존재하다 관북리로 이동했을 가능성을 제시하고[19], 부소산성은 왕궁지인 쌍북리, 관북리와 연동되어 핵심지가 군창지에서 서문지와 사자루로 이동되었기 때문에 왕의 거소(居所)도 산성 내부에 존재[20]했을 가능성을 시사하였다.

이처럼 사비성의 왕의 거소(居所)인 왕궁의 위치는 부소산성 내부 또는 외부, 시간의 흐름에 따른 왕궁의 위치 변화 등 백제 사비기 당시의 사실을 유추하기 위한 다양한 논쟁이 진행 중이며, 공통된 견해는 도출되지 않았다.[21]

사비성의 축조 시기에 대해서는 동성왕대와 성왕대를 중심으로 의견이 나뉜다. 성주탁[22]과 윤무병[23]은 사비 수렵 기사를 바탕으로 동성왕 23년 전후에 조성되었을 것으로 추정하였고, 심정보[24]는 동성왕이 계획하고 486년에 부소산성이 축성되었으며, 나성은 501년까지 완공되어 천도 이전에 기본적인 틀이 갖춰졌다고 보았다. 정재윤은 웅진기 사비천도의 과정에 관하여 동성왕 대의 천도 노력은 관심과 구상 정도였으며, 무령왕 대는 사비 지역에 대한 개발은 이루어졌지만, 천도가 이루어지지 않았기 때문에 천노가 결정된 시기는 아니라고 하였고, 성왕 대인 대통사의 창건이야말로 웅진에 대한 보상적 성격으로 이해할 수

---

19) 심상육, 2020, 「발굴자료를 통해 본 사비도성의 변천과 경관」, 『百濟文化』 62.

20) 심상육, 2022, 「부소산성 내부 공간구조 연구」, 『부소산성 -종합학술연구보고서-』, 130쪽.

21) 홍보식, 2019, 「2018년 경기·호서지역 백제 고고학 연구 성과와 과제」, 『百濟學報』 28, 77쪽.

22) 成周鐸, 1982, 「百濟泗沘都城 研究」, 『百濟研究』 13.

23) 尹武炳, 1988, 「泗沘都城에 대하여」, 『百濟研究』 19.

24) 沈正輔, 1996, 「百濟 泗沘都城의 築造時期에 대한 一考察」, 『고고역사학지』.

있어 이후에 사비로의 천도가 결정되었다고 이해[25]하였다.

그리고 사비성은 한 번에 완성된 것이 아니라 여러 단계를 거쳐 발전한 것으로 파악된다. 이병호[26]는 막새기와 분석을 통해 사비성의 공간적 변화를 3단계로 구분하였고, 김대영[27]은 관북리 유적의 성토 행위를 중심으로 3단계 변천 과정을 제시하였다. 필자[28] 또한 천도 전 방어 시설 개발, 천변 지역 개발, 왕궁 등 국가 시설물 재개발의 3단계로 사비성의 구조 변화를 설명하였다.

사비성 공간 구성에 관한 연구는 5부 체제와 배수 시설 등을 중심으로 이루어졌다. 홍사준[29]과 성주탁[30]은 '5부'명 기와를 근거로 도성 공간에 5부와 5항제가 시행되었다고 보았다. 서정석[31]은 중국 도성과 달리 부소산성, 관북리, 그리고 5부와 5항이 별도로 존재했다고 주장하였다.

도시 기능에 대한 새로운 해석도 제시되었다. 김경택[32]은 사비성이 초기 배수 체계를 갖추었으나 도시 성장에 따라 홍수 문제가 발생하였고, 궁남지가 이러한 홍수 예방을 위한 저류지 역할을 했다고 분석하였다. 강소희[33]는 건물 유형 분석을 통해 사비도성에 궁성, 사찰, 관아, 주택, 생산 시설 등 기능별로 분화된 건물군이 존재했음을 밝혔다.

이처럼 사비성 연구는 현재까지 상당량의 연구 성과를 낸 상태이다. 즉, 사비

---

25) 정재윤, 2018, 「사비 천도의 배경과 시행 과정에 대한 고찰」, 『先史와 古代』 55, 39~40쪽.

26) 李炳鎬, 2002, 「百濟 泗沘都城의 造營過程」, 『韓國史論』 47.

27) 김대영, 2020, 「부여 관북리 유적의 변천과정과 사비도성의 전개」, 『百濟學報』 34.

28) 심상육, 2020, 「발굴자료를 통해 본 사비도성의 변천과 경관」, 『百濟文化』 62.

29) 洪思俊, 1971, 「百濟城址硏究 -築城을 中心으로-」, 『百濟硏究』 2.

30) 尹武炳, 1988, 「泗沘都城에 대하여」, 『百濟硏究』 19.

31) 徐程錫, 2004, 「百濟 泗沘都城의 構造」, 『國史館論叢』 104.

32) 金庚澤, 2012, 「泗沘都城의 排水體系 變遷에 대한 試論的 考察」, 『韓國上古史學報』 77.

33) 강소희, 2018, 「백제 사비도성의 건물군 기능 연구」, 『한국고고학보』 106.

성은 웅진기에 도성지로 선택된 후 일정한 계획에 따라 늦어도 천도 전 성왕 대에는 도성 건설이 시작되었다고 보았다. 신도(新都)의 모습은 전도(前都)인 한성과 웅진의 모습과 고구려의 도성 모습 그리고 중국 북조와 남조의 도성 모습을 어느 정도 습합(習合)한 모습이었을 것으로 보았다. 그리고 천도 당시의 사비성은 왕궁구와 곽(郭)인 나성 등, 도성의 기본 틀만 갖추었고, 나성 내부는 천도 후 점진적으로 채워졌고, 정연한 방(坊) 구조는 아니고 자연 지형에 순응하며 거민구(居民區)에 도로와 종교시설물인 사찰과 민가가 들어선 것으로 파악함이 일반적이다.

하지만 사비성의 도시공간에 대한 이해 중 가장 핵심인 왕궁이 부소산성 내부에 있었는지, 관북리 또는 쌍북리인지 혹은 부소산성에서 관북리 일대로 이동했는지, 쌍북리에서 관북리로 이동했는지, 관북리 일대에서 공간 범위가 확대되었는지 등 아직 의견의 일치가 이루어지지 않은 상황이다.

여기에 더하여 사비 천도 초기 당시의 정황을 반영하는 것으로 여겨지던 유물들의 불분명한 출토 맥락이 지적되었고, 초기 도성 경관에 대한 재검토의 필요성[34]도 높아지는 상황이다. 즉, 사비성의 기본 골격인 부소산성과 나성이 과연 천도 시점에 존재했느냐 하는 점으로 반론이 전개되고 있으며, 사비성의 왕궁 또한 천도 초기에는 웅진기와 비슷한 왕성 체제였다고 보는 점이다.

그리고 사비성에는 왕궁구와는 별도로 5부로 나누어져 있었는데, 각 부의 구체적인 위치가 어디인지, 5부와 5항은 포함관계인지 아니면 각각 별도로 존재했는지에 대해서도 최근 문헌사적 연구[35]와 융합적 공간 분석 연구[36]가 진행되고 있지만, 추론에 불과하여 아직도 명확하지 않다. 이는 나성 내부 가장 핵심지인

---

34) 이성준, 2023, 「백제 사비도성의 도시 공간 기초연구」, 『한국고고학보』 126; 남호현 외, 2024, 「백제 사비도성의 내부 개발 과정에 대한 시론」, 『한국고고학보』 2024-4.

35) 김서인, 2025, 「백제 5部制의 시행과 의미」, 공주대학교 석사학위논문.

36) 허의행, 2024, 「사비도성의 고지형과 공간 활용의 검토」, 『先史와 古代』 74; 강동석, 2025, 「사비도성의 경관 해석」, 『KOREAN JOURNAL OF HERITAGE』 58.

왕궁구 이외의 주요 시설물의 배치는 어떠했는지, 나성 밖의 모습은 어떠했는지, 도성과 연결된 지방의 인접 군·성(郡·城)은 사비성과 어떠한 관련성을 맺고 있었는지 등은 명확히 밝혀내지 못한 과제로 남아 있다.

이처럼 사비성 연구는 상당히 이루어져 우리 역사에서 갖고 있는 여러 가지 의미를 찾을 수 있지만, 백제가 사비로 천도한 시점의 사비 지역의 공간이 어떻게 구분(부소산성과 왕궁의 관계와 외곽인 나성의 설치 등)되었는지, 도성 공간은 어떤 방향(나성 내부 공간의 구성과 내·외부 사찰 등의 전개, 외부 공간 구성 등)으로 전개되었는지 등에 대해서는 아직도 해결해야 할 과제이다.

2. 도성 개념 정의와 연구 방법

이 논문의 논지를 전개하기에 앞서, 우선 개념을 정리하고자 한다.

백제의 마지막 도읍지는 기록상 '소부리(所夫里)'였는데, 이를 『삼국사기(三國史記)』와 『삼국유사(三國遺事)』에서는 '사비(泗沘)'와 '사자(泗泚)'로 다르게 기록했다. 이러한 기록 차이에 대하여 국어학적 형태소 분석을 적용해 보면, '소+부리(所+夫里)'는 '사+?(泗+?)'로 이해할 수 있으며, 여기서 '부리(夫里)'는 '-비리(-卑離)'에서 변화한 것으로 밝혀졌다. 두음(頭音)이 'P-'인 점으로 미루어 볼 때, 현재 일반적으로 사용하는 것과 마찬가지로 '사비(泗沘)'임이 분명하다. 따라서 '자(泚)'는 '비(沘)'의 오기(誤記)[37]로 여겨지므로, 본문에서는 '사비'로 기술하겠다.

660년 7월 12일, 당군(唐軍)은 곽(郭)을 넘어 성(城)을 포위[38]하였고, 『삼국사기』에는 이를 '의자도성(義慈都城)[39]'이라 표현하고 있다. 도성(都城)이란, 한 나라의

---

37) 都守熙, 1983, 「百濟語의 「白·熊·泗沘·伎伐」에 對하여」, 『百濟研究』 14, 19~23쪽.

38) 『舊唐書』 卷83, 「蘇定方傳」: 殺虜萬餘人追奔入郭其王義慈及太子隆奔于北境 定方進圍其城.

39) 『三國史記』 卷5, 「新羅本紀」 5 太宗 武烈王 7年 7月 12日: 唐·羅軍□□□圍義慈都城,

정치적 중심지로서 최고 지배자인 왕을 비롯하여 상층부를 구성하는 지배층이 상시적으로 거주하며, 이들을 지탱하기 위한 피지배층과 여러 시설(시장, 광장, 도로, 종교시설, 수공업 생산시설 등)이 일정 공간 내에서 유기적인 관계를 맺으며 면(面) 공간을 구성하고, 비자급자족적(非自給自足的)인 도시 기능을 갖추어야 한다.[40] 전근대(前近代)에는 초자연계와 인간계를 매개하는 힘을 가진 위정자(爲政者)의 도시[41]로 인식되기도 했으며, 중국에서는 종묘(宗廟)를 갖추고 곽을 구축한 국도(國都)[42]를 일컫는다.[43]

백제의 마지막 도읍지인 부여읍 일원에서 백제 사비기의 종묘 및 구체적인 시장과 광장이 아직 확인되지 않았으나, 『삼국사기』와 『구당서(舊唐書)』에 백제의 사비를 '곽(郭)'을 갖추었고 '의자도성(義慈都城)'으로 인식하였기에, 이 글에서는 백제 최후의 국도를 '도성(都城)'이란 용어로 기술하고자 한다.

이에 백제 후기 왕궁을 포함한 국가의 중심 취락을 내포하는 의미로, 금강과 부여 나성(羅城)에 사방이 감싸인 일대를 '사비도성(泗沘都城)'이라 하겠다. 즉, 도성은 종종 성벽으로 둘러싸인 성 내부 공간으로 이해[44]되어 왔기 때문이다. 물론 도성은 郭인 성곽에 둘러싸인 郭 내부와 성곽 바깥의 도성 존립과 불가분의

進於所夫里之原.

40) 홍보식, 2020, 「익산 왕궁·금마지역의 백제 사비기 유적 입지와 토지 활용 양상」, 『중앙고고연구』 32, 96쪽.

41) 妹尾達彦, 2014, 「동아시아의 도성과 궁원 구조 -7~8세기를 중심으로」, 『고대 동아세아 도성과 익산 왕궁성』.

42) 국도란 한 국가 혹은 정권이 최고 권력을 행사하고 운영하는 공간이며, 일반적으로 당해 국가 혹은 정권의 정치, 경제, 군사 및 문화의 중심 지역이다(조윤재, 2016, 「중국 고대 부도제의 형성과 유형 -고대 한국 도성 복도제를 검토하기 위한 예찰」, 『중앙고고연구』 20).

43) 권순홍, 2017, 「도성 관련 용어 검토 -都·郭·京을 중심으로-」, 『사림』 62, 59쪽.

44) 권순홍, 2019, 「'도성권'의 개념과 고구려 '도성권'의 등장」, 『高句麗渤海研究』 64, 11쪽.

관계에 있는 지방 행정 구역과는 구분되는 곽 외부 공간을 포함하는 추상적인 의미로도 사용[45]된다.

한편, 문헌 기록에 따르면 고대 삼국에서 사용된 국도 관련 용어 중 활용 빈도가 가장 높은 것은 '왕도(王都)[46]'이다. 왕도는 왕이 거주하며 국가의 전반적인 국무(國務, 정치, 군사, 외교, 제의 등)를 주관하는 지역이며, 이곳에서 발현된 국가 권력의 의지는 나라 곳곳에 전파되어 실체화되었다. 이는 왕권(王權)이 발현되는 상징적인 장소이자, 국가라는 거대한 조직체를 통제하는 중구(中樞)로 기능한 공간이다. 즉, 추상적인 광의의 의미에서 도성과 왕도는 차이가 없다. 다만, 도성의 공간(범위)을 나성 범위 내부로 한정하였기 때문에, 나성 밖인 공간을 모두 포함하는 용어로 김영심이 사용한 '泗沘王都'[47]란 용어를 사용한다.

또한, 사비도성 郭의 밖 공간[48], 즉 기왕의 왕기(王畿) 혹은 도성권(都城圈)[49] 공간은 여호규가 사비도성을 둘러싼 나성의 외곽 일대가 신들이 상주하는 제장(祭場)으로 인식되었을 가능성을 제시하여 사교(四郊)라는 용어를 사용[50]하였지만, 재고의 여지가 있어 이 글에서는 곽(郭)을 갖춘 사비성이기 때문에 '나성 외부(羅城 外部)'라 지칭하겠다. 그리고 그 밖의 공간은 즉 경기(京畿)와 비슷한 공간은 백제 사비기의 지방행정이었던 군·성으로 구분하여 서술하겠다. 따라서 사비왕도 공간은 나성 내부 공간과 나성 외부 공간을 모두 포함한다. 그리고 사비도성·사비왕도 등을 모두 포함하는 용어로 '사비성(泗沘城)'을 사용하겠다.

---

45) 권순홍, 2021, 「『三國史記』의 도성 관련 용어 분석」, 『韓國史學報』 82.

46) 奇庚良, 2017, 『高句麗 王都 硏究』, 서울대학교대학원 박사학위논문, 32쪽.

47) 김영심, 2000, 「사비도성의 행정구역편제 -王都 5部制의 시행-」, 『사비도성과 백제의 성곽』, 65쪽.

48) 박순발, 2017, 「백제 도성 묘역의 비교 고찰」, 『백제연구』 66, 37~38쪽.

49) 권순홍, 2017, 「도성 관련 용어 검토 -都·郭·京을 중심으로-」, 『사림』 62, 17쪽.

50) 여호규, 2004, 「國家 祭祀를 통해 본 百濟 都城制의 展開過程」, 『고대 도시와 왕권』, 226쪽.

사비성에서 가장 핵심적인 공간은 왕궁이다. 일반적으로 왕궁은 중심 전면부에 왕과 신하가 배례(拜禮)하는 공간이 있고, 뒤편으로 왕과 그 가족의 생활 공간이 배치되어 있다. 아울러 왕궁 남쪽과 그 주변에 관청가(官廳街)가 배치되어 핵심 공간의 위계(位階)를 더욱 높였다. 이러한 모습은 6~7세기 고대 동아시아 왕국의 일반적인 도성 핵심지의 모습이었다.

한편, 사비성의 왕궁은 고려시대 이래 부여의 행정 기관이 관북리(官北里) 일대에 위치하여, 일찍부터 왕궁터를 부소산(扶蘇山) 남쪽 자락인 관북리 일원으로 보아[51] 왔다. 하지만 중국의 『한원(翰苑)』 백제전에 인용된 「괄지지(括地志)」에 '백제 왕성(百濟王城)'이 기록되어 있고, 이 왕성은 부소산성으로 이해하여, 왕궁은 부소산성 안에 위치한다는 견해[52]가 제시되었다. 이는 백제 왕궁이 왕성 내부에 위치한다는 것을 의미하는 것이다.

우리나라에서 왕성(王城)은 다음과 같이 정리되고 있다.

고대 성곽에는 경주 월성(月城)과 같이 평지에 있는 독립된 구릉 위에 자리 잡은 형태가 있는데, 이는 테뫼식 산성의 한 유형으로 분류할 수 있다. 월성은 잘 알려진 바와 같이, 우리나라 성곽에서 왕이 거주한 성이다. 즉, 삼한(三韓)에서 백제와 신라같이 강력한 왕국으로 발전한 국가에서는 전쟁 시 피난용 방어 시설 외에 왕이나 권력자가 거주하기 위해 사용된 성이 출현하였고, 윤무병은 이 성을 '왕성'이라고 부르자[53]고 하였다. 그리고 여호규는 「괄지지」의 왕성을 '왕이 거처하는 성[54]'이라 하였고, 이병호는 '국왕이 거주하는 성곽[55]'이라 하였다. 따

---

51) 扶餘郡誌編纂委員會, 1964, 『扶餘郡誌』 등의 일반적 견해이다.

52) 徐程錫, 2004, 「百濟 泗沘都城의 構造」, 『國史館論叢』 104, 12~15쪽.

53) 尹武炳, 1990, 「山城·王城·泗沘都城」, 『百濟研究』 21, 8~9쪽.

54) 여호규, 2022, 「『括地志』에 나타난 백제 泗沘 都城의 공간구조와 扶蘇山城의 성격」, 『百濟文化』 67, 111쪽.

55) 이병호, 2022, 「백제 사비도성 내 부소산성의 위상」, 『百濟學報』 40, 42쪽.

라서 왕성은 왕의 거소(居所) 즉, 왕궁이 위치한 곳으로 볼 수 있다. 백제 한성기의 풍납토성과 몽촌토성 특히, 웅진기의 공산성이 왕성이며, 그 내부에 왕궁이 소재한[56] 분명한 예이다.

하지만 백제 사비성에서 왕궁의 유력한 후보지는 부소산에 있는 성이 아닌 관북리 유적이며, 백제 마지막 왕의 정전(正殿)은 대부분 관북리 유적에 존재한다는 점에 대체로 동의[57]한다.

따라서 삼국시대 후기 및 통일신라시대 초기에는 위에서 언급한 왕성 내부에 왕궁이 소재하고 있다가 왕성 밖으로 나와 왕궁이 포함된 궁성(宮城)이 확대 설치되었다고 이해[58]하는 경향이 많다. 필자 또한 이러한 의견에 동의한다. 그래서 백제는 웅진기까지 위에서 언급한 왕성 즉, 공산성에 왕궁이 존재했다고 본다.

하지만 계획적으로 만들어진 사비성의 왕궁은 산성인 부소산성 안에 있다고 보지 않는다. 왕궁은 부소산 남록 일원에 있었다고 본다. 다만, 왕궁과 유기적으로 연결된 부소산성[59]에도 왕의 공간은 존재했다고 본다. 다만, 부소산성에 왕

---

56) 이해문, 2020, 「웅진(熊津)도읍기 백제 왕궁의 소묘(素描)」, 『충청학과 충청문화』 28, 7쪽.

57) 심상육, 2020, 「발굴자료를 통해 본 사비도성의 변천과 경관」, 『百濟文化』 62; 김대영, 2025, 『백제 사비기 부소산성의 성격 변화 연구』, 국립공주대학교 박사학위논문.

58) 신라는 경주 남천변의 월성 구릉이 사로국의 국읍이 된 것이 2세기 후반이고, 마립간 시기(AD 356~514)에 토성이 축조되어, 월성이 신라의 왕성으로 변모되었다고 보고, 중고기(AD 514~654)에는 도성적 성격의 왕성에서 궁성으로 바뀌어, 대궁이 존재한 궁궐 중심의 월성 내부와 월성 밖으로 분화되었다고 보았고(최병현, 2016, 「경주 월성과 신라 왕성체제의 변천」, 『한국고고학보』 98, 48쪽), 백제도 사비기에는 부소산성과는 별도로 宮城과 皇城이 존재했다는 연구(田中俊明, 1990, 「王都로서의 泗沘城에 대한 豫備的 考察」, 『百濟研究』 21)가 있다.

59) 심상육, 2022, 「부소산성의 내부 공간 구조 연구」, 『부여 부소산성 조사 · 연구의 새로운 시작』, 125~126쪽.

이 상주하면서 국가의 주요 의례와 정무를 수행하는 중심 시설인 법궁(法宮)이 아닌 후원·행궁·이궁·피난(後苑·行宮·離宮·避難) 등의 역할을 한 왕의 공간으로 이해하고 있다.

그럼에도 「괄지지」에 표현된 '백제왕성'은 사비 도읍기의 부소산성을 지칭하는 것으로 보인다. 따라서 이 글에서는 부소산성을 협의의 의미로 '왕의 공간이 있는 성' 정도로 표현하고자 한다.

한편, 왕궁의 핵심지 전면부에는 황성(皇城) 구역인 관서가(官署區)가 존재하며, 사비도성도 그러했을 것이다.

그래서 이 글에서는 부소산과 산성 그리고 부소산의 남쪽 관북리와 쌍북리 그리고 구아리 일대를 왕궁에 포함하여 넓은 의미의 '왕궁구(王宮區)[60]'라는 용어를 사용하여, 궁성(宮城)의 외곽인 궁장(宮牆)이 확인되지 않은 사비도성의 핵심부를 표현하도록 하겠다.

『주서(周書)』 등의 중국 기록에는 사비성은 5부 또는 5항으로 구분[61]된다. 이 구분에 대해 일부 연구자들은 왕궁구를 고려하여 개념적으로 구분하기도 하였고, 일부는 나성 내부의 산지를 고려한 5부 구획을 제시[62]하기도 하였다. 이 거민구역(居民區域) 혹은 곽역(郭域)[63]으로 개념화할 수 있는 공간을 이글에서는 '나성 내부(羅城 內部)'라 부르겠다. 물론 일반적으로 도성의 거민 구역은 '이방(里坊)'

---

60) 많은 연구자가 왕궁구라는 용어를 사용하고 있으며, '사비왕궁지구'도 사용(김대영, 2025, 『백제 사비기 부소산성의 성격 변화 연구』, 국립공주대학교 박사학위논문)하고 있다. 이후 특별한 설명이 필요하지 않을 경우 王宮區로 지칭하겠다.

61) 백제 사비성의 5부와 5항에 대한 문헌 기록은 서정석(2021, 「사비도성의 왕궁과 5부·5항」, 『한국고대사탐구』 37)의 글을 참고하였음을 밝혀둔다.

62) 田中俊明, 1990, 「王都로서의 泗沘城에 대한 豫備的 考察」, 『百濟研究』 21; 이병호, 2003, 「백제 사비도성의 구조와 운영」, 『한국의 도성』; 徐程錫, 2004, 「百濟 泗沘都城의 構造」, 『國史館論叢』 104.

63) 권순홍, 2019, 「'도성권'의 개념과 고구려 '도성권'의 등장」, 『高句麗渤海研究』 64, 12쪽.

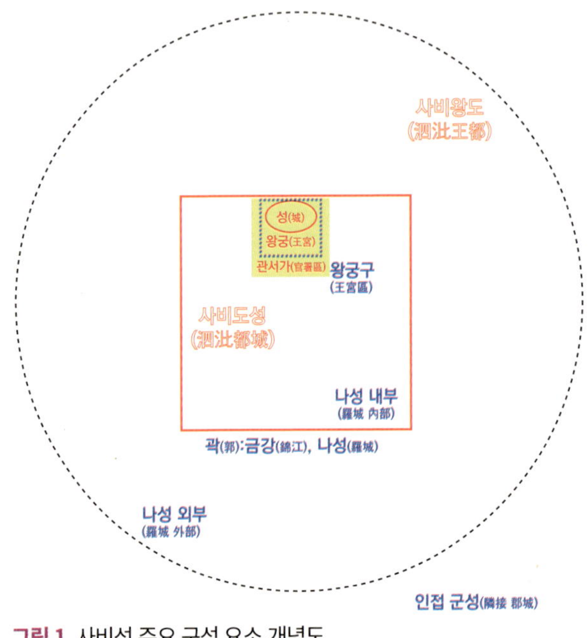

그림 1. 사비성 주요 구성 요소 개념도

이라 부르며, '방(坊)'은 담장으로 둘러싼 공간을 의미하나 담장의 존재가 거의 확인되지 않는 사비도성에서는 '방의 존재와 관계없이 민이 거주하는 곳이라는 점을 강조'한 '민리(民里)'가 더 적합하다는 의견[64]도 있다.

이글은 사비성을 좀 더 체계적으로 이해하기 위해 작성되었다. 하지만 현재로부터 1,400년 전인 538년부터 660년 사이의 모습을 현시점에서 상상하기란 매우 어렵다. 또한, 그 모습은 538년과 660년이 달랐을 것이다.

따라서 이글의 전개는 서두에서 밝힌 바와 같이 고고학적 자료에 의존할 수밖에 없다. 현재 사비왕도였던 부여군 지역은 상당 부분이 금강과 그 지류천의 충적지여서 지하에 백제 당시의 흔적이 비교적 잘 남아 있다. 즉, 성터, 건물터,

---

64) 박순발, 2014, 「동아시아 고대 도성 民里의 형성과 전개」, 『역사문화연구』 52, 4~5쪽.

도로 흔적 등의 유구와 기와, 토기, 숫돌, 철기, 목간 등의 유물이 남아 있다. 이러한 사비도성의 고고학적 자료가 이 글의 주요 대상이다.

그러나 인간의 거듭된 활동으로 개발되고 재개발되는 등 유구의 중복이 상당하고, 유물 또한 전대 유물과 후대 유물이 뒤섞여 있어 시간의 흐름에 따른 공간의 변화는 이해할 수 있으나, 인접지와의 연관 관계 및 개별 유구와 유물의 상대 순서 및 역연대 부여에는 한계가 많다. 이는 사비도성 밖에 수많은 분묘가 조성되어 있음에도, 장례 방식이 박장(薄葬)인 관계로 당대 토기 편년에 의존하는 시간 축 구축에 상당한 애로점을 갖고 있다.

이글에서는 원지형(原地形)이 인위적으로 변경되어 도성으로 변모하는 모습, 그리고 도성의 시설로 구축된 유구, 나성 내부와 외부가 도시화하는 모습을 정리하고자 하므로, 자연경관뿐만 아니라 인문경관(人文景觀) 등도 고려하여 작성하였다.

위 내용을 바탕으로 이글은 아래와 같은 방법으로 구성하였다.

백제는 사비성을 국도로 538년부터 660년까지 운영하였다. 긴 시간은 아니지만, 백제가 웅진에 도읍한 시간에도 왕릉을 깬돌로 만들다가 벽돌로 축조하는 변화를 이룩했듯이 시간의 구분이 가능하다. 사비성의 시간도 역연대 자료를 통해 구분이 가능하다. 따라서 사비성 발굴보고서는 시긴 편년을 근거로 유적의 연대를 제시하였다. 하지만 그 시간의 기준이 일면 타당하나, 대표 유적과 유물에 의한 기준이 아직 명확하게 정립되지 않은 점이 존재한다.

이에 Ⅱ장에서는 현재까지 사비성에서 상당수 이루어진 발굴조사의 일반 현황을 살펴보고, 이러한 발굴조사에서 중요하게 백제 사비기의 기간을 편년할 수 있는 유물을 검토하고자 한다. 그래서 연판 내 판단의 끝 형태 변화와 연판 내 꽃술의 첨부 여부로 편년된 연화문수막새와 구기종(삼족기, 고배, 개배 등)과 신기종(대부완, 전달린토기, 자배기 등)의 변화로 사비기 중 6세기와 7세기로 대별되는 토기, 제작 및 유통을 통해 역연대를 추정할 수 있는 중국제 동전임을 확인하였다. 그리고 이러한 편년 유물은 백제 웅진~사비기의 역사적 사실과 역연대를 직접 보여주는 사료를 통해 검증했다. 그리고 이러한 역사적 사실과 발굴 유구 및 유물을 앞 편년 유물의 기준에 따라 나열하기 위해, 사비성을 대표하는 관북리 유적의 토층 구분을 기준으로 삼아, 사비성의 고고학적 분기 설정을 제시한다.

III장에서는 II장에서 제시한 분기 기준과 편년를 근거로 발굴 및 지표 조사된 부여군 내 백제 사비왕도 관련 유적을 새롭게 정리하여 사비 지역의 공간 구성의 기초자료로 활용하였다. 그래서 사비 지역의 자연 경관은 가급적 과거의 지형을 살피기 위해 일제강점기의 지형도로 제시하였고, 인문 경관을 살펴 사비왕도가 어떤 역사 경관 속에 존재했는지를 확인하기 위해 마을의 지명 유래를 살피고, 일제강점기의 지적도에 나타난 마을 중심부를 살폈다. 그래서 현재의 부여읍 행정구역이 대체로 백제 사비기의 사비도성 지역임을 알 수 있었고, 일제강점기의 행정 지명과도 거의 같다는 점도 확인할 수 있었다. 그리고 조선 후기와도 대동(大同)하다는 점을 통해 부여읍 각각의 마을 연원은 이곳이 우리 역사에서 가장 강렬했던 백제 사비기였음을 판단할 수 있었다. 그래서 유적의 분류는 현재의 행정 단위로 나누어 백제 웅진~사비기의 유적 변화 양상을 살펴보았다.

하지만 유적 수가 방대하고, 여기에서 파생된 유구 및 유물은 수량이 엄청나다. 그리고 백제 사비기 무덤이 박장이고, 유물에 대한 시간성 분별에 상당한 어려움이 있는 건물 및 생활 유구가 대부분이어서 유적 분기 설정도 쉽지는 않다. 그래도 표본이 많다는 점은, '모수의 증가는 사실에 가까워질 수 있다'는 대수의 법칙(Law of Large Numbers)을 적용할 수 있는 장점이다. 따라서 III장에서는 유구의 시간과 공간 구성을 대수의 법칙으로 그 경향성을 유추하며 설명하고, 그림으로 유적의 추이와 양상을 제시하였다.

유적 분포의 특징은 나성 내부 유적을 먼저 살피고, 다음으로 나성 외부 유적과 현재의 부여군 내에 소속된 백제 사비기의 인접한 군과 성에 대해 살펴 각각의 공간적 특징을 살폈다.

Ⅳ장에서는 Ⅱ장의 시기 구분과 Ⅲ장의 공간 분포 결과를 바탕으로, 사비도성의 공간 구성 속 왕궁구와 나성 내부, 나성 외부 공간 그리고 사비왕도의 영향이 다른 지방보다 높았을 것임에 분명한 인접 군·성으로 구분해 보았다. 하지만, 백제 사비성의 구조가 어떠했는지에 대한 기록이 없다. 그래도 짧은 문헌의 기록과 목간 속 문자와 실재(實在)하는 부소산성과 나성 등을 통해, 왕궁이 포함된 왕궁구의 공간은 존재했을 것이다. 그리고 나성이 존재하기 때문에 곽(郭) 내부와 외부는 공간의 구분이 이루어졌을 것이다. 그리고 이러한 공간 속에 5부가 나누어졌을 것이다.

이와 같은 사항과 앞 장의 내용을 바탕으로 다음과 같이 도성 공간을 구분하였다. 즉, 왕궁구, 나성 내부, 나성, 나성 외부, 인접 군·성(王宮區, 羅城 內部, 羅城, 羅城 外部, 隣接 郡·城)으로 나누었다. 왕궁구는 부소산성과 관북리 유적 일원이며, 나성 내부는 왕궁구를 제외한 종교시설 공간, 중심지와 생활 공간, 생산시설 공간이다. 나성은 집중 거민구와 나성의 외부 공간의 경계이다. 나성 외부는 소규모 산성과 분묘, 기와 등 생산시설 공간이다. 그리고 도성 공간은 아니지만 도성의 위성권으로 볼 수 있는 도성 인접 군·성도 구분하여 각각 공간의 특징과 시간성을 살펴보았다. 이 사비왕도 공간의 구분은 이 논문의 중심이다.

Ⅴ장에서는 앞 장들을 바탕으로 하여 사비도성의 구축과 사비성 시대의 개막, 인구 증가와 공간의 확대, 재개발로 재도약의 발판 마련으로 나성 외부의 완성 그리고 외적 요인에 따른 도성 기능 상실이란 시간적 흐름을 바탕으로 성왕대-위덕왕~무왕 전반대-무왕 후반대~의자왕대의 재위 시기를 중심으로 사비성의 축조와 공간 확대란 명제를 단편적으로나마 해결하고자 하였다.

Ⅵ장에서는 백제 사비성의 축조와 공간 확대 과정이 어떠한 방향으로 이루어졌고, 사비성의 전개 방향이 우리 역사에서 갖고 있는 함의(含意)를 살피고 전체를 보여주는 그림을 제시하며 글을 마무리하였다.

II.

사비성의 시간성 기준 설정

1. 유적 발굴과 고고학적 편년

기존 연구에 따르면 사비 지역은 이르면 5세기 후엽부터 백제 중심과 관련된 흔적[1]을 찾을 수 있다. 그리고 501년에 축조된 가림성[2]과의 관련성, 무령왕릉에 사용된 묘전의 생산 시기[3], '대통(大通)'명 문자와[4], 538년 사비 천도로 이어진다. 그리고 천도 후인 541~544년의 사비회의[5], 567년 능산리사지의 창건[6], 577

---

1) 東城王 十二年, 九月, 王田於國西泗沘原(『三國史記』 卷第二十六 「百濟本紀」 第四).

2) 東城王 二十三年, 八月, 築加林城(『三國史記』 卷第二十六 「百濟本紀」 第四).

3) 무령왕릉 지석에는 사마왕이 62세 되던 해인 523년에 죽어 525년에 대묘에 안장하고, 왕비도 526년에 죽자 529년에 왕과 합장했다는 내용이 기록되어, 무덤에 사용된 묘전도 이즈음에는 제작되었을 것이다(寧東大將軍 百濟斯麻王 年六十二歲 癸卯年五月 丙戌朔 七日壬辰崩 到乙巳年八月 癸酉朔 十二日甲申 安登冠大墓 立志如左, 丙午年 十二月 百濟國王大妃壽 終 居喪在酉地 己酉年二月癸 未朔十二日甲午 改葬 還大墓立志如左).

4) 대통 원년인 527년에 대통사를 창건하였다고 기록되어 이곳에 사용된 기와도 이즈음에 제작된 것으로 볼 수 있다(又於大通元年丁未, 爲梁帝創寺於熊川州名大通寺, 『三國遺事』 卷第三).

5) 사비회의 내용은 신가영(2020, 『4~6세기 加耶 諸國의 동향과 국제관계』, 연세대학교 대학원 박사학위논문, 149~166쪽)의 글을 참조하였다.

6) '창왕'명 석조사리감의 정해년은 567년이다(百濟昌王十三秊太歲在 丁亥妹兄公主供養舍利).

년 왕흥사지 목탑 건립[7], 600년 왕흥사를 창건[8]하고, 612년의 홍수[9], 630년의 사비궁 중수[10], 634년 왕흥사의 완성[11]과 왕궁 남쪽의 연못 축조[12], 636년 북포 연회[13]와 망해루 잔치[14], 638년 대지(大池)에서의 뱃놀이[15], 655년 태자궁 수리 와 왕궁 남쪽에 망해정을 세우고[16], 660년 나당연합군의 사비성 입성[17]으로 인 해, 사비성은 급작스럽게 단절된 모습으로 추정된다. 그리고 당(唐)에 의한 백제 부성(百濟府城)이 사비성지에 설치[18]되고, 신라에 의해 671년에 소부리주(所夫里 州)가 설치[19]되었다.

이러한 여러 분기로 인해 백제 사비성의 단계별 변화 모습을 유추할 수 있는 유물이나 흔적이 백제 국도인 사비성지에서 확인된다. 하지만 직접적으로 역연 대를 알 수 있는 자료는 많지 않은 점 또한 사실이다.

---

7) 왕흥사지의 사기기의 정유년은 577년이다(丁酉年二月 十五日百濟 王昌爲亡王 子立 剎本舍 利二枚葬時神化爲三).

8) 法王 二年, 春正月, 創王興寺(『三國史記』 卷第二十七 「百濟本紀」 第五).

9) 武王 十三年 五月, 大水(『三國史記』 卷第二十七 「百濟本紀」 第五).

10) 武王 三十一年, 春二月, 重修泗沘之宮(『三國史記』 卷第二十七 「百濟本紀」 第五).

11) 武王 三十五年, 春二月, 王興寺成(『三國史記』 卷第二十七 「百濟本紀」 第五).

12) 武王 三十五年, 三月, 穿池於宮南(『三國史記』 卷第二十七 「百濟本紀」 第五).

13) 武王 三十七年, 三月, 王率左右臣寮, 遊燕於泗沘河北浦(『三國史記』 卷第二十七 「百濟 本紀」 第五).

14) 武王 三十七年, 秋八月, 燕羣臣於望海樓(『三國史記』 卷第二十七 「百濟本紀」 第五).

15) 武王 三十九年, 春三月, 王與嬪御泛舟大池(『三國史記』 卷第二十七 「百濟本紀」 第五).

16) 義慈王 十五年, 春二月, 修太子宮極侈麗, 立望海亭於王宮南(『三國史記』 卷第二十七 「百濟本紀」 第六).

17) 義慈王 二十年(『三國史記』 卷第二十七 「百濟本紀」 第六).

18) 백제부성이 사비에 설치된 사항은 金秀美(2007, 『熊津都督府 硏究』, 전남대학교 대학 원 박사학위논문, 11~28쪽)의 논문을 참조하였다.

19) 文武王 十一年 置所夫里州(『三國史記』 卷第七 「新羅本紀」 第七).

부여 석조, 정림사지 오층석탑, 부소산성 성벽 등을 제외한 백제 사비성 흔적 대부분은 땅속에 묻혀 있다. 지표 아래에서 최초로 발굴된 사비기 유적은 부여 왕릉원인 능산리고분이며, 2025년까지 부소산성 내부 건물지와 관북리 일대를 포함한 사비성의 구성 요소들이 지속적으로 발굴되고 있다.

이러한 부여 일원의 사비성 발굴 현황은 크게 세 시기로 나눌 수 있다. 특히, 1990년대 후반 궁남지 등지에서 대규모 발굴조사가 이루어지면서 국가 시설물 외에 나성 내부에 대한 이해도가 높아졌다.

1기는 태동기로 볼 수 있다. 이 시기는 1910년대부터 1960년대로, 국가 시설물로 추정되는 사찰터(군수리사지[20], 동남리사지[21], 외리사지[22], 구아리사지[23], 부소산사지[24], 가탑리사지[25], 정림사지[26], 금강사지[27], 임강사지[28] 등), 요지(쌍북리요지[29]), 왕릉터[30] 등이 발굴되었다. 당시 지표면에 상당수의 백제 사비기 흔적이 온전히 남아 있어, 남북 자오선(子午線)에 일탑일금당을 갖춘 백제 사찰의 특징, 판석조 횡혈식 석실의 왕릉, 계단식 등요 형태의 기와 가마 등 많은 발굴 성과를 거두었다. 이 시기 발

20) 朝鮮古蹟研究會, 昭和12(1937),「扶餘軍守里廢寺址發掘調查」,『昭和十一年度古蹟調查報告』.

21) 朝鮮古蹟研究會, 昭和14(1939),「扶餘に於ける百濟寺址の調查」,『昭和十三年度古蹟調查報告』.

22) 朝鮮古蹟研究會, 昭和12(1937),「扶餘窺岩面に於ける文樣塼出土の遺蹟と其の遺物」, 앞의 보고서.

23) 국립부여박물관, 2016,『부여 구아리 사지』, 23~36쪽 참고.

24) 국립부여박물관, 2017,『부여 부소산 사지』, 18~45쪽 참고.

25) 朝鮮古蹟研究會, 昭和14(1939), 앞의 보고서.

26) 국립부여문화재연구소, 2011,『扶餘 定林寺址』, 47~48쪽.

27) 國立博物館, 1969,『金剛寺』.

28) 曹永祿, 1965,「扶餘臨江寺址發掘記」,『東國史學』8.

29) 한국전통문화대학교 고고학연구소, 2017,『부여 쌍북리요지』, 31~37쪽.

30) 부여군, 2017,『부여 능산리고분군의 조사와 기록』, 60~67쪽.

굴은 백제 사비 문화의 우수성과 고대 문화 교류의 단면이 확인되었다는 점에서 큰 의미를 지니지만, 한반도 문화의 의존성을 찾기 위한 속셈에서 이루어진 경우가 많았고, 소량의 자료와 정황에 의존했기 때문에 현재 재발굴 및 재해석이 이루어지고 있다.

2기는 백제권개발사업[31]의 일환으로 대학[32]과 국립기관[33]의 발굴조사가 이루어진 1970~90년대이다. 매년 10건 미만의 발굴이 이루어졌는데, 주로 1기의 성과를 심화하는 조사가 많아졌다. 정림사지[34], 부소산사지[35], 동남리사지[36] 등 국가 시설물에 대한 재조사가 이루어졌으며, 왕궁지로 유력한 관북리 유적[37]과 그 주변의 구아리 유적[38], 쌍북리 유적[39]도 조사되었다. 또한 부소산성[40], 이

---

31) 부여지역에서 백제권정비사업의 일환으로 행해진 문화유산 정비계획안은 1978년 충남대학교 백제연구소에 의해 이루어졌다(忠南大學校 百濟研究所, 1978, 『扶餘地區 遺蹟調査 및 整備計劃案』).

32) 특히, 충남대학교에 의해 발굴조사가 많이 이루어졌다.

33) 국립부여문화재연구소와 국립부여박물관에서 중심으로 진행되었다.

34) 忠南大學校博物館, 1981, 『定林寺』; 尹武炳, 1987, 『扶餘 定林寺址 蓮池 遺蹟發掘調査報告書』, 『百濟研究』 18.

35) 申光燮, 1996, 「扶蘇山城-廢寺址 發掘調査報告」, 『扶蘇山城 發掘調査報告書』.

36) 충남대학교박물관, 2013, 『扶餘 東南里遺蹟』.

37) 충남대학교박물관, 1985, 『부여 관북리백제유적 발굴조사보고』I; 충남대학교박물관, 1999, 『부여 관북리백제유적 발굴조사보고』II.

38) 扶餘文化財研究所, 1993, 『扶餘 舊衙里百濟遺蹟』.

39) 忠南大學校博物館, 1982, 『扶餘 雙北里 遺蹟發掘調査報告書』.

40) 尹武炳 외, 2003, 「軍倉址 發掘調査 報告書('81~'82)」, 『扶蘇山城 發掘調査報告書V』; 尹武炳, 1982, 「扶蘇山城城壁調査」, 『韓國考古學報』 13; 國立文化財研究所, 1996, 『扶蘇山城 發掘調査報告書』; 부여문화재연구소, 1995, 『부소산성 발굴조사 중간보고』; 국립부여문화재연구소, 1997, 『扶蘇山城 -발굴조사 중간보고II-』; 국립문화재연구소, 1999, 『부소산성 발굴중간보고서III』; 國立扶餘文化財研究所, 1999, 『扶蘇山城 -整備에 따른 緊急發掘調査』; 국립부여문화재연구소, 2000, 『扶蘇山城 -발굴조사 중간보고

궁지로 전해지던 화지산 유적[41]과 궁남지 유적[42], 곽인 나성[43], 사지(용정리건물지[44], 용정리사지[45], 능산리사지[46], 금성산와적기단건물지[47])와 요지(정암리 요지[48], 관현리 요지[49]), 나성 내부를 둘러싼 고분군(태양리[50], 두곡리[51], 저석리[52], 지선리[53], 나복리[54], 성흥산성 주변[55], 능안골[56], 분강·저석리[57]), 성곽(가림성[58]) 등도 함께 조사되었다. 특히 능산리사지의 발굴은 2기의 가장 획기적인 성과로 꼽힌다. 부소산성과 나성 발굴을 통해 사비성의 방어 체계에 대한 이해가 깊어졌다. 또한, 3기 발굴의 계기가 된 궁남지 연차 조사는 사비성 저지대에서도 유적이 존재할 가능성을 확인

서IV-」; 국립부여문화재연구소, 2002,『扶蘇山城 -발굴조사보고서Ⅴ-』.

41) 백제고도문화재단, 2018,『부여 화지산유적』, 22쪽.

42) 申光燮 외, 1993,「扶餘 宮南池 第2.3次 發掘調査槪報」,『考古學誌』 5.

43) 국립부여박물관, 2003,『부여 나성』.

44) 尹武炳·李康承, 1987,「扶餘 龍井里 百濟建物址 發掘調査報告書」,『百濟研究』 16.

45) 扶餘文化財研究所, 1993,『龍井里寺址』.

46) 국립부여박물관, 2000,『陵寺』.

47) 國立扶餘博物館, 1992,『扶餘錦城山百濟瓦積基壇建物址發掘調査報告書』.

48) 國立扶餘博物館, 1988,『扶餘 亭岩里 가마터』Ⅰ.

49) 내전보선전분대학박물관, 1996,『靑陽 冠峴里 기와가마터 發掘調査 略報告書』.

50) 李康承·申光燮, 1983,「扶餘 太陽里 百濟 古墳一例」,『百濟文化』 15.

51) 徐聲勳, 1979,「豆谷里 百濟廢古墳群」,『考古學』 6.

52) 扶餘文化財研究所, 1992,『扶餘 楮石里 古墳群』.

53) 扶餘文化財研究所, 1991,『扶餘 芝仙里 古墳群』.

54) 國立扶餘文化財研究所, 1993,『扶餘 羅福里古墳群』.

55) 國立扶餘文化財研究所, 1997,「林川 聖興山城 百濟古墳群」,『扶餘 百濟古墳 地表調査 報告書』Ⅱ.

56) 國立扶餘文化財研究所, 1998,『陵山里』.

57) 公州大學校博物館, 1997,『汾江 楮石里遺蹟』.

58) 충남발전연구원, 1996,『聖興山城門址發掘調査報告書』.

해 주었다.

3기는 1998년 쌍북리 택지개발사업에 따른 조사[59], 백제문화단지 조성에 따른 조사[60], 국도 4호선 확포장에 따른 조사[61], 현 궁남지 일원의 저습지 조사[62] 등 대단위 조사이다. 이 대단위 면(面)으로의 조사는 나성 내부 저지대의 도로와 건물 흔적, 나성 외곽 산지의 무덤 흔적 등을 확인하여, 나성 내부의 국가시설물 이외의 공간에 대한 이해를 높이는 계기가 되었다. 이 기간에는 해마다 10~40회 정도의 발굴이 이루어졌다.

특히, 2006년도 이후의 개인주택 신축 등에 따른 발굴비 지원 조사는 소규모의 점(点)적인 조사이지만, 사비성 전체에 대한 탐색갱과 같은 역할을 해 나성 내부를 전반적으로 조망할 수 있어 중요한 성과[63]를 거두기도 했다.

한편, 그간 지속되었던 사비성의 국가시설물에 대한 발굴조사는 국립부여문화유산연구소와 백제고도문화재단 그리고 한국전통문화대학교 고고학연구소(관북리 유적, 부소산성, 나성, 군수리사지, 정림사지, 왕흥사지, 금강사지, 임강사지, 화지산 유적, 청산성 정상부 유적, 구드래일원 유적, 가림성, 석성산성, 능산리 고분군, 능안골 고분군, 쌍북리 요지 등)에 의해 이루어져, 해당 유적에 대한 이해도는 상당한 수준에 이르렀다. 이처럼 3기의 발굴은 초반 대단위의 발굴조사에서 서서히 소규모의 발굴조사로 전환되어 많은 정보를 수집하였다.

---

59) 충남대학교박물관, 2013, 『扶餘 雙北里遺蹟』 II.

60) 국립부여문화재연구소 · 충남발전연구원, 2001, 『扶餘 合井里』.

61) 충남대학교 백제연구소, 2003, 『사비도성』; 忠淸文化財硏究院, 2003, 『扶餘 佳塔里 · 旺浦里 · 軍守里 遺蹟』; 公州大學校博物館, 2003, 『鹽倉里古墳群』; 충남대학교 백제연구소, 2004, 『부여 구봉 · 노화리 유적』.

62) 국립부여문화재연구소, 2002, 『宮南池 II- 現 宮南池 南西片 一帶』.

63) 2006년부터 시작된 사비성 일원 국비지원 발굴조사에 대한 성과를 2023년 12월 7일에 '사비백제에 선을 긋다'라는 제목으로 학술대회(한국문화재재단, 2023, 『사비백제에 선을 긋다』)가 진행되기도 하였다.

이처럼 발굴은 1기, 2기를 거쳐, 도성 전반에 대한 조사가 절정기인 3기에 이르렀다. 현재 이 절정기 동안 수집된 방대한 자료를 집대성하여 향후 연구의 기반을 마련하기 위한 목적으로 국립부여문화유산연구소 등에서 건물지 및 토기 관련 연구[64]가 활발히 진행되고 있다.

표 1. 사비성 발굴조사 분기표

	분기	발굴 주요 유적	비고
1기	1910~1960년대	능산리고분군, 군수리사지, 외리사지, 가탑리사지, 정림사지, 쌍북리요지, 임강사지, 금강사지 등	국가시설물 발굴
2기	~1990년대	정림사지, 관북리 유적, 부소산성, 나성, 능산리사지, 궁남지 유적 등	국가주도 국가시설물 발굴
3기	~현재	쌍북2지구 택지개발 유적[쌍북리 유적Ⅱ], 염창리 고분군, 왕흥사지, 동나성 내·외부 유적, 동남리 202-1 등	국가주도 국가시설물 재발굴 발굴비 지원에 따른 소규모 발굴 대규모 개발행위에 따른 발굴

위 발굴자료로 사비성을 살펴보면, 나성 내부는 대부분 발굴조사가 이루어졌고, 모든 조사 지점에서 도성 관련 시설물이 확인되었다. 즉 산 정상부에서는 절두(截頭)하여 대지를 확보한 후 건물을 만든 흔적이 부소산 군창지[65]와 쌍북리 421-2 유적[66] 등에서 확인되었고, 산의 급경사지에는 부소산성과 나성의 성벽이 구축되어 있다. 산의 완사면에는 절토와 성토를 하여 넓은 대지를 확보한 후 사찰 등이 조영되었다. 구릉의 말단부에는 예나 지금이나 인구가 밀집한 지역이어서 다수의 시설물이 확인되었다. 이곳에는 개발하기 쉬운 곡부가 존재하고, 백제인들은 이 곡부를 평탄한 대지로 만들어 능산리사지 등의 중요 국가시설물을

---

64) 국립부여문화유산연구소, 2024, 『백제 후기 벽주건물지 유형분류 자료집』과 토기기획연구가 진행되고 있다.

65) 尹武炳 외, 2003, 「軍倉址 發掘調査 報告書('81~'82)」, 『扶蘇山城 發掘調査 報告書』 Ⅴ.

66) 백제고도문화재단, 2017, 『부여나성 북나성』 Ⅴ·Ⅵ.

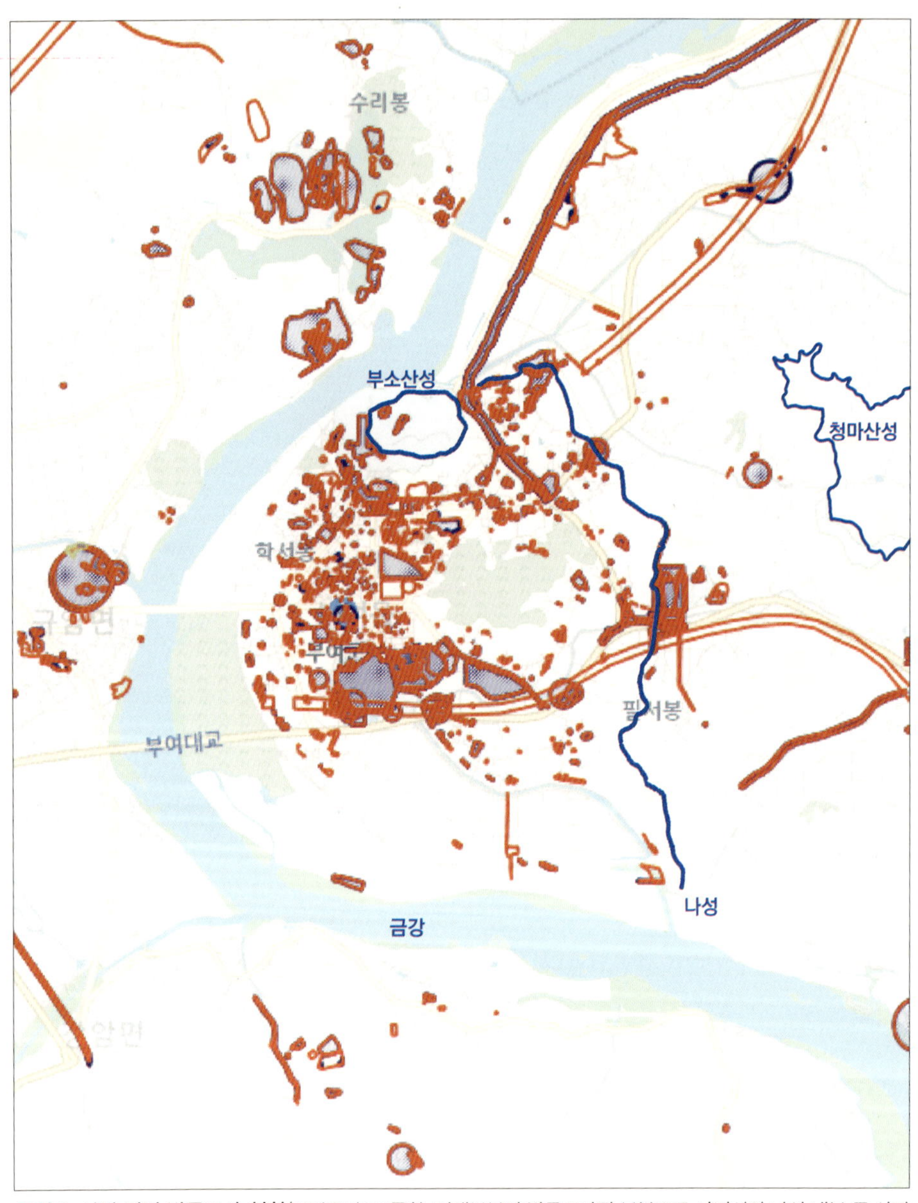

그림 2. 사비 지역 발굴조사 현황(국가유산GIS통합, 적색부분이 발굴조사된 부분으로 사비성의 나성 내부 중 산지와 금강변을 제외한 많은 부분이 발굴된 상태임을 확인할 수 있다)

만들었다. 그리고 백마강 변의 하안단구인 자연제방에도 다수의 시설물이 들어서 있다.

한편, 나성 내부에서 50% 이상을 웃도는 공간인 하천 변의 충적지도 많은 부분이 개발되었다. 이곳의 개발은 나성 내부 공간의 확보라는 측면에서는 필수적인 조건이었을 것이다. 하천 변인 이곳의 개발에는 도로와 배수로로 구성된 가로구획이 배치되어, 저지대의 습윤한 환경을 바꾸어 안정적인 대지 공간으로 만들어 놓았다. 이곳에 주거 시설과 창고, 공동시설물인 우물 등이 설치되어 일반민가 등의 생활 공간으로 활용되었다. 그리고 백마강 변에 있는 포인트바 공간은 경작지로 이용하였다.

이와 같은 사비성의 나성 내부는 대부분 택지로 개발이 되었고, 이 개발 기술에는 통상의 토목기법이 적용되었다. 즉, 경사지 등으로 이루어진 산지의 개발에는 절토 방식이 적용되었다. 절토는 대단위로 이루어져 산꼭대기를 평탄화하거나 사면을 깎아 성벽을 쌓는 등 대규모의 토목공사에 속하는 공사가 이루어졌다. 절토 방식이 시행된 곳은 나성과 부소산성, 부소산사지, 화지산 유적 등이다. 하안단구인 군수리사지와 동남리사지 등에서도 이 방식이 적용되었다. 이 절토 방식은 규모가 큰 국가적 시설물에 적용된 토목공사였다.

다음으로 성토 방식이다. 이 방식은 체성의 토축부와 목탑의 축기부 조성 등에 사용된 수평상의 판축법도 포함되며, 곡부에 들어선 사찰(능산리사지, 왕흥사지 등)의 대지층인 사선상(斜線狀)의 경사축토도 속한다. 이 성토 방식은 지방에서도 이루어진 방식이지만, 사비성에 이루어진 것은 규모에서 차이가 난다.

사비성의 나성 내부는 중앙부와 서편의 저평지에 비교적 넓은 충적대지가 펼쳐져 있다. 발굴 결과, 이러한 충적대지에도 백제 주거 등의 생활 흔적이 확인되었다. 즉, 해발 6m에서도 주거 흔적인 건물의 기둥과 우물의 석축 등이 노출되었다. 이는 현재 해발 10m 이하의 수전 경작지보다 2~4m 아래에도 유구가 존재한다는 점이다.

그런데 구아리 319 유적의 층위를 살펴보면, 해발 4m 정도의 지반층 위에 백제 사비기의 유구 층이 2m의 두께로 쌓여 있었는데, 그 위에는 통일신라~조선 전기의 유물이 거의 포함되지 않은 점질의 흙이 약 1m의 두께로 덮여있고, 조선 후기 이후의 유물이 거의 없는 토양이 2.5m 덮여있다는 점[67]이다. 이러한 퇴적 양상은 부여 동편의 가탑리 유적[68]의 층위 양상과도 비슷하며, 남편의 궁남지[69] 또한 비슷하다. 서편의 구아리[70] 또한, 그 현상은 통일신라에서 고려시대의 층 이 다른 곳에 비해 발달해 있을 뿐 비슷하다. 이는 이러한 충적대지가 백제 사비 기에만 생활 공간으로 활용되고 그 이후는 습지 등의 자연퇴적 환경이었다는 점 을 보여주는 예로 볼 수 있다.

이와 같은 퇴적층 및 유구 형성층의 두께는 시간의 간격과는 상당히 다르다. 다만, 사비성지인 부여 시가지 내의 인간 활동량과는 비슷한 것 같다. 즉, 백제 사비기, 부여는 백제 후기의 도성으로 이용되어 표면의 변화량은 상당하였을 것 이며, 백제 멸망과 주민의 이탈 이후 퇴적 및 유구층의 형성 요인도 감소했던 것 으로 보인다. 그런 이후 조선 후기에 인구 증가와 15~19세기의 소빙하기 등으로 연료 및 건축물의 막대한 수요에 의해 부여지역의 삼림이 훼손[71]되기에 이르렀 다. 즉, 삼림의 훼손은 생태계의 홍수조절 능력의 저하를 초래하였을 것이며, 삼 림 훼손에 따른 산지의 막대한 토사 유출은 부여지역 금강 하상(河床) 상승의 요 인이 되었을 것이다. 이에 따라 이후 부여지역의 작은 홍수일지라도 잦은 강물

---

67) 부여군문화재보존센터, 2012, 『부여 구아리319 부여중앙성결교회유적발굴조사보고 서』, 31~37쪽.

68) 부여군문화재보존센터, 2010, 『扶餘 佳塔里 百濟遺蹟』, 22~33쪽.

69) 國立扶餘文化財硏究所, 2001, 『宮南池』 II, 13~17쪽.

70) 한얼문화유산연구원, 2012, 『부여 구아리 434번지 백제유적』, 26~39쪽.

71) 李宇衍, 2005, 『朝鮮時代 植民地期 山林所有制度와 林相變化에 關한 硏究』, 成均館大 學校大學院 博士學位論文, 90~91쪽.

의 범람을 맞이하였고, 산지의 토사는 강으로 밀려나지 못하고, 하천 변의 낮은 평지에 두껍게 쌓이게 된 것으로 보인다.

앞 장의 선행 연구를 통해 사비성은 부소산성과 관북리 유적이 도성의 핵심인 왕이 사는 곳이자 그 가족들의 생활 공간이었고, 그 남편과 좌우로 왕과 신하의 배례 및 의례 공간과 관청가가 들어서 있었을 것이다. 그리고 이곳을 정점으로 하여 그 남쪽으로 거민구역인 나성 내부가 조성되어 있고, 거민구역의 끝자락에 곽인 나성과 금강이 배치되어 있다.

나성 내부에는 북쪽 중앙부에서 연결된 간선도로와 지선도로가 거민구를 가로지르고 있으며, 이 도로는 곽인 나성을 넘어 나성 외부를 지나 도성 인접 군·성으로 연결되어 있다. 이 도로변에 사찰이 들어서 있음이 확인되었다. 나성 내부와 외부에는 5부로 구성되어 있었을 것이나, 각 부의 위치와 경계는 현재로서는 알 수 없다.

사비성은 우리나라 최초의 외곽을 갖춘 도성으로 그 외곽이 나성이며, 방어력을 높이려는 방편인지 나성 외부에 소규모의 산성이 배치되어 있고, 동편에는 둘레 9km가 넘는 청마산성이 자리잡고 있다. 그리고 이 나성 외부에는 기와 생산지 및 토기 생산지가 배치된 양상이다.

그리고 나성 외부에는 도성 인접 군·성이 배치되어 있는데, 이곳에 배치된 산성 중 특히, 백제 가림군의 가림성과 진악산성의 석성산성은 그 규모가 예사롭지 않게 큰데, 이는 사비성의 1차 방어 능력을 높이기 위한 방편이었던 것으로 보인다.

이와 같은 사비성의 백제 유구 및 유물에 대한 편년은 그리 만만치 않다. 왜냐하면 문헌 기록도 부족하고, 역연대를 알 수 있는 유구와 유물도 부족하기 때문이다. 그럼에도 불구하고 분기를 명확히 보여줄 수 있는 대통사식 와당과 보주형 꼭지의 회색토기, 개원통보 등이 있어 이를 보완해 준다. 이 자료들을 살펴보겠다.

1) 와당

　사비 지역은 웅진기에 계획적으로 도성을 조성한 곳이며, 사비기에도 많은 건축물이 축조되면서 관련 유물이 남겨졌다. 이러한 유물 중 와당은 와범(瓦笵)에 도안된 문양과 범상(笵傷)의 진행을 통해 세부적인 편년이 가능한 유물[72]이기도 하다. 이와 관련된 유물은 부여지역에서 다수 확인되었다. 즉, 웅진기 당시, 웅진 왕도에 무령왕릉과 대통사를 건설하면서 사용된 와전류인 벽돌과 기와를 사비도성의 북부인 정동리 와요지에서 생산한 것이어서, 이러한 유물을 편년 자료로 활용할 수 있다. 또한 역연대를 알 수 있는 능산리사지와 왕흥사지 등의 발굴품, 그리고 630년대 사비궁 중수 등과 관련된 관북리 유적의 발굴품 역시 중요한 편년 자료가 된다. 그리고 이러한 유적의 발굴과 그간의 와당 연구[73]를 통해 와당의 분기 설정이 어느 정도 가능하게 되었다. 다만, 와당의 도상 차이가 반드시 시간차를 반영한 것이 아니고, 도상의 존속기간에 대해서도 검증이 필요하다.[74]

　웅진기의 와당은 무령왕릉의 축조와 관련된 벽돌에 새겨진 '임진년작(壬辰年作)' 명문과 연판 끝부분이 융기된 형태를 띠고 있는 연화문을 통해, 공산성 내 추정왕궁지에서 출토된 Ⅰ형인 융기형 연화문 와당은 5세기 말[75]의 유물로 편년할 수 있다.

　다음으로 공주 반죽동 일원에서 출토된 '대통'명 문자와와 공반 출토된 원형 돌기형 와당인 대통사식(大通寺式)을 통해 527년을 전후한 웅진기 말에서 사비기 초[76]인 6세기 전엽의 와당 또한 확인할 수 있다. 이 와당은 사비성 축조를 대표

---

72) 崔英姬, 2016, 「百濟 泗沘期의 造瓦系統과 生産體制」, 『百濟硏究』 63, 161쪽.

73) 윤용희, 2022, 『백제기와 연구』, 성균관대학교 박사학위논문 등이 있다.

74) 崔英姬, 2016, 앞의 논문, 162쪽.

75) 李南奭, 1988, 「百濟 蓮花文瓦當의 一硏究 -公山城 王宮址出土品을 中心으로-」, 『古文化』 32, 69~73쪽.

76) 清水昭博, 2003, 「百濟 大通寺式 수막새의 성립과 전개 -中國 南朝系 造瓦技術의 전

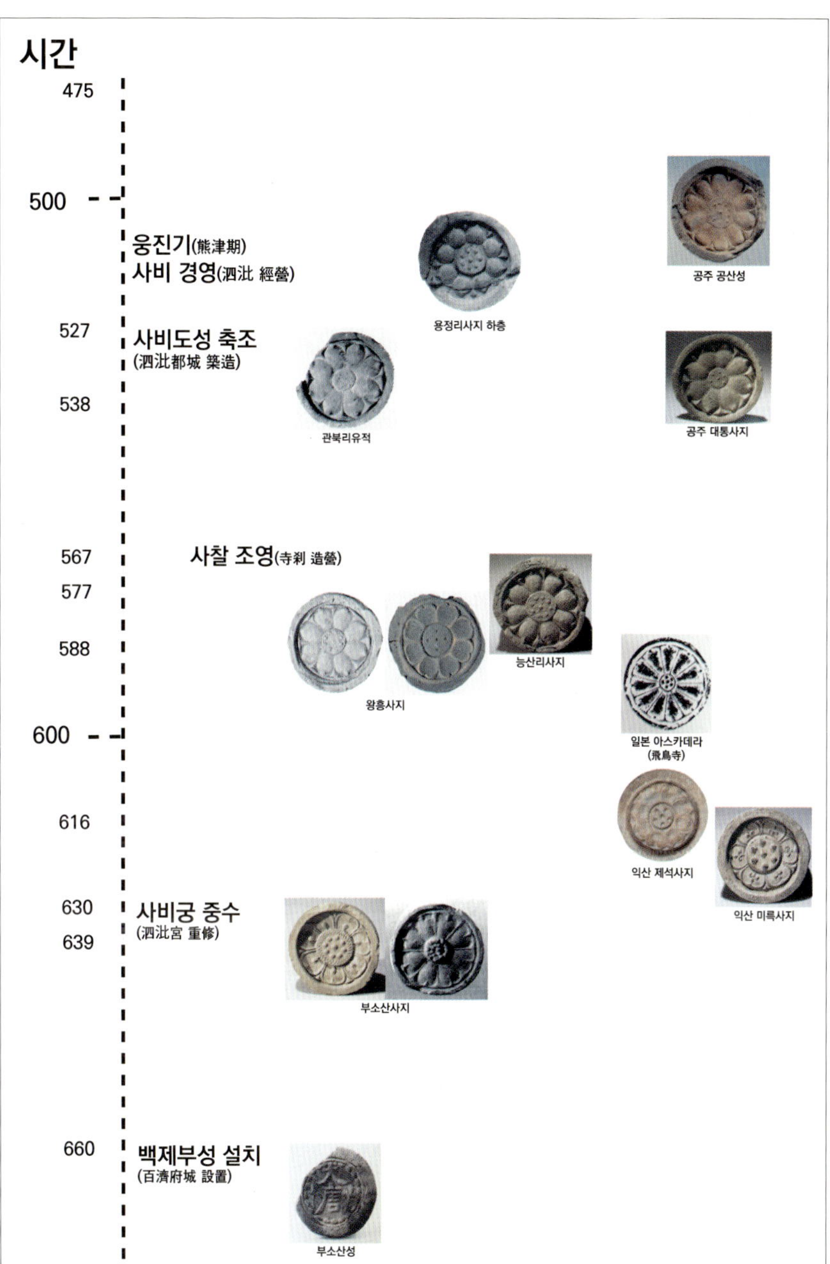

그림 3. 사비성 주요 유적 와당 편년안

하는 건축 재료로 판단되며, 이와 연관되어 이후 나성 내·외부에 사찰이 들어서면서 연화문 와당은 지속적인 변화를 거듭하였다.[77]

능산리사지의 삼각돌기형 와당은 유적에서 가장 많은 수량이 출토된 절대다수의 논리에 따라 창건와로 판단할 수 있다. 그리고 가람 중심부에서 가장 많은 수량이 출토된 사실과 이 와당이 능산리사지 요지 출토품과 동범품이라는 사실에 근거[78]하여 567년경에 제작된 것으로 이해할 수 있다. 이와 유사하게 사비도성의 서북부에 있는 왕흥사지의 와당도 절대다수의 논리에 따라 577년경의 원형돌기형과 삼각돌기형 연화문와당[79]을 확인할 수 있다.

한편, 문헌자료와 연관된 역연대 자료는 없지만, 용정리사지의 상층 금당지의 기단토에서 출토된 판단첨형 와당은 6세기 전반으로 편년[80]되고, 군수리사지의 판단삼각돌기식 와당은 6세기 중엽으로 편년[81]되며, 사비성지에서 마지막 와당의 모습을 보여주는 부소산사지의 꽃술형 7엽 와당(현북리식)은 7세기 이후로

파」, 『百濟研究』 38, 59~65쪽.

77) 이병호, 2022, 「공주 반죽동 출토 백제 기와의 기초적 검토 -대통사 창건 수막새의 모색-」, 『백제문화』 67; 조원창, 2020, 「공주 대통사 수막새의 접합기법과 제와술 검토」, 『지방사와 지방문화』 23.

78) 李炳鎬, 2008, 「扶餘 陵山里 出土 木簡의 性格」, 『목간과 문자』 창간호, 62~63쪽.

79) 이병호, 2025, 「부여 왕흥사지 출토 창건 수막새의 재검토」, 『백제문화』 73.

80) 조원창의 연구에 의하면 용정리사지 하층에서 출토된 판단첨형의 연화문 와당은 상한이 5세기 말이고 하한은 6세기 초반으로 편년(趙源昌, 2003, 「百濟 熊津期 扶餘 龍井里 下層 寺院의 性格」, 『韓國上古史學報』 42, 101쪽)하고 있다. 그러면 와당의 상한을 적용하면 도성지역의 국가사찰 격인 대통사보다 빠른 지방사찰이란 논지가 성립될 수 있다. 하지만, 사비지역이 적극적으로 개발되는 시점은 성왕대이기 때문에 용정리사지의 초축 연대 또한 이와 비슷할 것으로 판단되어, 이곳에서는 6세기 전반으로 편년하였음을 밝힌다.

81) 조원창, 2008, 「백제 군수리사원의 축조기법과 주영주체의 검토」, 『한국고대사연구』 51, 179쪽.

편년[82]되어, 사비성의 절터 출토품은 사비기 유적 편년에 도움이 되고 있다. 특히, 꽃술형 7엽 와당은 익산의 왕궁리유적과 미륵사지에서 출토된 것과 연관되기도 한다.

이상을 보면, 사비성지에 백제 와당이 사용되기 시작한 시점은 웅진기의 사비 지역 경영 등과 연결되고, 다음으로 도성을 만든 시기인 사비 천도 전후부터 나성 내·외부에 사찰이 들어서면서 각 형식의 와당이 변경을 거치며 사용되는 시기, 그리고 마지막으로 사비궁 중수와 연관된 새로운 와당의 출현으로 요약해 볼 수 있고, <그림 3>과 같다.

2) 토기

백제 토기는 원삼국시대의 제작기술을 바탕으로 낙랑 토기 제작 기술, 중국 왕조와의 교류를 통한 도자기와의 접촉, 고구려·가야 등과의 교섭 등으로 재래의 기종을 발전시키고, 신기종을 출현시키면서 발전을 거듭하였다. 이를 통해 3세기 중후반 무렵에 성립한 백제 토기는 직구단경호·삼족토기·고배 등의 새로운 기종을 출현시켜 한성양식토기가 성립되었다. 475년 웅진으로의 천도와 더불어 기존 토기 양식은 중국과의 교류 등 새로운 정치 여건 등에 띠라 웅진양식도기가 발생하였으며, 이러한 토기 양식은 사비 천도 이후까지 이어졌다.[83]

한편, 웅진·사비기 사비성 지역 일원에서는 고구려의 영향에 의해 제작된 전달린토기, 암문이 새겨진 자배기, 대상파수부 호와 뚜껑이 출토되었는데, 이러한 토기의 출현을 두고, 고구려(토기) 문화가 가지는 생활상에서의 편의성을 수용한

---

82) 淸水昭博, 2010, 「아스카시대 전반기의 기와」, 『백제와전』.

83) 土田純子, 2009, 「泗沘樣式土器에서 보이는 高句麗土器의 影響에 대한 검토」, 『韓國考古學報』 72, 141~150쪽.

결과[84]라든지, 6세기 중엽경 백제의 한강 유역 진출을 통한 고구려와의 접촉[85]이라든지, 한강 유역 고구려 문화와의 지속적 접촉보다는 사비 천도를 전후한 무렵의 급격하고 일시적인 주민 등의 유입[86], 나당 연합세력에 대항하기 위한 백제와 고구려의 연계[87], 웅진기 이래 고구려 치하에 노출되었던 구백제인들이 사비도성 일원에 이주 · 정착했다는 사회적 현상[88] 등으로 이해[89]하고 있다.

　필자는 주민의 이주 · 정착이 더욱 설득력 있다고 판단한다. 왜냐하면, 이미 기존 연구자에 의해 연구된 것과 같이, 웅진기 사비성의 축조에는 많은 인력이 투입되었을 것이며, 이러한 인력을 확보하기 위한 일련의 내용이 『삼국사기』 「백제본기」 무령왕 10년(501년)에 '제방을 견고히 하고 내외의 유식한 자를 몰아 귀농케 하였다'[90]는 기사로 표현된 것[91]으로 추정해 볼 수 있고, 웅진기부터 고구려 유물이 보이고 있기[92] 때문이다. 이와 관련하여 최근 사비성지에서 사비 천도 무렵인 6세기 전반의 토기 문화에서 가야계 유물의 출토[93]도 이와 연관된 것[94]으로 볼 수 있다.

---

84) 國立中央博物館, 1991, 『松菊里』 IV, 98쪽.

85) 金容民, 1998, 「百濟 泗沘期土器에 대한 一考察」, 『文化財』 31, 69쪽.

86) 朴永民, 2002, 「百濟 泗沘期遺蹟 出土 高句麗系土器」, 『年報』, 238쪽.

87) 山本孝文, 2005, 「百濟 臺附碗의 受容과 變遷의 劃期」, 『國立公州博物館紀要』 4.

88) 朴淳發, 2005, 「高句麗와 百濟」, 『고구려와 동아시아 -문물교류를 중심으로-』.

89) 土田純子, 2009, 「泗沘樣式土器에서 보이는 高句麗土器의 影響에 대한 검토」, 『韓國考古學報』 72, 141쪽 재인용.

90) 武寧王 十年, 下令完固堤防, 驅內外遊食者歸農(『三國史記』 卷第二十六 「百濟本紀」).

91) 土田純子, 2009, 「泗沘樣式土器에서 보이는 高句麗土器의 影響에 대한 검토」, 『韓國考古學報』 72, 149쪽 재인용.

92) 이명헌, 2022, 「고구려계 사비양식 백제토기의 형성 과정과 그 배경」, 『백제학보』 39.

93) 심상육, 2023, 「사비도성의 축조시기」, 『백제 성왕의 사비천도와 도성축조』.

94) 이병호, 2024, 「백제 사비기 물자의 유통과 관리 체계 -부여 부소산성과 쌍북리 일원

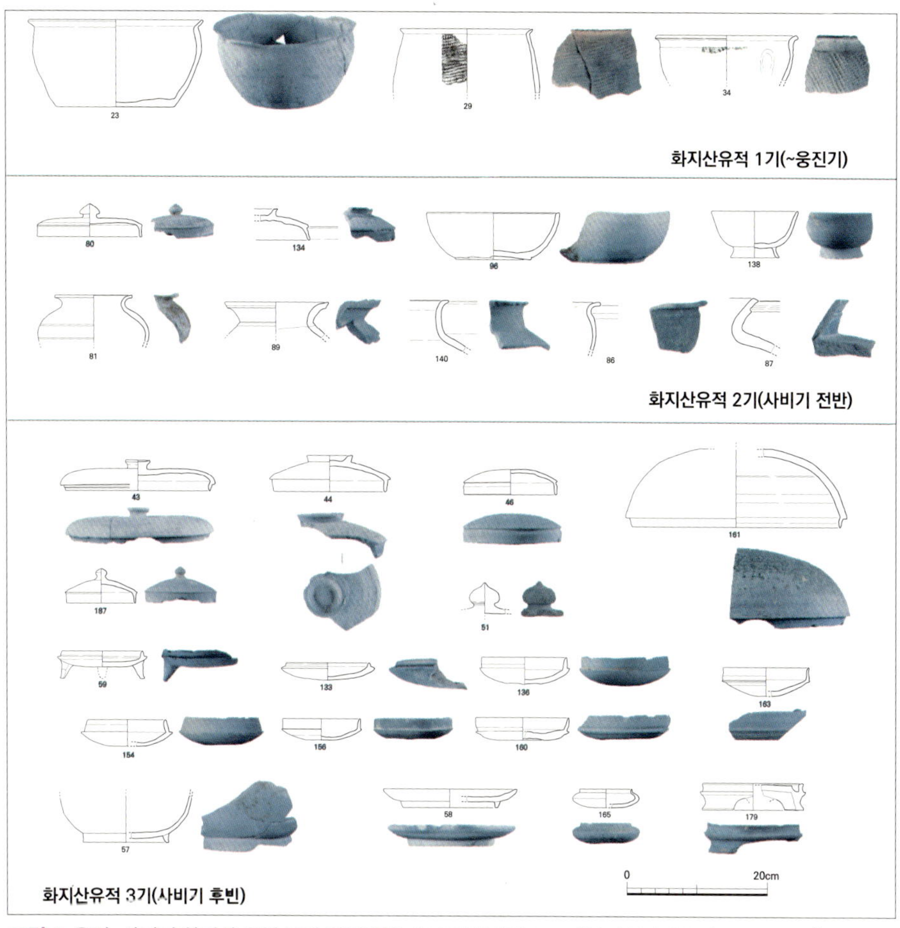

그림 4. 웅진~사비기 화지산 유적 토기 편년안(백제고도문화재단, 2018, 『부여 화지산 유적』, 173~175쪽)

웅진기부터 새로운 토기 양식이 발생한 이후 백제 토기 문화는 한성기부터
이어져 내려오던 구기종(삼족기, 고배, 개배 등)과 신기종이 공존하며 사용되던 시기
를 지나 신기종(회색·흑색 계통의 대부완, 접시, 전달린토기, 자배기, 동이, 연통, 다족 벼루 등) 위

발굴 자료를 중심으로」, 『목간과 문자』 33.

주로 일신되는데, 그 시기를 대체로 6세기 말 7세기 초를 전후한 시기로 보거나[95], 612년의 사비성 대홍수와 연결하여 이해하기도 한다.[96]

이처럼 토기 또한, 웅진기부터 사비 천도쯤에 웅진양식의 토기가 고구려 등 외래의 요소와 결합하여 출현하게 되는데, 이는 사비성 축조와 일부 궤를 같이 한다. 사비기의 신기종 위주의 사비양식의 토기 출현 또한, 사비기의 내재적 발전으로 이룩된 것으로 보이는데, 그 시기가 사비기 후반의 사비궁 중수 등 도성 재개발과 연결되고 있다. 이점은 와당과 비슷한 양상이다. 이를 화지산 유적의 토기 편년 도면을 제시하면 <그림 4>[97]와 같다.

3) 동전

백제 사비기에는 자체적으로 화폐를 제작하여 사용한 흔적과 근거는 없다. 다만, 중국에서 만든 화폐 중 동전이 사비도성 및 주변부에서 간혹 확인되는데, 이 동전은 주조의 시점과 비슷한 사용(또는 소비) 시기를 확인할 수 있어서 주목된다. 즉, 사비성지에서 확인된 중국제 동전은 그 제작 및 유통 시점을 통해서 동전이 확인된 유구의 시간성을 유추할 수 있기 때문이다.

물론 중국에서 유입된 유물이기 때문에 일정한 전세(傳世) 기간을 설정할 여지도 있지만, 그 전세 기간을 반세기 정도로 잡았던 기존의 견해[98]와는 다르게, 사

---

95) 山本孝文, 2003, 「百濟 泗沘期의 陶硯 -分類·編年과 歷史的 意義-」, 『百濟硏究』 38, 108~110쪽.

96) 이병호, 2023, 「부여 쌍북리 56번지 목간의 제작시기와 유적의 성격」, 『목간과 문자』 30, 104~105쪽.

97) 화지산 유적의 토기 편년을 제시하는 이유는 필자가 직접 조사한 유적으로 백제 사비기 전반의 굴립주건물지 단계의 하층과 후반의 초석건물 단계의 유물이 명확히 구분되기 때문이다. 그리고 사비기 전단계의 유물도 확실하게 구분되어 제시한다.

98) KBS NEWS '부여 왕흥사지서 출토된 중국 동전 상평오수(2007.11.15.)'.

비성의 퇴적층에서는 중국에서 생산된 시점과 비슷하게 사용된 사례가 종종 확인되고 있다.

이러한 점은 왕흥사지 목탑의 심초석에서 확인된 상평오수(常平五銖) 동전이 대표적으로 보여준다. 상평오수는 중국 남북조 시기의 북조 중 북제(北齊)에서 553~577년까지 주조되고 유통된 동전인데, 왕흥사지 목탑이 세워진 연도가 577년[99]인 점을 감안하면, 사비기에 중국에서 생산된 동전은 중국과 비슷한 시기에 사용된 사실을 알 수 있다.

따라서 왕흥사지의 사례를 통해, 사비도성에서 출토되는 중국에서 주조된 동전인 오수(五銖)[100]는 수(隋)의 개황원년(開皇元年)인 581년 이후에 주조[101]한 것과 중국 진대(陳代)인 579년부터 주조하여 589년까지 생산한 태화육수(太貨六銖)[102], 621년 이후 당에 의해 주조된 개원통보(開元通寶)[103]도 비슷할 것으로 추정할 수 있다.

---

99) 사리기의 명문은 '丁酉年二月 十五日百濟 王昌爲亡王 子立刹本舍 利二枚葬時神化爲 三'이고, 백제 왕창인 위덕왕 대의 정유년은 577년이다.

100) 서한 武帝 元狩 5년(기원전 118년)에 처음으로 주조되기 시작하여 당의 高祖 武德四 年(621년)까지 사용된 동전으로, 가운데에 네모 모양의 구멍이 뚫려진 둥근 모양이 다. 동전 앞면에 '우: 五, 좌: 銖'라는 두 글자가 方孔의 오른쪽과 왼쪽에 나뉘어 새겨 져 있고, 뒷면에는 글자나 무늬가 없다. 1수는 대략 0.65g이므로 '五銖錢'이란 3.25g 의 무게를 가진 동전을 말한다. 그러나 출토된 자료를 보면 3.25g에 못 미치거나 훨 씬 넘는 것도 있다(박선미, 2013, 「고구려유적 출토 화폐 검토」, 『고구려발해연구』 47, 120쪽).

101) 쌍북리 장골기에서 출토된 오수전은 수 開皇元年에 주조된 것으로 보고 있다(山本 孝文, 2003, 「百濟 火葬墓에 대한 考察」, 『韓國考古學報』 50, 136쪽).

102) 석목리 143-16번지 유적에서 太貨六銖는 1문화층에서 확인되었다. 2문화층의 연대 가 6세기 말부터 7세기 초이고, 이 층 아래에 1문화층이 존재하기 때문에 중국과 비 슷한 시기에 사용되었음을 확인할 수 있다(이병호, 2025, 「부여 석목리 143-16번지 유적 하층 출토 목간과 유적의 성격」, 『목간과 문자』 34).

103) 박선미, 2013, 「고구려유적 출토 화폐 검토」, 『고구려발해연구』 47, 121쪽.

2. 편년 기준 수립

사비성을 구성하는 백제 당시의 연대 자료는 그리 많지 않다. 대부분 자료는 발굴조사를 통해 확보된 유물과 방사성탄소 연대 측정값에 의존하고 있다. 그러나 방사성탄소 연대 측정값을 사비도읍기를 경향적으로 이해하는 데에는 도움이 되지만, 개별적으로 세밀하게 사용함에는 신중해야 한다. 그 이유는 연대 측정값의 오차 범위가 백제 사비기의 절반에 달하기 때문이다.

따라서 문헌 기록과 발굴 자료 등 사비성과 관련된 연대를 알 수 있는 사실을 종합하여 검토할 필요가 있어, 아래와 같은 표로 정리하여 보았다.

표 2. 백제 웅진 · 사비기 역연대 관련 유물 및 기록

연대	내용	출처 및 내용	
475	웅진 천도	移都於熊津	삼국사기
477	궁실 중수	重修宮室	삼국사기
479	동성왕 즉위	東城王 … 三斤王薨即位	삼국사기
486	궁실 중수, 우두성 쌓음 궁궐 남쪽에서 대규모 열병	重修宮室 築牛頭城 大閱於宮南	삼국사기
489	남당에서 연회	宴羣臣於南堂	삼국사기
490	사비원 사냥	王田於國西泗沘原	삼국사기
500	임류각 지음	起臨流閣於宮東 髙五丈 … 閉宮門	삼국사기
501	임류각 잔치 가림성 축조 사비의 동으로 사냥 무령왕 즉위	王與左右宴臨流閣 築加林城 王獵於泗沘東原 武寧王 … 牟大在位二十三年薨 即位	삼국사기
512	무령왕릉	士 壬辰年作	벽돌
523	무령왕 능에 안장 성왕 즉위	寧東大將軍百濟斯麻王 … 癸卯年五月 … 聖王 … 武寧薨 繼位 國人稱爲聖王	지석 삼국사기
526	웅진성 수리	修葺熊津城	삼국사기
527	대통사 세움	又於大通元年丁未, 爲梁帝創寺於熊川州名大通寺 大通	삼국유사 인각와

연대	내용	출처 및 내용	
529	무령왕과 왕비를 합장	丙午年十二月 百濟國王大妃壽終 居喪在酉地 己酉年二月癸未朔十二日甲午 改葬還大墓立志 如左	지석
538	사비에 도읍	移都於泗沘	삼국사기
541	1차 사비회의	… 往赴百濟 …	일본서기
544	2차 사비회의	… 百濟遣使 召日本府臣 · 任那執事曰 …	일본서기
554	위덕왕 즉위	威德王 … 聖王在位三十二年薨 繼位	삼국사기
553~	상평오수(常平五銖)		북제 동전
567	능산리에 목탑 세움	百濟昌王十三秊太歲在 丁亥妹兄公主供養舍利	사리감
577	왕흥사에 목탑 세움	丁酉年二月十五日 百濟王昌爲亡王子立刹 本舍 利二枚 葬時神化爲三	사리합
581~	오수(五銖)		수 동전
588	아스카데라(飛鳥寺) 창건	是歲 百濟國遣使 … 始作法興寺 此地名飛鳥眞 神原 亦名飛鳥苫田	일본서기
597	'정사'명 기와 생산 '갈나성정사와'명 기와 생산	丁巳 葛那城丁巳瓦	인각와
598	혜왕 즉위	惠王 … 昌王薨 即位	삼국사기
600	왕흥사 창건 칠악사에서 기우제 지냄 무왕 즉위	創王興寺 度僧三十人 大旱 王幸漆岳寺 祈雨 武王 … 法王即位翌年薨 子嗣位	삼국사기
612	궁성 남문 지진 도성 홍수	震宮南門 大水 漂沒人家	삼국사기
618	좌관대식기 목간	戊寅六月中 佐官貸食記	쌍북리 280-5
621~	개원통보(開元通寶)		당 동전
630	궁실 중수	重修泗沘之宮	삼국사기
634	왕흥사 준공 왕궁 남쪽에 연못 조성	王興寺成 穿池於宮南	삼국사기
636	북포에서 연회 망해루 향연	遊燕於泗沘河北浦 燕羣臣於望海樓	삼국사기
639	미륵사지 서석탑 건립 제석사 소실	己亥年正月卄九日奉迎舍利 百濟 武廣王 遷都 枳慕密地 新營精舍 以 貞觀 十三年 歲次 己亥 冬十一月 天大雷雨	사리봉영기 관세음응험기
641	의자왕 즉위	義慈王 … 武王在位三十三年	삼국사기
645	'을사년' 토기	乙巳年三月十五日牟尸山菊作匜	부소산성

연대	내용		출처 및 내용
654	사택지적비 건립	甲寅年正月九日奈祗城砂宅智積慷身日之易往慨體月之難 還穿金以建珍堂鑿玉以立寶塔巍巍慈容吐神光以送雲峨峨悲貌合聖明以	석비
655	태자궁 수리 망해정 세움	修太子宮極侈麗, 立望海亭於王宮南	삼국사기
657	'정사년' 목간	丁巳年十月廾(七)日	쌍북리 56
660	의자왕 항복	王及太子孝與諸城皆降	삼국사기

위 표를 바탕으로 사비성에서 발굴된 백제 유구의 층위를 살펴보면, 사비도성의 사비기 층은 2개 층 이상의 여러 층으로 구분되는 사실이 확인되었다. 즉, 관북리 유적에서는 5차례의 층간 접촉면[104]으로 구분되었고, 구아리 319 유적에서는 4차례의 면[105]이, 동나성 내외부 백제 유적에서는 3차례의 면[106]이 확인되었다.

이러한 유구들은 시기에 따라 전대의 성격을 그대로 유지한 곳도 있고[107], 성격이 다르게 변모하는 곳[108]도 존재한다. 즉, 관북리 유적에서는 초기 공방과 창

---

104) 국립부여문화재연구소, 2009,『부여 관북리유적 발굴조사보고서』III, 73쪽.

105) 부여군문화재보존센터, 2012,『부여 구아리 319부여중앙성결교회 유적 발굴조사 보고서』, 33쪽.

106) 충청문화재연구원, 2006,『부여 능산리 동나성 내·외부 백제유적』, 8쪽.

107) 용정리사지, 정림사지 등 사찰의 경우 백제 사비기에 개축된 흔적(扶餘文化財硏究所, 1993,『龍井里寺址』; 탁경백, 2016,「정림사지 창건시기 재고」,『건축역사연구』25-4)이 확인되었다.

108) 쌍북리 421-2 유적에서의 저장 공간에서 건물지(백제고도문화재단, 2017,『부여나성 북나성』V·VI)로 합정리 갱고개 유적에서는 저장 공간에서 분묘 공간(부여군문화재보존센터, 2013,『부여 합정리 갱고개유적』)으로, 구아리 319 유적에서는 수로 및 폐기장에서 건물지로 변모(부여군문화재보존센터, 2012,『부여 구아리 319부여중앙성결교회 유적 발굴조사 보고서』) 등의 유적이 대표적이다.

고로 대지가 사용되다 계단식 대지 등이 조성되면서 건물지로 변모했으며, 동나성 내·외부 백제 유적의 경우에는 경작지로 활용되던 대지가 건물지로 바뀌었고, 구아리 319 유적은 수리시설에서 건물지로, 구아리 유적에서는 수로를 메우고 우물이 들어서 대지의 이용 방식이 달라졌음이 확인되었다.

반면, 대다수의 유적지에서는 비슷한 성격의 유구가 지속적으로 나타났다. 그리고 동남리 202-1과 쌍북리 421-2 유적에서는 사찰 터와 같이 건물이 중건되거나 증축되는 양상이 관찰되기도 했다.

유구 중에서 국가시설물에 준하는 시설물들은 대개 산지, 구릉 말단부, 곡간지, 그리고 하안단구(河岸段丘)나 미고지(微高地)에 들어섰다. 이에 비하여 저평한 충적대지에는 우물과 같은 공공시설물이나, 벽주건물 형태로 만들어진 개인 주택과 창고 시설 등이 주로 설치되었다.

사비성에서 나성 내부는 전체를 정연한 격자 형태의 공간으로 균일하게 구획, 정비한 것이 아니라, 구릉지와 하천의 방향 등에 따라 지점별로 별도의 기준선과 좌표가 존재하는 다원화된 계획이 적용되었고[109], 이를 잘 보여주는 것이 가로구획이다. 주목할 점은 이 가로구획의 흔적이 일제강점기의 지적도에 나타난 도로와 일치[110]한다는 점이다. 즉, 현재 부여시가지의 기본 골격은 백제 사비기에 근원을 두고 있다는 점이다.

위와 같은 사비성의 발굴 현황을 바탕으로 백제 사비 도읍기와 그 전후의 시간적 위치를 설정하기 위한 고고학적 방편은 토층을 우선시해야 한다. 그중에서도 사비성 전체를 아우를 수 있는 도성의 중심지, 즉 왕궁구 유적을 선정해야 한다.

사비성의 왕궁구는 관북리 유적과 부소산성으로, 사비성의 나성 내부 북쪽

---

109) 황인호, 2012, 「百濟 泗沘都城의 都市計劃에 대한 검토」, 『고고학』 11-3.
110) 정현용, 2010, 「부여 구아리·관북리 전(田)자형 도로망 형성시기 연구 : 사비도성 방형구획설에 대한 검토」, 경기대학교 석사학위논문.

중앙부 일원이다. 이 중 관북리 유적은 사비 도읍기의 마지막 중심지[111]였음이 명백하다. 또한, 관북리 유적은 50년 이상 발굴이 진행되었고, 여러 권의 발굴 보고서[112]가 발간되었으며, 주변 지역의 발굴 역시 상당수 이루어졌기에, 발굴 보고서의 토층 양상이 주변 유적의 기준이 되고 있다. 이에 관북리 유적의 토층을 사비성의 기준 토층으로 삼고자 한다.

부여 관북리 유적은 총 10개의 퇴적층군과 9개의 층간접촉면의 단위로 변별[113] 되었다. 구석기시대부터 삼국시대 초기에 이르는 기간에는 사람이 활용하던 지표면은 거의 없는 상태이지만, 그와 관련된 유물은 확인[114]되었다. 백제 웅진·사비기의 층군은 백제 하부생활면(제1생활면)과 상부생활면(제2생활면)으로 나뉘며, 다시 5단계로 세분된다. 발굴보고서에서는 이 층들을 백제 웅진기 말~사비기 초, 사비기 전기 이른 단계, 6세기 4/4분기, 7세기 전기, 7세기 중기로 편년하였다. 이 외에 제3생활면의 통일신라시대 층군과 제4생활면의 신라 말 고려 초 층

---

111) 이병호, 2007, 「부여 정림사지의 창건 배경과 도성 내 위상」, 『백제와 금강』; 김성남, 2007, 「백제 사비왕궁의 확대와 변모과정 시론」, 『제57회 충남대 백제연구소 공개강좌 발표문』.

112) 忠南大學校博物館, 1985, 『부여 관북리백제유적 발굴조사보고』 I ; 忠南大學校博物館, 1999, 『부여 관북리백제유적 발굴조사보고』 II ; 國立扶餘文化財研究所, 2009, 『부여 관북리유적 발굴조사보고서』 III; 國立扶餘文化財研究所, 2009, 『부여 관북리유적 발굴보고』 IV; 國立扶餘文化財研究所, 2011, 『부여 관북리유적 발굴보고』 V; 백제고도문화재단, 2015, 『사비왕궁지구유적』; 충남대학교박물관, 2023, 『부여 관북리백제유적 발굴조사보고』 VI; 國立扶餘文化財研究所, 2023, 『부여 관북리유적 발굴보고』 VII; 國立扶餘文化財研究所, 2023, 『부여 관북리유적 발굴보고』 VIII; 국립부여문화유산연구소, 2025, 「부여 관북리유적 16차 발굴조사 약식보고서」; 국립부여문화유산연구소, 2025, 「부여 관북리유적 17차 발굴조사 약식보고서」.

113) 國立扶餘文化財研究所, 2009, 『부여 관북리유적 발굴조사보고서』 III, 66~76쪽.

114) 이점은 대단위의 토목공사가 벌어지면서 전대의 문화층이 대부분 사라졌기 때문일 것이다. 이는 청동기시대 무문토기와 백제 한성 병행기의 마한 토기가 백제 사비기 문화층 등에서 확인되고 있기 때문에 알 수 있다.

군, 제5생활면의 고려시대 후기, 제6생활면부터 제7생활면까지의 조선시대 층
군 그리고 최근 지층인 제1층군까지 세분[115]되어 있다.

제시된 관북리 유적의 층군에 동의하지만, 국정 기조가 최고지배자의 변화에
따라 변하듯, 백제 사비기 또한, 그러했을 것으로 판단하여, 층위를 백제 왕대별
로 연결하여 재조정[116]하고자 한다. 기존의 분기 설정은 시간의 등간격으로 구
분하여 왕의 재위 기간과 정확히 일치하지 않기 때문이다.

재조정된 왕대별 층위는 다음과 같다.

웅진 중반 이전(백제 하부생활면의 하부 퇴적층) : ~무령왕

백제 웅진기 말~사비기 초(사비 천도 전후, 제1-①차 생활면) : 성왕

사비기 전기(~6세기 4/4분기, 제1-②차~제2-①차 생활면) : 위덕왕~혜왕~법왕

사비기 중기(7세기 초, 제2-②차 생활면) : 무왕 전반

사비기 후반(7세기 중, 제2-③차 생활면) : 무왕 후반~의자왕

통일신라시대 극초(660~, 제2-③차 생활면)

이러한 재조정을 바탕으로 관북리 유적의 토층은 사비성의 표준 층위로 설정
할 수 있다. 이를 통해 와당, 토기, 동전과 사비도성 내 주요 유적(동남리 523-11, 부소
산성, 회지신 유적, 동남리 202-1, 구아리 319, 쌍북리 184-11, 구드래 일원)의 단계별, 유물의 시기
를 명확히 설정할 수 있다. <그림 5>는 관북리 유적과 사비성 기타 유적의 역연
대을 대표하는 유물을 제시한 것으로, 사비성의 역연대를 설정하는 기준으로 삼
을 수 있는 중요한 자료가 될 수 있다.

---

115) 심상육, 2024, 「백제 사비기 궁역(宮域) 배치에 관하여」, 『동아시아의 궁성체제와 신
　　라 궁성』, 84~86쪽.
116) 재조정한 단계가 기존의 층서관계를 재단하거나 역연대를 달리 본 것은 아니다.

표 3. 관북리 유적 백제층에 대한 새로운 설정표

관북리 유적 층	관북리 유적 층에 따른 유구 명세	공간의 위계	새롭게 조정된 층과 연관된 왕
하부생활면의 하부 퇴적층	승문심발이나 장란형토기 파편	웅진기(자연지형축) 지방	~무령왕
하부생활면 제1-①차 생활면	가지구 연못 동쪽 부정형 유구 나지구 공방 관련 유구와 동서방향 굴립주열 다-라지구의 중소형 저장구덩이 마지구의 목탄 집중분포면	사비기(자연지형축) 사비성 왕궁구 관청, 공방, 창고 등	성왕
제1-②차 생활면	나-1지구의 석축 배수로 건설 이전의 초기 도로 나-2지구의 각종 공방 관련 유구 나-3지구의 92-H구 공방, 소형 구덩이, 백제 가마와 폐기 구덩이 다지구 목곽고와 석곽고		
상부생활면 제2-①차 생활면	가지구 동서석렬 가가구 석축 연못과 주변 기둥, 하단 동서석렬, 하층 석축 방형우물 나지구 남북와 동서도로 및 배수로, 동서방향 굴립주열, 공방 관련 시설들 라지구 기와기단 건물터, 남북 구상유구, 동서도로와 암거시설, 공방집터	사비기(남북축) 사비성 왕궁구 관청, 공방, 창고, 구아리사지 조영	위덕왕~혜왕 ~법왕
제2-②차 생활면	가지구 석축 연못 보축과 상단 동서석렬과 우물, 기와 도수관 나지구 개수된 남북과 동서도로, 배수로 나-2지구 I구 동서소로와 배수로, 기와기단 건물터, 개수된 동서석렬 마지구 동서 담장터, 부소산기슭 축대, 우물, 기단 건물터, 남북소로	사비기(남북축) 사비성 왕궁구 관청 구아리사지 유지	무왕 전반
제2-③차 생활면	대형전각건물터와 그 담장 기초, 마지구 상수도시설	사비기(남북축) 사비성 왕궁구 왕궁 중심부	무왕 후반 ~의자왕
제2-③차 생활면	당계 와요		

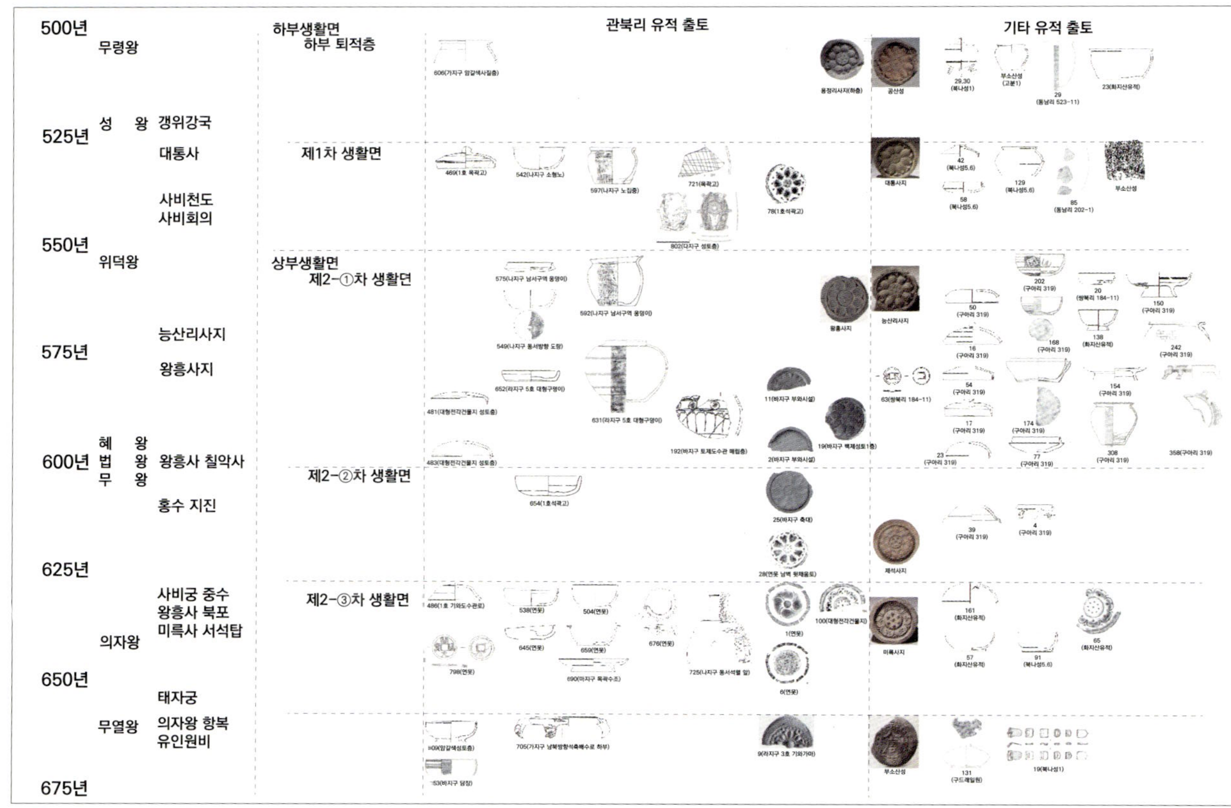

그림 5. 관북리 유적을 바탕으로 한 사비도성 유물 편년안(관북리 출토품은 유물 아래에 유물번호와 유구명을 기입하였고, 기타 유적의 경우 유적명과 유물번호를 기입함)

III.

사비 지역 경관과
유적 분포

1. 경관

1) 자연 경관[1]

부여군 일원은 우리나라의 지형 속에서 보면, 한반도의 중서부인 차령산지의 남서 말단부에 해당한다. 남쪽으로 논산-익산-김제-정읍으로 연결되는 광활한 호남평야가 펼쳐져 있고, 서쪽으로 서해까지 약 35㎞ 떨어져 있으며, 이전 수도였던 공주와는 28㎞ 떨어져 있다.

이전의 국도와 마찬가지로 사비성은 큰 하천의 남쪽에 자리 잡고 있으며, 물줄기가 크게 바뀌는 지점에 위치한다. 웅진에서 내려온 금강이 사비도성을 감싸며 흐르다 방향을 남동쪽으로 틀어 서해로 흘러간다. 이 구간 중 사비도성을 감싸고 서쪽으로 흐르는 부분을 특별히 백마강(白馬江)이라 부르는데, 백마강 주변에는 크고 작은 지류들이 흘러들어 도성의 많은 부분이 충적대지로 이루어져 있다.

우선, 사비성의 북쪽으로는 산지(150m 미만으로 낮음)가 많음에도 불구하고 지천과 가증천이 백마강으로 흘러들면서 충적지를 형성하고 있다. 서쪽의 은산천과

---

1) 다음 글(심상육, 2023, 「사비도성의 축조시기」, 『백제 성왕의 사비천도와 도성축조』, 20~23쪽)을 수정·보완하였음을 밝힌다.

서남쪽의 금천 변에는 일명 '부여평야'가 펼쳐저 있다. 도성의 남서쪽에는 북동
에서 남서로 흘러 금강으로 유입하는 석성천이 흐르고 있다. 따라서 사비성에는
저구릉성 산지 사이에 해발 20m 이하의 요철이 낮은 평탄지(하천변의 충적대지)가

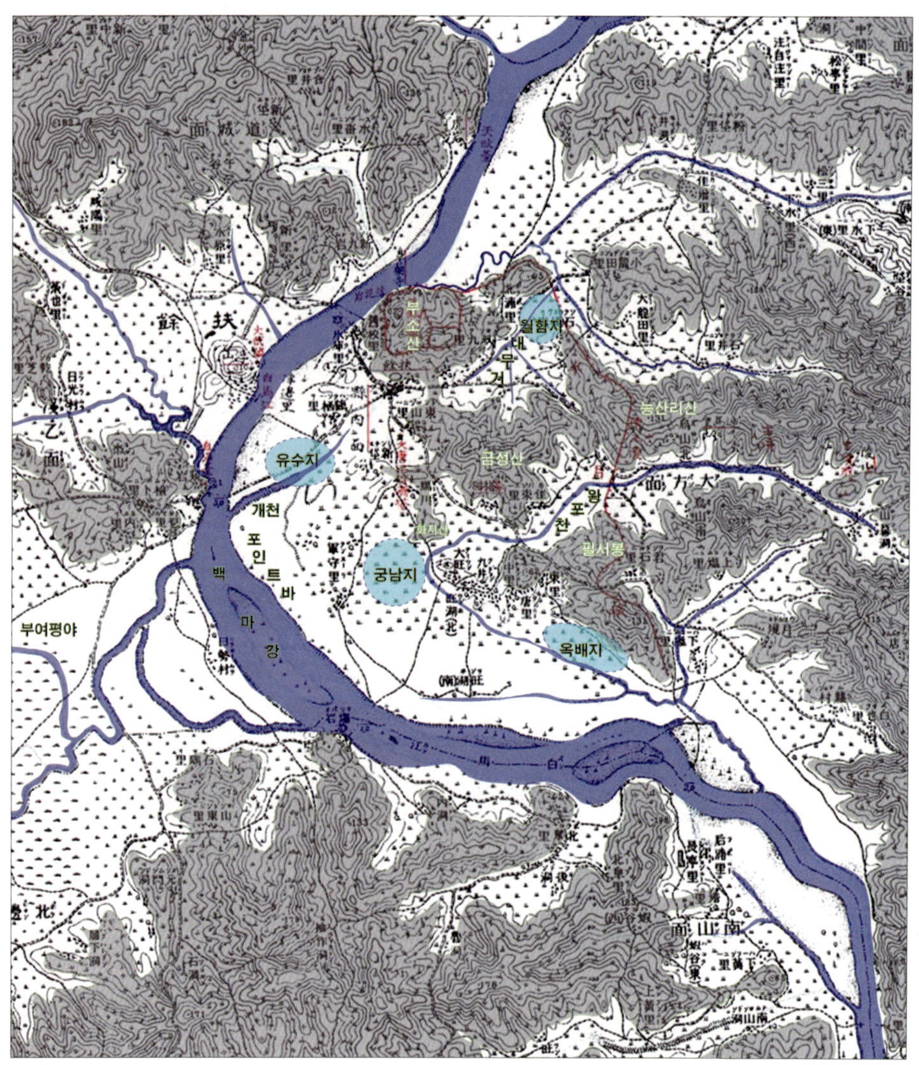

그림 6. 사비 지역 지형(朝鮮總督府, 1916, 『朝鮮 古蹟 調査 報告』, 수정 인용)

비교적 넓게 발달해 있다.

다음으로 사비도성의 내부만을 살펴보면, 북동쪽으로 낮은 저구릉성 산지가 둘러싸고 있다. 즉, 부소산에서 능산(부여 왕릉원이 위치한 산)을 거쳐 필서봉으로 연결된 산지가 이곳이다. 이 산지는 높이가 100m 내외이며, 높이 5m 정도의 성채인 나성이 돌려져 내부와 외부를 나누는 경계를 이루고 있다. 도성의 집중 거민구인 나성 내부의 서쪽과 남쪽에 백마강으로 연결된 충적대지가 펼쳐져 있다. 백마강은 나성처럼 나성 내부의 서쪽과 남쪽 경계 역할을 한다.

좀 더 세부적으로 살펴보면, 나성 내부 북쪽 끝 중앙에 100m가 조금 넘는 부소산이 있고, 부소산을 환상(環狀)으로 감싸듯 평탄지가 서 · 남 · 동으로 좁게 펼쳐져 있다. 서측인 백마강 연안으로는 해발 20m 정도인 저구릉지와 자연제방이 연안을 따라 형성되어 있는데, 그 내부는 배후습지로 요철면이 낮은 평지가 형성되어 있다. 자연제방 밖으로는 모래퇴적 지대인 포인트바가 그믐달처럼 형성되어 있다. 동측으로는 필서봉과 연결된 해발 124.3m의 금성산을 비롯한 100m 정도 이하의 산지 사이로 거무내[2]와 왕포천이 각각 흐르고 있으며, 충적대지가 형성되어 있다. 이 지류천 변으로는 월함지 · 궁남지 · 옥배지 · 유수지 등의 소택이 있었으나, 현재는 도시화로 인해 대부분 사라지거나 형태가 변경되어 있다.

이처럼 사비 지역은 금강의 본류인 백마강과 지류로 이루어진 차령산지의 말단부에 있어 마치 분지에 사비도성이 들어선 모습이다. 이와 같은 사비도성의 모습은 조선시대에는 나성 내부만을 '반월성(半月城)'으로 불리기도 했는데[3], 이는 과장되게 그려진 조선시대의 지방도에 잘 표현되어 있다.

이러한 자연 경관적 측면을 갖춘 사비성은 고대 도성의 입지에 필요한 방어

---

2) 玄川 혹은 黑川으로 기재된 작은 개천으로 흑색을 띠는 漢字를 사용한 것으로 보아 검은 물이 흐르는 개울로 판단된다.

3) 半月城 石築周一萬三千六尺卽古百濟都城也抱扶蘇山而築兩頭抵白馬江形如半月故名 今縣治在其內『新增東國輿地勝覽』.

상의 지형인 분지에 위치하고, 풍부한 생산지를 도성의 충적대지를 통해 확보했으며, 금강 본류 등을 통한 편리한 교통로 확보, 완사면을 비롯하여 자연제방과 배후습지 등의 넓은 생활 공간을 갖춘 곳을 의도적으로 선정하여 개발한 도성임을 쉽게 이해할 수 있다.

2) 인문 경관[4]

사비도성의 현 행정 구역은 부여읍의 구교, 구아, 관북, 쌍북, 석목, 동남, 군수, 가탑, 왕포, 중정리 등 10개로 구분된다. 그러나 일제강점기 이전의 촌락명을 살펴보면 약 30개의 작은 마을이 있었음을 알 수 있다. 즉, 우리나라의 동리(洞里)가 대부분 여러 개의 마을을 합친 것이기에 일제강점기 이전의 현황을 보면, 쌍북리는 쌍구리(雙九里)와 북포리(北浦里)의 촌락 명을 조어(造語)하여 만든 지명으로, 조선시대 후기만 해도 쌍구리, 북포리(뒷개), 흑천리(黑川里, 거무내) 등의 마을이 위치한 곳이다. 이에 따라 현재의 동리를 살펴보면,

관북리의 경우 관북리(官北里) · 학샘,

구아리의 경우 구아리(舊衙里) · 홍문리(紅門里) · 허문리(虛門里),

구교리는 구드래 · 빙고리(氷庫里) · 학서리(鶴栖里) · 구교리(舊校里),

석목리는 진목리(眞木里) · 석교리(石橋里),

군수리는 군수(軍守) · 군수평 · 꽃정 · 꽃노들 · 곶노들 · 신기정(新基亭) · 새뜨말 · 성말(城末),

동남리는 동산리(東山里) · 마천리(馬川里) · 신대리(新垈里) · 남산리(南山里) · 마래마을 · 부장골 · 향교골,

가탑리는 가속리(佳束里) · 탑동(塔洞) · 구장터,

---

4) 심상육(2023, 「부여지역 백제 목간의 발굴현황과 분포」, 『목간과 문자』 30, 60~64쪽)의 글을 수정 · 보완하였음을 밝힌다.

왕포리는 대왕리(大旺里)·구포리·왕호리·대왕리·구정리,

중정리는 중리(中里)·동리(東里)·당리(唐里)·모숙골

등으로 구분되었다.[5]

이 마을들의 중심은 대부분 산지의 사면 자락에 있으며, 중정리와 왕포·군수·구교의 금강 변과 가탑과 쌍북의 왕포천 언저리와 월함지 등의 충적지는 주택이 들어서지 않은 공간이었다.

하지만 이는 백제 사비기의 발굴 결과와는 다른 양상을 보인다. 발굴 결과를 살펴보면, 근래까지 경작지로 사용되었던 왕포천과 쌍북리 일대의 충적지는 사비기에 이미 도시화(Urbanization)가 상당히 진행된 주거 공간이었음이 다른 점이고, 같은 점은 구릉 남사면 끝자락의 개발이 여전하다는 점이다.

그래서 과거와 현재의 사비도성은 공통점과 차이점을 모두 가지고 있다. 이러한 발굴로 확인된 사비도성의 유적 배치, 일제강점기 이전 마을의 중심, 지표 조사 등에서 확인된 백제 유적 및 건물터 등을 일제강점기 지적원도와 일제강점기 제작 특수지형도, 1980년대 홍재선의 논문[6], 1990년대 제작된 문화유적분포지도[7] 등을 합성하여 백제 사비기의 모습을 재구성한 유적 분포도(그림 7)를 살펴보면 다음과 같은 특징을 확인할 수 있다.

<그림 7>을 보면, 나성 내부는 북쪽에서 남쪽으로 가면서 마을의 밀집도가 낮아지는 양상을 보인다. 발굴로 확인된 백제 사비기의 양상 또한 비슷하다. 그리고 백제시대의 문화층 또한 북쪽이 남쪽보다 사비기의 지표층 수가 많음을 알 수 있어, 538년 천도 이후 도성의 나성 내부가 북쪽부터 남으로 전개된 결과

---

5) 일제강점기에 제작된 특수지형도에 나온 촌락 명을 참고하였음을 밝혀둔다.

6) 洪再善, 1981, 「百濟 泗沘城 研究 -遺物과 遺蹟을 中心으로-」, 東國大學校大學院 碩士學位請求論文.

7) 국가유산청 GIS통합인트라넷시스템을 참고하였음을 밝혀둔다.

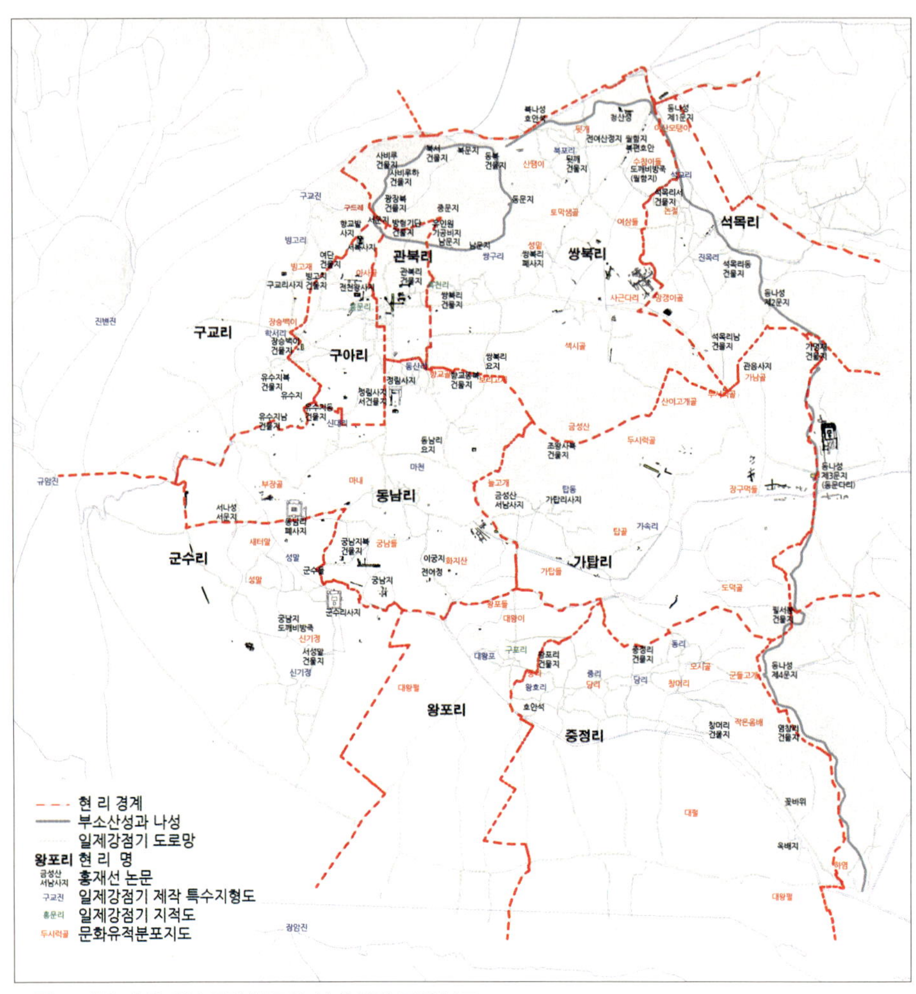

그림 7. 기존 나성 내부 유적 분포와 현재 행정 구역 분포

와 일치한다. 그런데 능산리 일대의 왕포천 북안과 남안의 백제 사비기 유구 밀
도에서 북안이 남안보다 상당히 높은 양상을 보인다. 그리고 나성 내부의 남쪽
이 대부분 유구 밀도가 낮음에도 불구하고 왕포리의 산지 남사면 끝자락에는
다시 유구 밀도가 부분적으로 높은 양상도 관찰된다. 이러한 양상은 이전의 연

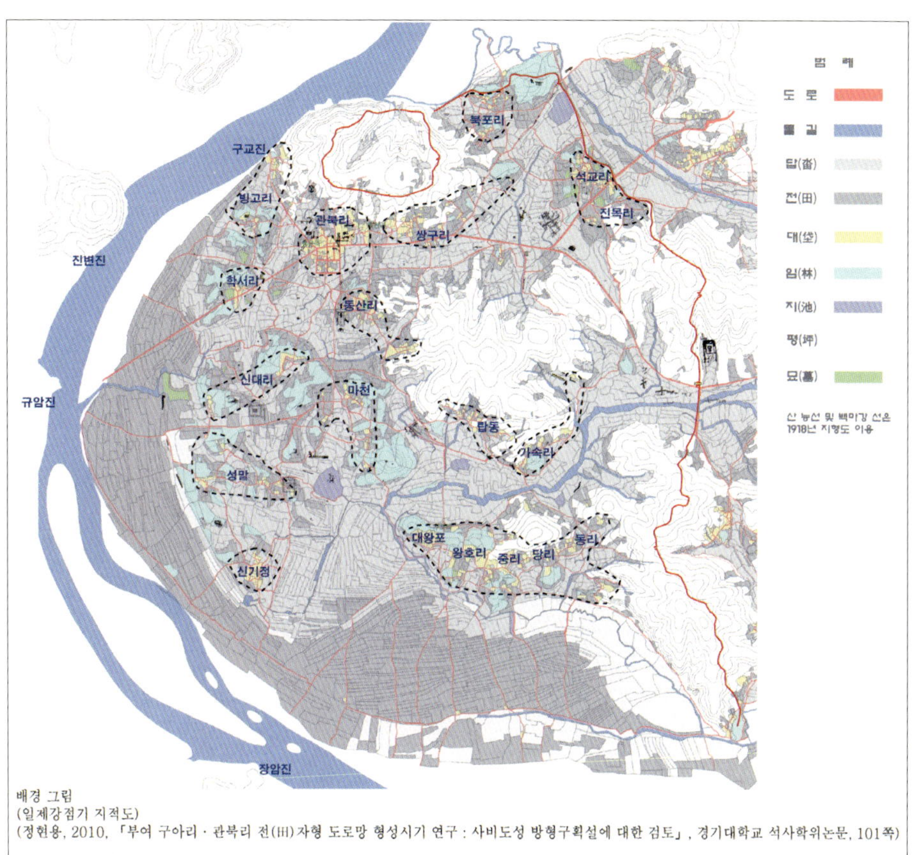

배경 그림
(일제강점기 지적도)
(정헌용, 2010, 「부여 구아리·관북리 전(田)자형 도로망 형성시기 연구 : 사비도성 방형구획설에 대한 검토」, 경기대학교 석사학위논문, 101쪽)

그림 8. 일제강점기 부여읍 리별 주택 밀집지 분포두(지도는 일제강점기에 제작된 시석원도를 바탕으로 하였으며, 그림 내에 조선시대 후기의 동리명과 분포범위를 점선으로 표시하였다. 그리고 그림 내에 백제 유구 분포도 표시해 두었다)

구[8])와 마찬가지로 사비도성의 개발이 북에서 남으로 일괄적으로 전개되지는 않고, 산지 남쪽의 양지바른 곳의 개발은 주변보다 일찍 이루어졌음을 다시 한 번 알 수 있다.

그래서 사비도성을 일제강점기 이전의 동리 중심부를 지도에 표현한 유적 분

---

8) 이병호, 2002, 「백제 사비도성의 조영과정」, 『한국사론』 47.

포와 부여읍 일원 행정구역 분포도(그림 8)를 작성해 보았다.

<그림 8>을 보면 알 수 있듯이, 부소산을 남으로 감싸고 있는 동리가 다른 곳에 비해 밀집된 모습을 볼 수 있다. 이는 백제가 538년 사비로 천도한 초기에는 부소산 자락 및 구릉지 일대로 도시화가 이루어졌다, 이후 마을의 공간 확대로 백제 사비기에는 마을 사이의 충적대지로 개발이 이행된 것으로 이해할 수 있다.

2. 백제 유적 분포의 특징

현재 부여군 지역은 백제 사비기 사비성과 관련된 곳이다. 물론 사비성과는 별도의 군·성 지역인 가림군과 진악산성, 열야산성, 대산성 등도 있다. 하지만 이 부분도 대부분 백제 사비성과 직접 혹은 간접적으로 다른 지역보다는 관련성이 높다. 따라서 이글에서는 현재 부여군 지역을 사비 지역으로 지칭하여 공간 대상으로 삼고자 한다.

부여 지역 유적은 백제가 사비로 천도하면서 개발된 곳이 대부분이지만, 그 전부터 생활의 터전이었던 곳을 재사용한 곳도 있고, 백제 때는 사용하였지만 후대의 훼손이나 활용으로 유물만 존재할 뿐 유구가 존재하지 않는 곳도 있다. 그리고 일반적인 역사의 흐림에서 시간의 경관에 따라 인구는 증가하고, 토지 이용도는 높아지는 것이 당연하고, 백제시대의 경우 한번 개발된 곳은 지속적으로 사용되었음이 분명하다.

1) 나성 내부 유적

사비성 내부 현황도를 나타낸 <그림 9-11>에는 부소산성과 나성 성벽을 표시하였고, 건축 관련 유적지의 경우 사지를 나타내는 '卍' 표시와 기타 건축 건물터는 '1, 2, 3, 4'로 표현했으며, 공방과 같은 생산시설의 경우 'ㄱ, ㄴ, ㄷ, ㄹ'로, 경작 관련 시설은 'Ⓐ, Ⓑ, Ⓒ, Ⓓ'로, 도로 시설은 '가, 나, 다, 라'로 표시하였다. 저장 유구는 'A, B, C, D'로, 분묘는 'ㄱ, ㄴ, ㄷ, ㄹ'로 기타는 '①, ②, ③, ④'로 표현하여 구분하였다. 그리고 유구별 시간성은 웅진기 이전의 경우는 '1, 가, A, ㄱ, ㉠, Ⓐ, ①'이며 녹색으로 표현하여 구분하였고, 성왕대는 '2, 나, ㄴ, Ⓑ, B, ㉡, ②'를 적색으로, 위덕왕~무왕 전반대는 '3, ㄷ, Ⓒ, 다, C, ㉢, ③'을 노랑색으로, 무왕 후반~의자왕대는 '4, ㄹ, Ⓓ, 라, D, ㉣, ④'를 청색으로 표현하였다.

사비도성 유적 현황도가 모든 사항을 드러내지는 않는다. 다만, 대수의 법칙 즉, 통계의 핵심 이론으로 어떤 일이 일어날 확률은 N이 커질수록 즉, 표본관찰 대상 수가 증가할수록 추정의 정밀도가 향상된다는 이론이 위 표와 그림을 이해하는 합리적인 방안일 것으로 판단된다. 즉, 현재 상당수의 사비기 나성 내부 유적이 발굴되었기 때문에, 현시점에서는 사비도성의 공간 구조를 이해하는 방법으로 그 경향성을 파악하는 것이 중요하기 때문이다. 따라서 유적 현황도로 도출된 경향성으로 사비도성의 축조 이전 그리고 도성 활용 단계, 그 후 국도가 아닌 신라의 일반 지방 군과 현으로 바뀌는 모습을 살펴보면 다음과 같다.

첫째, 지형 구분에서 산지 끝자락과 충적지의 활용도가 높게 확인되었다. 이는 나성 내에서 사람이 살만한 평탄한 곳이 이곳에 잘 발달해 있기 때문일 것이다. 또한 산지와 미고지, 곡부의 개발도 상당히 이루어진 점을 보면, 나성 내에서 대부분의 개발 가능한 지점이 개발되었음을 확인할 수 있다.

둘째, 나성 내의 많은 공간이 생활 공간으로 활용되었다. 특히 부소산의 산성 내부와 그 남·서·동사면 일대, 그리고 부소산과 금성산~화지산으로 연결되는 능선의 서쪽 부분인 동남리, 관북리, 구아리, 구교리의 주거 등의 활용도가 높다. 부소산 동쪽, 쌍북리 421-2 유적 남쪽, 금성산 북쪽의 쌍북리와 석목리, 그리고 금성산 남사면인 왕포리, 중정리 등도 주거 공간으로 많이 사용되었다. 이와 달리 나성 내부의 서부와 남부에 해당하는 포인트바 지역은 경작지로 이용되어 주거민의 생활 공간보다는 경작 공간으로 활용되었음을 알 수 있다.

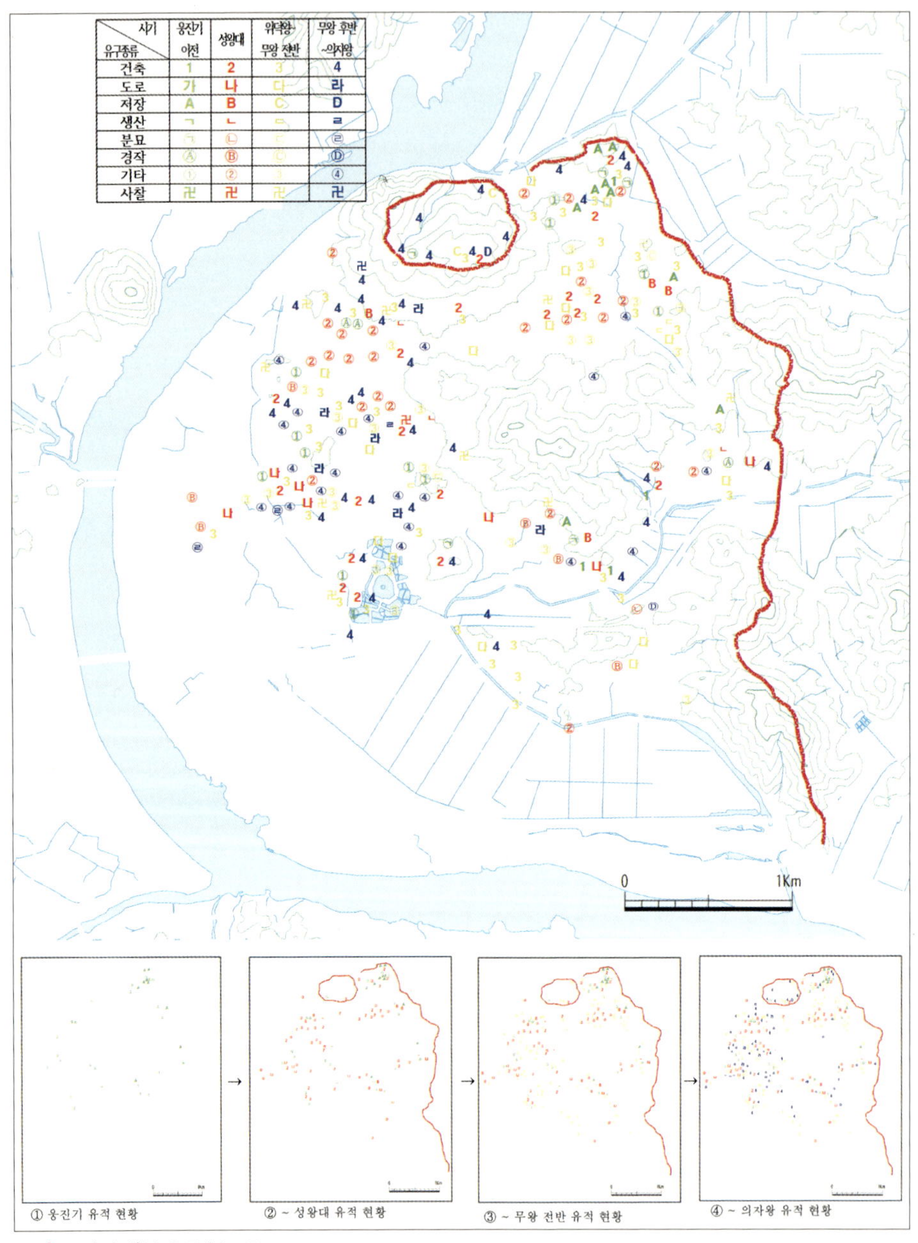

그림 9. 나성 내부 유구 분포도

셋째, 나성 내에 분묘가 확인되었는데, 부소산과 금성산 그리고 화지산 등의 경우 도성으로 사비 지역이 건설되기 전의 무덤이고, 나머지 사비기의 경우 옹관묘와 화장묘 등으로 확인되었다. 그리고 경작지의 경우 사비도성의 중심부인 구아리 일대와 동나성 동문지 내측부인 가탑리 일원에서 천도 전 경작이 이루어지다 도성으로 활용되는 단계에는 중심부보다는 금강 변의 포인트바 지역(나성 내부 서부와 남부)으로 옮겨진 것으로 보인다. 또한, 저장시설이 부소산과 쌍북리 421-2 등에서 확인되는데, 대체로 사비천도 전 혹은 성왕 대까지이고, 이후에는 경작지가 중심부에서 주변으로 옮겨지듯 저장 공간도 다른 곳으로 옮겨진다. 이처럼 나성 내는 백제가 사비로 천도하기 전 구릉 말단부의 주거와 산지의 매장 및 저장 공간 그리고 경작지로 활용되다 백제가 도성으로 만든 이후에는 거주민의 주거 등의 생활 공간 위주로 사용되고, 매장 및 저장 그리고 경작 공간은 나성 내에서는 금강변으로 이동하거나 나성 밖으로 옮겨진 것으로 판단된다.

넷째, 나성 내부 곳곳에 도로와 건물이 전반적으로 들어서는데, 이는 부소산 사면 끝자락 일원에서 남쪽으로 서서히 확장되면서 이루어졌고, 산지의 남사면 이용은 대체로 위덕왕 대에 대부분 이루어진 것으로 보인다.

이상의 발굴 현황으로 유추해 보면, 사비기 나성과 금강 내부는 부소산과 그 남사면이 가장 적극적이며 지속적으로 생활 공간으로 개발되었음이 확인되어, 나성 내부의 핵심지는 앞에서 언급한 왕궁구임을 알 수 있다. 그리고 부소산의 남 · 서 · 동편 충적지(구교리, 구아리, 관북리, 쌍북리), 금성산의 서사면(동남리) 및 동사면(가탑리), 백마강 변의 자연제방과 미고지 부분의 개발이 일찍 이루어졌고, 쌍북리와 가탑리, 동남리 등의 충적지까지 이후 개발된 점을 확인할 수 있다.

그리고 사비기 전의 경우는 산지의 매장과 저장 시설 그리고 충적지의 경작 등으로 토지를 이용하였음을 확인할 수 있고, 백제 멸망 이후 충적지는 경작지 및 물이 고여있거나 개발되지 않는 땅으로 남겨졌던 것으로 관찰된다.

즉, 사비도읍 시기 나성 내부의 남부와 서부 일부를 제외한 대부분이 도성민의 생활 공간으로 활용되었음을 대수의 법칙에 따라 유추할 수 있다. 그리고 금강 연안은 경작 공간으로 활용되었다.

2) 나성 외부 유적

사비도성 곽 즉, 나성 밖 공간은 <그림 10>과 같이 부여읍 외부에 해당하는 곳이다. 이곳에는 다양한 백제 사비기 유적을 품고 있어, 백제 사비기 왕도의 공간임을 잘 보여주고 있다.

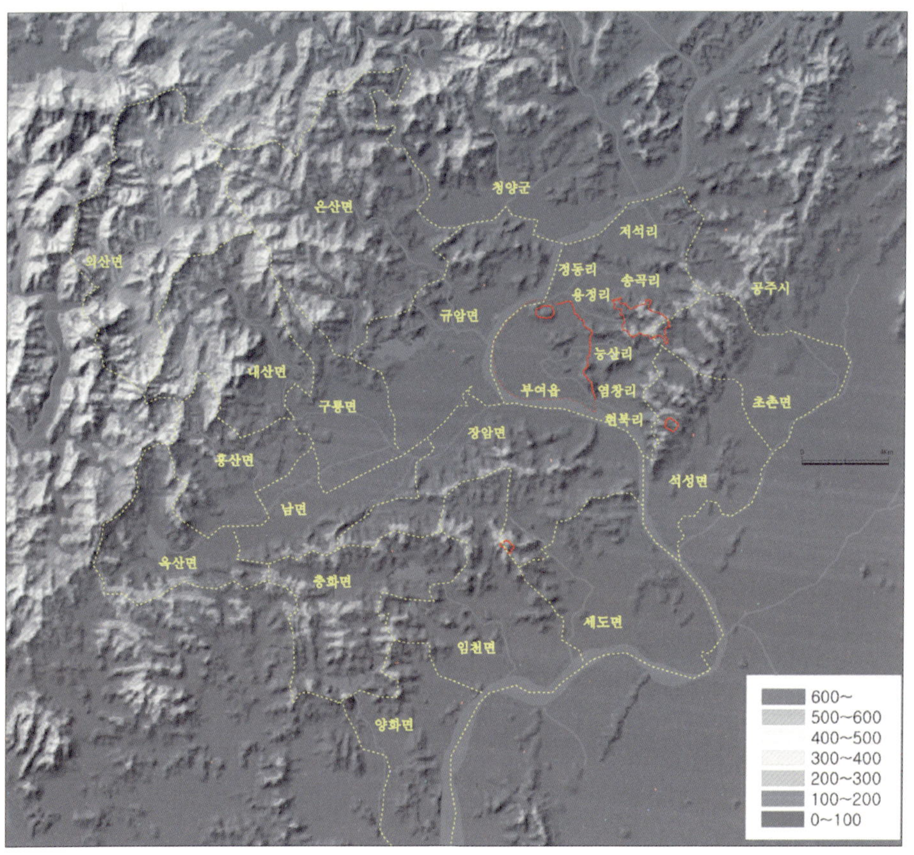

그림 10. 나성 외부 현재 행정 구역도

먼저 나성 밖 정동쪽에는 부여 능산리가 자리하고 있으며, 이곳에서는 왕릉군과 귀족무덤군을 비롯하여 백제 고분군이 밀집도로 달리하며 여러 곳에 분포[9]한다. 그리고 능산리 동고분군 남쪽의 곡부 371-1번지에서는 다량의 공방 폐기물이 확인되어, 나성 밖에서도 금속 공방 단지가 운영되었음을 알 수 있다.

능산리 남쪽인 나성 밖 동남부에는 염창리와 현북리가 위치하는데, 도로변을 따라 임강사지, 현북리사지 그리고 현북리 요지와 산지 남사면을 따라 고분군 등의 유적이 조사되었다.

능산리 북쪽으로는 정동리와 용정리, 송곡리, 상금리, 가증리가 위치하고, 이곳에도 많은 수의 고분군이 확인되었다. 특히, 나성과 인접한 곳에 있는 정동리 506-2에서는 사비도성의 나성 성벽 밖에서 측구가 딸린 도로가 확인되었고, 이 도로는 웅진기부터 기와 등을 생산한 정동리 가마터와 옛 수도인 웅진으로 연결된다.

용정리에는 백제 최대의 산성인 청마산성과 웅진기에 계획적인 사비도성 축조를 용이하게 하기 위해 초축된 용정리사지[10]가, 그리고 160-1에서는 사비기의 초석건물지가 확인되기도 하였다.

나성 밖 북쪽 밖으로는 규암면의 호암리, 합정리, 오수리, 신리 등지인데, 호암사지와 왕흥사지 등의 사찰이 고대 교통로에 있으며, 나성 외부 동쪽만큼이나 많은 백제 고분이 존재하고 있다.

나성과 같은 역할을 했던 금강의 서쪽 밖으로는 규암면 내리와 외리, 반산리,

---

9) 부여군, 2019, 『부여 능안골고분군 주변 백제고분 분포조사』.

10) 백제 웅진기에 웅진이 아닌 사비 지역에 사찰을 설치한 이유에 대해 왕의 사비 지역 巡狩(도성으로 축조하기 위해 사비 지형 탐색) 등에 따른 임시 거처, 사비 천도의 정당성 홍보, 신도시 개발을 효과적으로 처리하기 위한 것이란 연구(趙源昌, 2003, 「百濟 熊津期 扶餘 龍井里 下層 寺院의 性格」, 『韓國上古史學報』 42, 87쪽)가 있으며, 필자도 사비 지역에 6km가 넘는 나성, 9km가 넘는 청마산성 그리고 왕궁을 설치함에 효율적인 방안을 여럿 강구했을 것으로 보고, 그중 하나가 용정리의 사찰로 판단된다.

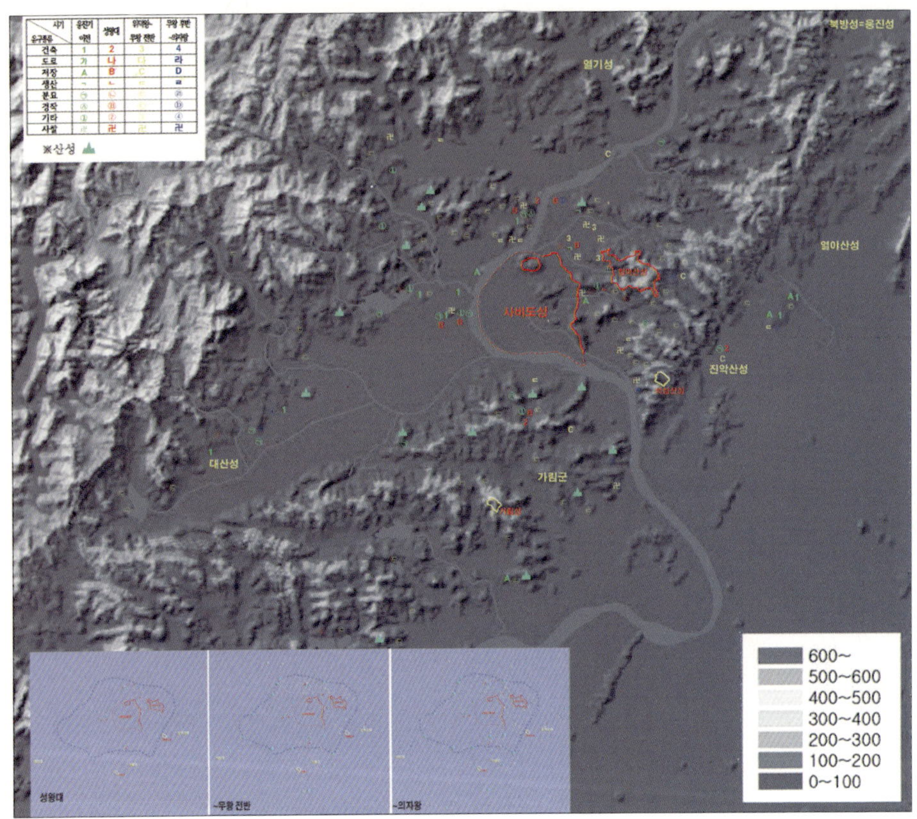

그림 11. 나성 외부 유구 분포도

나복리 등이 있는데, 외리사지 등의 사찰터 등도 존재한다. 합송리 산4에서는 사비 지역이 도성으로 만들어지기 훨씬 전의 세형동검이 출토되었고, 나복리 470번지에서 원삼국시대의 수혈주거 등 백제 이전의 기층 세력이 이 일대에 존재하고 있었음을 알 수 있다.

그리고 규암면보다 더 서쪽 일원의 남면 일부도 나성 바로 밖의 공간 유적분포가 규암면 일대와 비슷하게 확인되어 성격이 유사한 공간임을 유추할 수 있다.

남쪽은 장암면 일대로 정암리 일대의 고분군과 생산시설인 정암리 가마터가 존재하며, 이러한 유적 가운데의 가장 높은 산에 장암산성이 위치하고 있다. 이러한 양상은 사비도성의 나성 밖 공간이 백제 중앙에 의해 관리되고 있음을 보여주는 자료이다.

나성과 금강 밖의 공간 유적 분포의 특징은 다음과 같다.

첫째, 나성 밖 지역은 현재의 부여군 일원의 행정 체제에서 부여읍의 정동·용정·능산·염창·현북리와 규암·은산면 일대 그리고 장암면 일대임에 백제 고분 분포가 상대적으로 높은 것을 통해 유추할 수 있다.

이 지역 중 나성 외부의 북부 및 서부의 구릉지에서 웅진~사비 초기의 저장 수혈유구가 다른 곳에 비해 많이 확인되는 것으로 보아 기존의 견해와 같이 웅진기에 사비가 생산지로 경영[11]되고 있었다는 점을 확인할 수 있다.

둘째, 위에서 나성 밖 공간의 끝인 경계부에는 둘레 500m 이하의 산성이 배치된 양상을 띠고 있다. 이는 백제 사비기에 이 지역을 백제 중앙 정부에서 관리해야 할 공간으로 인식했기 때문으로 추정해 볼 수 있다. 즉, 이 지역을 도성의 생활권이라고 인식했는지는 정확히 알 수 없지만, 도성권은 존재했고, 이를 어느 정도 인식하고 있었다는 점을 유추할 수 있다. 그리고 나성의 외부 동쪽에는 소규모 산성이 없는데, 이것은 커다란 청마산성이 배치되어 있기 때문으로 판단된다.

셋째, 나성 밖 지역의 주요 길목에는 사찰이 들어선 사실을 능산리사지, 왕흥사지, 호암사지, 임강사지 등을 통해 알 수 있다.

넷째, 나성 밖 지역은 경외 매장지로 활용되었는데, 동쪽과 북쪽 그리고 남쪽이 적극적으로 활용되었다. 그리고 기와 생산시설이 금강을 따라 정동리 요지, 왕흥사지 요지, 정암리 요지, 현북리 요지가 들어서 있다.

이처럼 나성 밖 지역은 경외 매장지[12], 생산시설 단지 등 도성을 유지하기 위

---

11) 조원창, 2005, 「기와로 본 백제 웅진기의 사비경영」, 『선사와 고대』 23.

12) 박순발, 2017, 「백제 도성 묘역의 비교 고찰」, 『백제연구』 66; 장재원, 2020, 「사비도
　　성 내 묘역의 조성과 확장」, 『한국고고학보』 115; 서현주·이솔언, 2021, 「백제 사비

한 필수 공간임을 알 수 있고, 주요 길목과 외곽에 산성이 배치되어 백제 중앙의 관리·통제가 이루어지고 있었음을 유추해 볼 수 있다.

이상 나성 외부에는 다수의 고분이 분포하고 있으며, 그 고분군의 분포는 사비도성의 나성과 금강을 환상으로 둘러싸고 있는 소규모 산성을 경계로 분포가 현저히 낮아지는 점을 확인할 수 있다. 즉, 나성의 북쪽은 현재의 규암면 끝자락의 산지 부분 밖으로는 고분군의 수가 낮아지며, 동쪽의 경우 부여읍 밖 석성면 일대에서 차이가 나며, 남쪽으로는 장암면과 임천면 사이에서 그 차이가 확인되며, 서쪽은 남면과 홍산면 일대에서 차이가 관찰된다. 이러한 모습을 잘 표현하기 위해 <그림 12>에 사비기 당시의 고분군과 산성을 배치하여 사비왕도 권역을 제시한다. 사비왕도 권역의 면적은 약 160㎢로 나성과 금강에 둘러싸인 사비도성(면적 16㎢)보다 8배 정도 넓다.

한편, 현재 부여군의 가장자리는 백제 사비도읍기 사비왕도 권역 밖의 인접지방 군과 성에 해당하는 곳이었다. 즉, 현재의 임천면 지역과 충화·양화·세도면 일대는 가림군[13])에 속하며, 석성 및 초촌면 일원은 진악산성, 부여읍 저석리와 청양·은산면 지역은 열기성, 홍산·옥산·내산·외산 지역은 대산성에 소속되어 있었다.

이러한 사비왕도 밖의 인접 지역은 또한, 다른 백제 사비기 지역보다 백제 유적 분포가 높은 편이다. 즉, 가림군 지역에서는 가림성과 대흥산성, 두곡리 고분군 등의 백제 웅진~사비기 유적이 존재한다. 대산성 지역은 조선시대 홍산현 관아지와 고려시대의 태봉산성에서 백제 사비기의 삼족기가 출토되어 사비기 유적의 흔적을 확인할 수 있다. 진악산성 지역의 경우 석성산성이 위치하며, 송국리 일대에서는 토기 생산 흔적인 가마터와 토기편이 상당량 들어찬 수혈유구가

도성 일대 고분의 분포양상과 의미」, 『한국상고사학보』 114.

13) 양화, 충화 일부는 馬山縣에 일부 포함된다(김영심, 1999, 「충남지역의 백제 성곽 연구-지방통치와 관련하여」, 『백제연구』 30).

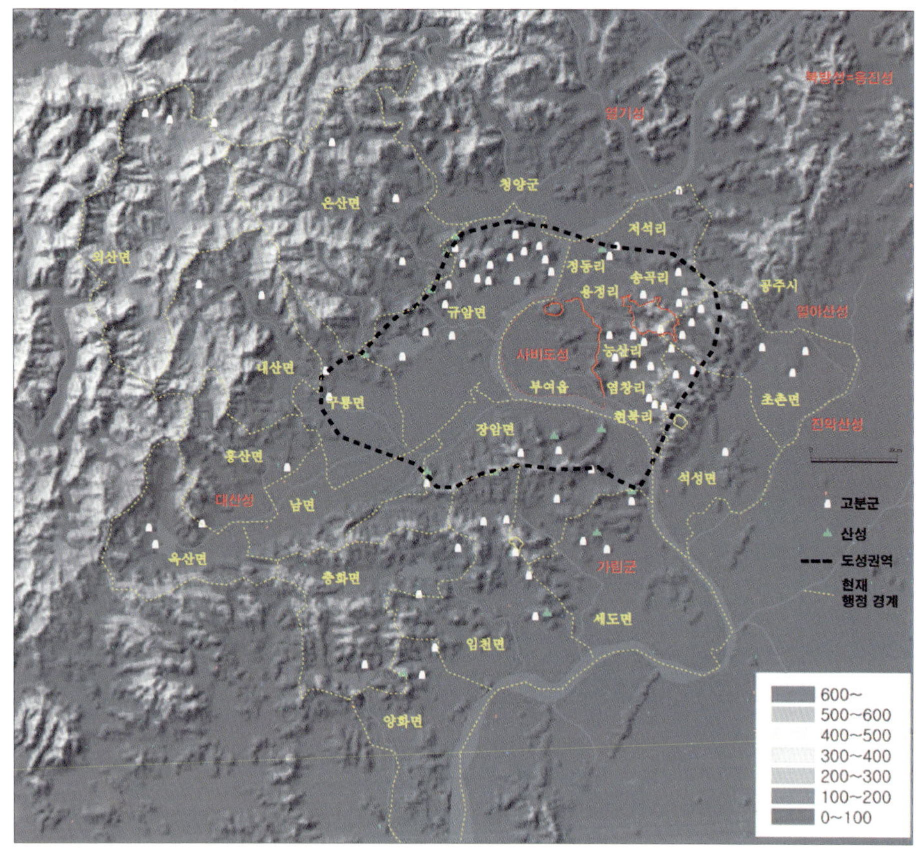

그림 12. 산성과 고분 배치를 통해 본 사비왕두 권역도

확인되었다. 열기성 지역에서는 왕진리 와요지 및 관현리 와요지 등의 생산시설
이 발굴되었다.

한편, 저석리에서는 한성기부터 웅진기를 거쳐 사비기에 이르는 석실분이 분
포하고 있어, 현재의 부여와 공주 사이에 비교적 세력이 큰 집단이 존재했을 가
능성을 시사한다.

<그림 11>를 바탕으로 사비왕도의 인접 지역에 대해 살펴보면 다음과 같다.

우선, 백제 사비기의 사비도성 인접 지역은 부여읍 저석리 일원과 은산면 일

부, 충화 · 임천 · 세도 · 외산 · 내산 · 홍산 · 옥산 · 양화면, 그리고 청양군의 일부 지역까지 포함되었음을 유적 분포를 통해 알 수 있다.

이 지역은 사비왕도와 유사한 축조 기법이 적용된 국가시설물인 가림성과 석성산성 등이 확인되는데, 이 산성들의 규모가 여타의 백제 지방 군 · 성보다 월등하여 사비성과 높은 관련성을 시사한다. 또한 사비왕도의 인접 지방 군 · 성들은 도로망을 통해 도성 지역과 유기적으로 연결되어 있었음이 금강사지와 백석사지 같은 사찰 터와 소규모 산성들을 통해 확인된다.

특히, 청양의 왕진리 요지와 초촌 송국리 일대 토기 생산지에서 생산된 물품이 사비성으로 유통된 사실은 이러한 유기적 연결 관계를 더욱 명확히 검증된다.

이를 종합해 볼 때, 사비왕도 인접 지역은 단순 행정 구분을 넘어, 왕도를 위한 방어 및 생산 시설 단지가 조성된 위성권의 역할을 수행했음을 알 수 있다.

이상과 같이 나성 내 공간은 산지 끝자락과 충적지를 적극적으로 활용하며, 왕궁구와 더불어 도로 및 건물이 전반적으로 들어서 대부분이 도성민의 생활공간으로 적극 개발된 것으로 보인다. 나성 밖은 고분의 밀집, 기와 생산시설의 집중, 그리고 둘레 500m 이하의 소규모 산성들이 환상으로 분포하여 왕도 권역으로 기능했다. 또한, 인접 지방 군 · 성 지역은 규모 및 축조 기법 면에서 사비성과 높은 관련성을 보여주고 있다. 이러한 분포 양상은 사비 지역이 나성 내부 도성민의 생활 공간, 나성 외부의 백제 중앙 통제 왕도 권역, 그리고 인접 군 · 성으로 구성된 체계화된 도시 시스템이 존재했음을 보여준다.

IV.

사비성의
공간 편제

고대 동아시아에서 6~7세기는 과히 도성의 시대로 불릴 정도로 도성의 구조가 정연한 배치 속에 계획적으로 만들어졌다.[1] 특히, 『주례(周禮)』「고공기(考工記)」에 따라 도성의 기본 골격은 왕의 거소(居所)인 왕궁의 정전(正殿)에 맞추어 다른 공간이 구분되었다. 이러한 양상은 우리나라뿐만 아니라 일본의 고대도 비슷했고, 대부분 중국의 영향이 지대했음은 부인할 수 없다. 따라서 중국 도성 내부에서 왕궁이 중앙부 북쪽 끝에 위치하는 6~7세기의 도성 구조를 보았을 때, 사비성 역시 이러한 기본 골격이 적용[2]되었음을 알 수 있다. 즉, 부소산과 그 남쪽 일원이 사비성의 핵심 공간인 왕궁구가 존재했던 곳이라고 볼 수 있다.

왕궁구와 외곽 정도만 갖춘 상태에서 사비로 천도[3]한 백제 중앙 정부가 귀족을 통제하고 사비성을 원활하게 통치하기 위한 통치 체제로 5부로 구획[4]했다면, 천도 당시 원지형에 가까운 사비성의 나성 내부는 당연하게 이전의 연구와 마찬가지로 자연 지형을 따라 구분하였다고 판단하는 것이 개연성이 높다.

그리고 천도 이후 나성 내부의 점진적 개발은 도성 각 부의 확장으로 연결된 것으로 보인다. 즉, 구릉지의 부 중심부에서 나성 가장자리 및 밖으로까지 부의

---

1) 김희선, 2006, 「6~7세기 동아시아 도성제와 고구려 장안성」, 『한국고대사연구』 43.

2) 박순발, 2013, 「동아시아적 관점에서 본 사비도성」, 『扶餘學』 3, 19~21쪽.

3) 심상육, 2020, 「발굴자료를 통해 본 사비도성의 변천과 경관」, 『百濟文化』 62.

4) 김서인, 2025, 「백제 5部制의 시행과 의미」, 공주대학교 석사학위논문.

일부가 확대된 것으로 추정할 수 있다. 이 점에 대해서는 아직 명확히 밝혀진 바는 없지만, 동나성 내·외부 유적[5)에서 목간이 동나성 밖에서 출토된 점과 이 유적의 동북쪽 400m 부근에 금속공방 유적[6)이 나성 밖에 존재하여 사비도성민이 나성 밖 즉, 곽 밖도 거민구 및 생산 공간으로 활용하고 있었음을 확인할 수 있다.

따라서 사비성은 처음 만들어진 이후 나성과 금강 밖으로까지 도성민의 생활 공간이 서서히 확대된 것으로 추정해 볼 수 있다. 이러한 점은 사비성의 도성권을 인정하는 연구[7)들을 통해서도 유추할 수 있다.

이처럼 초기 사비성의 나성과 금강 내부에는 왕궁구와 자연지형, 방위에 따른 5부가 미개발된 자연지형에 배치되어 있었을 것이고, 부의 중심[8)은 구릉지 일대였을 것이다. 이후 부의 확장에 따라 구릉지의 아래인 충적지까지 도시화되면서 나성 내부는 구릉지에서 충적지로 그리고 북쪽에서 남쪽으로 도시화가 점진적으로 전개되다, 나성인 곽을 넘어 부가 확장되었을 가능성도 제기할 수 있다. 그리고 5부의 공간은 공방 관련 시설들이 나성 내부의 쌍북리 일원에 군집을 이루고 있는 것과 같이 공간이 구분되었을 것이며, 쌍북리 일원은 조선시대 동리명 중 하나가 북포(北浦)임에 따라 백제시대 사비성에서 북부(北部)와 통용되는 후부(後部)의 포구였을 가능성이 크다.[9)

그러나 사비성은 5부가 점진적으로 발전하면서 나타났을 것이므로 어디부터 어디까지가 각 부의 범위와 위치인지, 곽 밖의 공간도 곽 내부와 같은 부로 나누

---

5) 충청문화재연구원, 2006, 『부여 능산리 동나성 내·외부 백제유적』.

6) 부여군문화재보존센터, 2010, 『부여 능산리 고분군 관리사 및 주차장 조성공사 부지 내 매장문화재 발굴(시굴)조사 약보고서』.

7) 김영심, 2000, 「사비도성의 행정구역편제 -王都 5部制의 시행-」, 『사비도성과 백제의 성곽』; 장재원, 2021, 「백제 사비도성의 범위」, 『호서고고학』 48.

8) 도성 5부 책임자는 5방성과 같이 달솔 관등이 임명되었고, 500명의 군대가 주둔했다는 기록으로 보아 사비성 5부의 중심지는 각각 존재한 것으로 볼 수 있다.

9) 심상육, 2023, 「부여지역 백제 목간의 발굴현황과 분포」, 『목간과 문자』 30, 60~64쪽.

어졌는지 등은 아직 명쾌하게 밝히기 어려운 과제이다. 그래서 이곳에서는 5부 공간은 나성 내부 범주에 넣고, 사비성의 왕궁구인 부소산성과 관북리 유적 일원을 먼저 살펴보고, 나성 내부의 중심지, 사찰, 생산시설과 나성의 외곽과 경계시설, 그리고 나성 외부 지역과 왕도 인접 군·성을 각각 나누어 살펴보도록 하겠다.

1. 왕궁구

1) 부소산성[10)

부소산은 나성 내부의 남쪽 대부분을 조망할 수 있는 중앙의 북쪽 끝에 있다. 그리고 부소산 내에는 시기가 서로 다른 4개의 성벽선(포곡식성, 사자루성, 영일루성, 군창지성)이 교차하거나 포함되어 있다.

부소산성은 1919년 산성 내부 서북 정상부 인근에 있는 사자루에서·발견된 금동정지원명석가여래삼존입상(보물 제196호)의 수습과 1939년 수소지(戍所址)에 대한 간단한 조사[11), 그리고 탄화미가 발견된 군창의 존재 등으로 본격적인 발굴이 이루어지기 전부터 백제 사비성의 왕궁 후원이자 최후의 보루성으로 인식[12) 되었다. 이러한 인식은 중서부문화권 개발 시책의 일환으로 1981년부터 부소산성에 대한 본격적인 발굴이 진행되면서 증명되기 시작했다.

---

10) 심상육, 2023, 「사비도성의 축조시기」, 『백제 성왕의 사비천도와 도성축조』, 32~38쪽을 수정·보완하였다.

11) 考古學會, 1940.1, 「彙報 昭和十四年に於ける朝鮮古蹟調査の槪要 -扶餘扶蘇山城の實測調査-」, 『考古學雜誌』, 79쪽.

12) 田中俊明, 1990, 「王都로서의 泗沘城에 대한 豫備的 考察」, 『百濟研究』 21; 朴淳發, 2000, 「泗沘都城의 構造에 대하여」, 『百濟研究』 31 등이 있다.

즉, 산성 내 최고위 평탄면이 창고지가 아닌 위계가 높은 건물지였음의 근거가 조선시대 관청 건물과 군창 시설 아래의 굴립주와 와적기단, 초석 등을 통해 확인[13]되고 있다. 그리고 4개의 교차 성벽 중 가장 크고 넓게 축성된 포곡식 성만이 백제 사비기의 성임이 확인되었고, 동문지 일원의 성벽 조사에서 확인된 '대통'명 문자와를 통해 초축 시기가 사비로의 천도 이전[14]으로 인식되었다.

그리고 성벽의 축조는 기둥과 판자를 설치하면서 다른 어느 성보다 정교한 판축으로 이루어진 성벽이 확인되어, 당대 최고의 기술력으로 축조된 것임이 드러났다. 성내의 평탄면에서는 백제 사비기 와당을 비롯하여 기와를 쌓아 만든 와적기단 건물지와 초석 건물지 등이 확인되고, 금동제 용두(龍頭)장식과 귀면(鬼面)장식·방울 그리고 중국제 자기를 비롯하여 최고급의 회색토기류 등이 출토[15]되어, 백제 사비기 사비성의 최고위 공간이었음을 여실히 보여준다.

부소산성에 대한 연구는 발굴 조사 성과에 따라 크게 두가 핵심 쟁점을 중심으로 논의가 전개되었다.

첫째, 성벽의 구조와 축조에 관한 견해인데, 부소산성은 초기 연구에서 2중 또는 3중의 성곽[16] 혹은 복합식산성[17]으로 파악되었으나, 이후 발굴 조사를 통해 군창지성, 사자루성, 영일루성 그리고 이를 포괄하는 포곡식성이 시기를 달

---

13) 2025년 5월 29일, 국가유산청 보도자료를 통해 확인된다. 이 보도자료로 보면, 부소산성 내 조선시대의 군창지 일원이 백제시대에 이미 계단식으로 대지가 조성되었고, 대지 위에 초석을 갖춘 와적기단 건물지와 창고군이 분리되어 존재하고 있었음을 알 수 있다.

14) 朴淳發, 2000, 「泗沘都城의 構造에 대하여」, 『百濟研究』 31, 104~108쪽.

15) 최무장, 1991, 「부소산성 추정 동문지 발굴 개보」, 『百濟研究』 22, 132쪽.

16) 차용걸, 2019, 「부소산성과 백제산성의 방어체계 연구」, 『부여 부소산성 기록화사업 Ⅱ 부소산성과 백제산성』, 부여군, 33쪽 재인용; 洪再善, 1981, 「百濟 泗沘城 研究 -遺物과 遺蹟을 中心으로-」, 54쪽; 李元根, 1981, 『三國時代 城郭 研究』, 단국대학교 박사학위논문, 235~238쪽.

17) 成周鐸, 1982, 「百濟 泗沘都城 研究」, 『百濟研究』 13.

리하여 축조된 각각이 별도임 산성임이 밝혀졌다. 축조 시기에 대해서는 동성왕 대 초축설, 성왕 대 개축설, 무왕 대 포곡식성 완성설 등이 제기되었으며, 최근에는 대체로 사비 천도 이전에 이미 성벽의 기본 골격이 완성되었을 것으로 보는 견해가 우세하다.[18]

둘째, 부소산성에 대한 논란의 핵심인데, 부소산성이 사비기에 왕성으로 기능하였느냐의 여부이다. 즉, 부소산성을 왕궁의 후원이자 배후를 수비하는 방어 목적의 관방시설로 보는 시각이 처음에는 우세하였다. 특히, 성 내부의 지형이 왕궁을 수용하기에 충분히 평탄하지 않다는 점을 근거로 '부소산성 왕궁설'이 부정[19]되기도 하였으며, 이에 따라 사비 왕궁은 산성 밖(관북리 일원 등)에 위치하고 부소산성은 비상시 도피성이나 후원의 기능만을 수행했을 것으로 파악하는 연구가 지속되어 왔다.

그러나 배후 시설이라는 한정적 시각에서 벗어나 부소산성을 최고 지배자의 상주 장소로 파악하는 견해도 제기되었습니다. 이는 1991년 동문지 일원에서 출토된 금동제 관장식, 용두·귀면 장식, 다량의 벼루와 수막새 등 격조 높은 유물들이 근거[20]와 『한원(翰苑)』「괄지지(括地志)」의 왕성(王城)을 부소산성으로 이해[21]하면서 가능성이 지속적으로 제기되고 있다.

즉, 현재는 「괄지지」의 왕성을 부소산성으로 대부분 여기나, 왕궁이 부소산성 내에 있는지, 부소산성에서 관북리 일원으로 이동[22]했는지, 아니면 왕궁은 부소

---

18) 朴淳發, 2000, 「泗沘都城의 構造에 대하여」, 『百濟研究』 31.

19) 尹武炳, 1990, 「山城·王城·泗沘都城」, 『百濟研究』 21, 10쪽.

20) 최무장, 1991, 「부소산성 추정 동문지 발굴 개보」, 『百濟研究』 22, 132쪽.

21) 김영심, 2000, 「사비도성의 행정구역편제 -王都 5部制의 시행-」, 『사비도성과 백제의 성곽』, 64쪽; 서정석, 2004, 「백제 사비도성의 구조」, 『국사관논총』 104, 12쪽; 김기섭, 2019, 「백제 왕궁·왕도의 변화상과 역사 문화적 의미」, 『백제왕도 -동아시아 문화의 정수』, 141쪽.

22) 김기섭, 2019, 「백제 왕궁·왕도의 변화상과 역사 문화적 의미」, 『백제왕도 -동아시아

그림 13. 부소산성 주요 유구 · 유물 및 평탄지 현황(심상육, 2021, 「부소산성의 공간구성과 평면구조」)

산성 밖에 있고 부소산성은 후원이며 도피성적 성격만 사용[23]했는지 아직 의견의 일치를 보지 못한 상태이다.

이처럼 필자는 부소산성은 왕의 공간이 존재하는 성으로 판단할 수 있고, 기존의 일반적인 견해와 같이 왕궁의 후원 및 도피성으로의 기능을 수행[24]했으며,

---

문화의 정수』, 148쪽; 김대영, 2025, 「백제 사비기 부소산성의 성격 변화 연구」, 국립 공주대학교 박사학위논문, 160~162쪽.

23) 尹武炳, 1990, 「山城 · 王城 · 泗沘都城」, 『百濟研究』 21; 田中俊明, 1990, 「王都로서의 泗沘城에 대한 豫備的 考察」, 『百濟研究』 21 등의 논문이 있다.

24) 田中俊明, 1990, 「王都로서의 泗沘城에 대한 豫備的 考察」, 『百濟研究』 21.

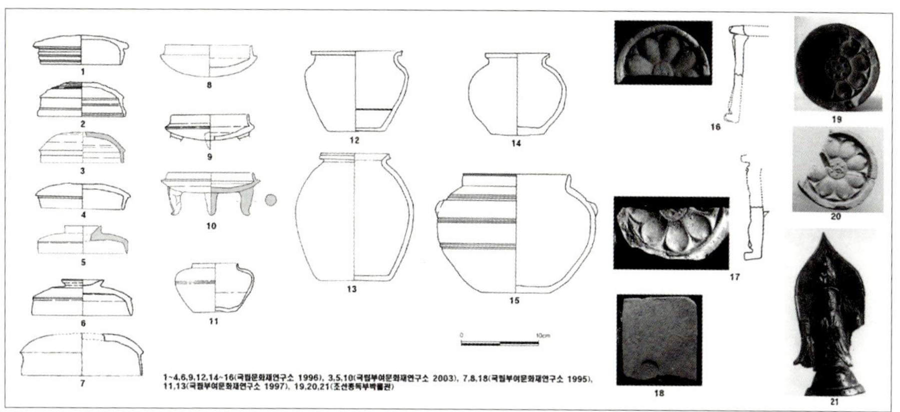

그림 14. 부소산성 출토 6세기 유물자료(웅진기 고분 출토 유물은 1~4, 12~15임, 심상육, 2023, 「사비도성의 축조시기」, 『백제 성왕의 사비천도와 도성축조』)

웅진기에 부소산성이 축조[25]된 것으로 파악하고 있다.

즉, 부소산성 내부에는 부소산성 축조 이전의 고분 2기가 발굴 보고된 상태이다.[26] 두 기 모두 잔존상태가 상당히 불량한데, 아마도 부소산성을 축조하는 과정에서 의도적으로 훼손되어 고분의 바닥 벽석 일부만 남게 된 것으로 추측된다. 이 고분은 할석조로 만들어졌고, 토기 개배와 호(그림 14-1~4, 12~15)가 출토되었는데, 대체로 부여 분강 · 저석리고분군의 16호 고분[27] · 부어 염창리고분군 III-62호 고분[28], 부여 합정리 문냉이골 고분군 1-1호 고분[29]의 출토품과 비슷한 양상을 띠고 있어 웅진기(6세기 초반 이전)에 축조된 것으로 볼 수 있다.

한편, 고분의 바닥 벽석 일부만 잔존할 정도로 고분을 의도적으로 훼손하였

25) 朴淳發, 2000, 「泗沘都城의 構造에 대하여」, 『百濟研究』 31.

26) 國立文化財研究所, 1996, 『扶蘇山城 發掘調査報告書』, 170~173쪽.

27) 公州大學校博物館, 1997, 『汾江 楮石里遺蹟』, 130~144쪽.

28) 公州大學校博物館, 2003, 『鹽倉里古墳群』, 214~219쪽.

29) 금강문화유산연구원, 2013, 『부여 문냉이골 고분군』, 23~33쪽.

다는 점은, 고분을 훼손할 당시에는 고분의 존재를 인식했다는 점이고, 이는 고분의 축조 시기와 훼손 시점의 시간 차가 그리 많지 않다는 점일 것이다. 이러한 추론이 어느 정도 인정되고, 527년경의 '대통'기와(그림 14-18)와 웅진기에도 사용된 대통사식 와당이 부소산성 내부에서 출토되었다면 고분의 훼손 시점은 웅진기 후기인 성왕 대의 사비천도 앞 시기임을 추론할 수 있지 않을까 한다.

부소산성 내부에서 웅진기로 편년 토기 유물은 고분 2기에서 출토된 것과 6세기에 해당하는 유물 또한 삼족기와 뚜껑 등 수 점(그림 14-5~8, 9~11)[30)에 불과하다. 부여에서 가장 빠른 와당 중 하나인 웅진기부터 제작한 대통사식 수막새(그림 14-16, 17, 19, 20)도 수 점에 지나지 않는다. 하지만 이점은 그간의 부소산성 발굴이 성벽 위주의 발굴에 집중되고, 백제 사비기의 유구가 중복되었음에도 하층의 유구보다는 상층의 유구 중심으로 조사가 이루어진 점을 지적하지 않을 수 없다. 즉, 6세기에 만들어진 정지원명 불상(그림 14-21), '대통'기와 등은 부소산성 내부 하층의 사용 시기를 조금이나마 보여주는 자료이기 때문이다. 물론 '대통'기와의 출토맥락이 부소산성 체성 축조층이 아닌 성벽 축조 이후의 퇴적층에 포함되어 성벽의 축조연대를 가늠하는 것에는 한계가 있다[31)는 반론도 경청해야 할 점이기는 하다. 그래도 대통(大通) 원년인 527년에 창건된 대통사의 추정 사역에서 527년경에 제작된 '대통'기와가 계속 출토되고, 부소산성이란 성벽 내부의 발굴에서 '대통'기와가 출토되었다는 점은 527년에는 부소산 내에 건물지가 축조되기 시작했을 개연성이 높다는 점이다. 이러한 가정이 타당하다면 부소산의 산성 초축은 그간의 일반적인 연구처럼 사비천도 직전 시기[32)로 볼 수 있을 것 같

---

30) 동문지 주변에서 출토된 뚜껑과 개배의 경우 박순발은 정지산유적의 2~3단계에 해당하는 6세기 전반과 중반 단계로 편년(朴淳發, 2000, 「泗沘都城의 構造에 대하여」, 『百濟研究』 31, 107쪽)하였다.

31) 이성준, 2023, 「백제 사비도성의 도시 공간 기초연구」, 『한국고고학보』 126.

32) 朴淳發, 2000, 「泗沘都城의 構造에 대하여」, 『百濟研究』 31.

아, 필자는 이 시기를 따르고자 한다.

부소산성 내부의 군창지 일원 발굴에서는 상자형전돌과 판단 삼각돌기형 수막새를 비롯하여, 특별한 문양이 없는 소문 수막새, 태극문 수막새, 무단식 수키와를 비롯하여 부여 관북리 유적의 1989년 조사지인 F구의 배수로 내부에서 출토된 백제 최말기의 회색토기류가 상당량 출토되었다. 그리고 621년을 상한으로 둔 개원통보도 서문지 안쪽 평탄지에서 출토[33]되었고, 궁녀사 부근 조사에서 제작시기가 645년인 "을사년 3월 15일 모시산국작장(乙巳年三月十五日牟尸山菊作瓺)"이 새겨진 대형 항아리편이 출토되어[34], 현재까지의 발굴 성과로 보면 부소산성의 내부은 7세기에 활발히 이용되었음은 분명하다. 이점은 앞서 언급한 바와 같이 7세기의 유구 아래 부분의 조사가 이루어지지 않아 현시점의 착시(錯視) 효과일 수 있다는 점은 상기할 바이다.

한편, 당과 신라군이 사비도성을 포위하고, 이후 백제를 무력화시킬 때, 부소산성을 포위한 기사와 이후 백제부성을 당이 사비도성에 설치할 때, 663년에 만들어진 유인원기공비가 부소산성 남문지에서 가장 핵심지인 평탄지로 올라가는 통로의 서편 일원에 세운 사실 그리고 최근 이 평탄지 서편의 발굴에서 와적기단건물지가 백제부터 통일신라시대까지 유지[35]되었던 점 등을 비추어 보면, 부소산성은 백제가 멸망한 후 시비 지역의 중심시설 중 방어시설로 계속해서 활용되었음을 알 수 있다. 이러한 사실을 극명하게 보여주는 것이 '대당(大唐)'이 새겨진 와당이다.

이처럼 부소산성은 왕의 특별한 공간이었음은 분명하다. 하지만 그 성격에

---

33) 忠南大學校博物館, 1999, 『부여 관북리백제유적 발굴조사보고』 II, 59쪽.

34) 이병호, 2021, 「부여 부소산성 출토 토기 명문의 판독과 해석」, 『목간과 문자』 26, 168쪽.

35) 부여 부소산성 군창지 동편에서 대규모 성토대지와 건물지가 확인되었다(국립부여문화유산연구소 2025년 5월 27일 보도자료).

대해서는 전대인 한성기와 웅진기의 왕성인 풍납토성과 몽촌토성[36] 그리고 웅진성인 공산성[37]과 전적으로 같은 왕성인지, 왕의 정무 공간이 위치한 법궁인지, 아니면 왕성에서 후원으로 변했는지, 원래부터 후원 및 도피성의 공간이었는지에 대해서는 아직 이견이 많은 상황이다.

특히, 최근 백제 사비기 부소산성이 웅진기의 공산성처럼 핵심공간과 여러 보조공간으로 공간이 구분된 왕성으로 기능하였다가 후원으로 변천되었다고 논지를 전개한 설득력 있는 논문[38]도 나온 상황이다. 하지만, 필자는 위급한 상황에 축조된 웅진기의 공산성 성격과 웅진기에 계획적으로 축조된 사비도성의 북쪽 왕궁구에 있는 부소산성은 형태와 구조는 같을지 몰라도 기능에서는 확연한 차이가 있다는 관점에서 이 글을 전개하고 있다. 따라서 부소산성 내부와 산성 밖 왕궁구 범위 내에서 사비도읍 초기의 왕궁의 핵심 건물지로 볼만한 흔적이 확인되지 않는 한 당분간 이에 대한 논쟁은 지속될 것으로 본다. 다만, 필자는 부소산성은 사비기 동안 왕의 특별한 생활 공간인 왕궁구였지만, 정무가 수행된 법궁으로 볼 수는 없어 보인다. 왜냐하면, 아직 사비도읍 초기의 정무 관련 공간과 건물지 즉, 관북리 유적의 대형전각전물지 혹은 사찰의 금당지와 같이 기둥 배치가 내외진으로 구성되어 중심 공간을 충분히 활용할 수 있는 건물지 등이 아직 확인되지 않았기 때문이다. 또한, 유물에 있어서도 관북리 유적에서 출토된 위계성이 높은 연화문 등의 문양이 새겨진 벽돌 등의 유물(그림 15)이 충분히 확보되지 않았기 때문이다.

따라서 현재의 부소산성 발굴 상황을 고려하면, 기존의 다수 의견처럼 부소

---

36) 홍보식, 2019, 「2018년 경기 · 호서지역 백제 고곡학 연구 성과와 과제」, 『百濟學報』 28, 78쪽.

37) 정재윤, 2018, 「熊津城의 역사적 가치와 의미」, 『百濟文化』 59, 5쪽.

38) 김대영, 2025, 『백제 사비기 부소산성의 성격 변화 연구』, 국립공주대학교 박사학위 논문.

산성은 왕성이 아닌 왕궁의 후원 및 도피성으로 판단할 수 있을 것 같다.

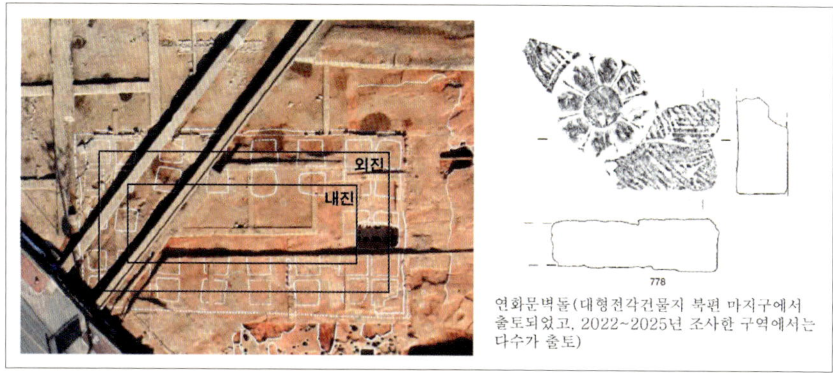

그림 15. 관북리 유적 대형전각건물지와 연화문 벽돌(국립부여문화재연구소, 2009, 『부여 관북리유적 발굴보고』 III)

2) 관북리 유적

부소산 남서록 일대는 사비성의 왕궁터로 많이 언급되고 있는 곳으로 '부여 관북리 유적'이다. 이곳은 부여읍 관북리와 구아리로 구분되며, 관북리가 동쪽에, 서편에 구아리가 위치한다. 일제강점기 이전에는 관북(官北), 홍문(紅門)[39], 허문(虛門)[40], 구아(舊衙) 등의 지명이 확인된다.

유적에는 부여 석조(石槽)[41]의 원래 발견된 위치(그림 16)와 고려시대 이래 부여의 치소(治所) 그리고 북쪽에 부소산이 위치한 지형적 특징으로 인해 사비 왕궁

---

39) 일제강점기에 제작된 지적원도에 표시되어 있다.

40) 『忠淸道邑誌』에 기록되어 있다.

41) 부여 석조의 외부 표면에는 정림사지 오층석탑에 당 장군 蘇定方이 새긴 '大唐平百 濟國碑銘'과 같은 문구가 새겨져 있다. 이를 통해 보았을 때, 당군은 백제를 점령하고 백제의 중심지인 왕궁과 국가사찰 터의 상징물에 平百濟를 새긴 것으로 보인다.

지로 유력[42]시 되었다. 유적에 대한 발굴조사는 중서부 문화권 개발 일환으로 1982~3년 처음으로 실시되어, 장방형 석축 연지를 확인하여 추가 발굴의 계기가 마련되었다. 1987년부터 1992년까지 충남대박물관의 발굴로 도로와 축대로 이루어진 격자 형태의 구획, 그리고 그 구획 안에서 우물과 기단건물지가 확인되었다.

2001년에 유적은 사적으로 지정되었고, 그해 국립부여문화재연구소의 발굴이 재개되어 2008년까지 진행되었다. 특히, 2004년에 대형전각건물지(그림 15, 정전급 건물 공간)가, 2005년도에 대형전각건물지 뒤편으로 지하에 매설되었던 도수관로(왕의 가족 생활 공간)가 발굴되는 성과를 거두었다. 즉, 왕궁의 핵심시설로 추정할 수 있는 구체적인 구조가 확인된 셈이다.

2015년 백제 후기의 중심부 유적이 유네스코 세계유산에 등재된 후 2018년부터 관북리 유적에 대한 발굴이 재개되어 2008년 확인한 바 있는 유적의 서북 경계 지형[43]을 다시 추정할 수 있게[44] 되었고, 2022년부터 2025년까지 일명 '전(田)'자형 도로망 내부를 조사하여, 요철이 있던 원지형을 수평면으로 성토하여

---

42) 金永培, 1968, 「熊川과 泗沘城 時代의 百濟王宮址에 對한 考察」, 『百濟文化』 2; 洪思俊, 1971, 「百濟城址研究 -築城을 中心으로-」, 『百濟研究』 2; 洪再善, 1981, 「百濟 泗沘城 研究 -遺物과 遺蹟을 中心으로-」, 東國大學校大學院 碩士學位請求論文; 成周鐸, 1982, 「百濟 泗沘都城 研究」, 『百濟研究』 13; 尹武炳, 1988, 「泗沘都城에 대하여」, 『百濟研究』 19; 田中俊明, 1990, 「王都로서의 泗沘城에 대한 豫備的 考察」, 『百濟研究』 21; 沈正輔, 1996, 「百濟 泗沘都城의 築造時期에 대한 一考察」, 『고고역사학지』; 朴淳發, 2000, 「泗沘都城의 構造에 대하여」, 『百濟研究』 31; 呂洪基, 2001, 「百濟 泗沘都城의 構造와 性格」, 檀國大學校大學院 碩士學位論文; 李炳鎬, 2002, 「백제 사비도성의 조영과정」, 『한국사론』 47; 이규훈, 2005, 「百濟 泗沘都城의 空間 構造(區劃)와 活用」, 全北大學校大學院 碩士學位論文; 황인호, 2012, 「百濟 泗沘都城의 都市計劃에 대한 검토」, 『고고학』 11-3 등이 있다.

43) 국립부여문화재연구소, 2009, 『부여 관북리유적 발굴보고』 IV, 241~244쪽.

44) 국립부여문화유산연구소, 2023, 『부여 관북리유적 발굴보고』 VIII, 324쪽.

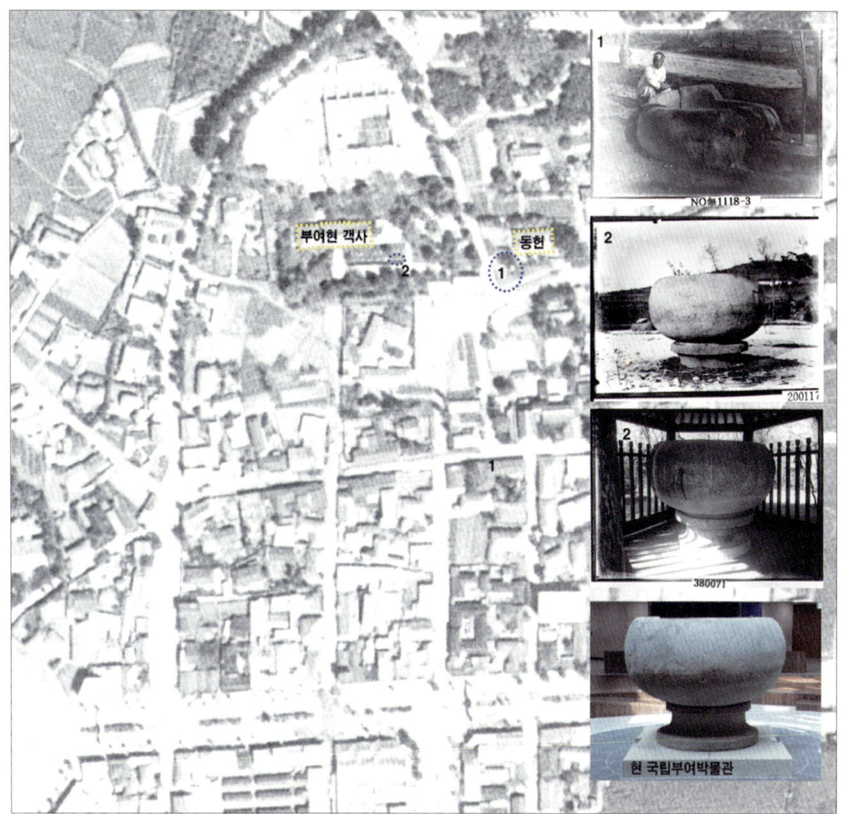

그림 16. 부여 석조 원위치 추정도(1 최초 사진 촬영, 2 일제강점기 이동)

만든 대단위 성토대지 위에 남-북으로 축선을 맞춘 일렬의 건물지가 확인되어 궁역 내부에 신하의 공간으로도 불리는 정무수행 공간[45]인 추정 조당(朝堂)이 확인[46]되었으며, 2024~5년 진행된 17차 발굴조사에서는 관북리 유적의 동쪽 경계

---

45) 중국 도성의 궁에서 태극전 양쪽에 동서 2당이 있는데, 황제에게 김見된 대신들이 일상정무(박한제, 2011, 「東晉-南朝 建康城의 都城構造」, 『동양사학연구』 116, 89쪽)를 처리하는 장소와 성격이 비슷하다고 할 수 있다.

46) 국립부여문화유산연구소, 2025, 「부여 관북리유적 16차 발굴조사 약식보고서」.

로 추정해 볼 수 있는 지형을 확인[47]하기도 하였다.

이와 같이 부여 관북리 유적의 사비기 유구는 처음에 자연 지형을 활용하다 두 차례에 걸친 성토 작업으로 대규모 택지가 조성되었음이 밝혀졌다. 이 조성된 성토대지는 크게 상·하 두 개의 생활면으로 구분되며, 최초의 대지 조성 시점은 6세기 4/4분기 이후로, 그 하한은 7세기 1/4분기 전반기로 추정된다. 이후 7세기 1/4분기 이후에야 비로소 구아리 및 관북리 일대가 왕궁의 중심지로 본격적으로 편입[48]되었던 것으로 이해되었는데, 2022년에서 2025년까지의 발굴조사에서도 사비도읍 초기의 자연지형에 맞추어 들어선 수로 내부의 목재의 방사성탄소연대분석 결과, 최외각 연륜이거나 최외각에 근접한 연륜이 95.4% 신뢰구간에서 AD 440-560년(95.4%)[49]과 베이지안 통계분석에 따른 수로의 결합연대가 550±20으로 도출되고, 수로를 인위적으로 메우고 들어선 건물지와 관련된 결합연대가 600±40, 590±10, 640±30[50]의 역연대가 확인되어, 최초의 대규모 대지조성 시점이 기존보다 좀 이른 6세기 4/4분기보다는 늦지 않고, 이후에 수 차례 중·소규모의 대지조성이 이루어졌음을 확인하게 되었다.

그러나 부여 관북리 유적은 왕궁 정전(正殿)으로 볼 만한 건물시설이 아직 확인되지 않았다는 일부 연구자의 견해가 있다. 또한, 궁장(宮牆)의 부재로 인해 왕궁보다는 제사를 거행하는 신성한 장소 또는 관서가(官署街)로 보아야 한다[51]는

---

47) 국립부여문화유산연구소, 2025, 「부여 관북리유적 17차 발굴조사 약식보고서」.

48) 南浩鉉, 2010, 「扶餘 官北里 百濟遺蹟의 性格과 時間的 位置 -2008년 조사구역을 중심으로-」, 『百濟研究』 51.

49) 국립부여문화유산연구소, 2025, 『扶餘 官北里遺蹟(16차) 發掘報告 -자연과학적 분석-』 IX, 69쪽.

50) 국립부여문화유산연구소, 2025, 『扶餘 官北里遺蹟(16차) 發掘報告 -자연과학적 분석-』 IX, 94쪽.

51) 서정석, 2014, 「부여 관북리 '북사'명 토기 출토 건물지의 성격 시고」, 『한국성곽학보』 26.

주장도 있다. 심지어 대형 전각 건물지의 경우, 심초석의 발견 등을 근거로 왕궁보다는 구아리사지의 사역(寺域)[52]으로 이해하기도 한다. 이처럼 많은 연구자가 관북리 유적을 궁역(宮域)의 중심 일원으로 보고 있음에도 불구하고, 이견이 다수 남아 있는 상황이다.

관북리 일대의 발굴조사 결과, 백제 하층(성왕 대)과 상층(위덕왕~의자왕)이 구분되었는데, 이는 원지형을 이용하는 단계에서 대단위의 절성토 행위가 이루어지고 난 후, 남북 중축선으로 구조물을 정연하게 배치하는 것을 의미하기도 한다. 따라서 백제 하층의 주요 유구는 유적 중앙부 서편의 목곽 및 석곽의 지하창고군과 동편의 공방시설군을 들 수 있다. 백제 상층은 남-북과 동-서의 중축선에 따라 구분된 공간에 구조물이 배치되는 단계이다.

이후 통일신라에서 고려 전기에는 백제 상층 단계에 형성된 유구를 중심으로 구조물이 일부 지속되는 단계로 볼 수 있는데, 범위가 축소된 모습이 나타난다. 고려 후기 이후는 유구 중심이 전 단계보다 좀 더 축소되어 부여현의 객사와 동헌 일대에 한정되는 모습이다.

한편, 관북리 유적과 밀접하게 연관된 주변 유적들도 함께 고려해야 한다. 구아리 백제 유적[53]에서 확인된 백제 하층의 수로와 상층의 우물, 구아리 88-3번지 유적[54]에서 발견된 백제 상층의 남-북 중심 축선에 따른 건물지, 구아리 89-5번지 유적[55]에서 확인된 백제 상층의 기반 시설인 기와 배수로, 구아리 136번지 유적[56]의

---

52) 국립부여박물관, 2016, 『부여 구아리 사지』, 274~276쪽.

53) 扶餘文化財硏究所, 1993, 『扶餘 舊衙里 百濟遺蹟 發掘調査報告書』.

54) 부여군문화재보존센터, 2013, 「부여 구아리 88-3번지 유적」, 『부여 구아리 · 동남리일대 백제유적』.

55) 한국문화재재단, 2019, 「부여 구아리 89-5번지 유적」, 『2017년도 소규모 발굴조사 보고서』.

56) 부여군문화재보존센터, 2010, 『부여군보건소 신축공사 부지 내 매장문화재 발굴조사 약보고서』.

백제 상층 굴립주열, 그리고 구아리 71-4·6번지 유적[57]에서 발견된 백제 상층의 당번(幢幡) 시설 관련 유구와 동서 도로 관련 구상 유구 등이 대표적이다.

　관북리 유적은 나성 내부의 북쪽 끝 중앙부에 있는 해발 106m의 부소산 남사면 중 약간 서쪽에 치우친 해발 20m 전후의 완만한 경사지에 자리하고 있다. 이 일대의 산줄기는 북쪽 부소산에서 약 45°로 남서향하는 서쪽의 세 능선과 남향하는 동쪽의 능선으로 이루어져 있으며, 그 사이의 낮은 곡부가 형성된 지형임이 발굴조사와 고지형 분석[58]을 통해 밝혀졌다.

　이러한 지형적 특징을 살펴보면, 관북리 유적 일원의 외곽 능선부에 유구가 없는 점과 곡부를 성토하여 대단위 대지를 조성한 점은 유적의 동쪽과 서쪽의 경계를 어느 정도 유추할 수 있어, 그 너비는 <그림 17>과 같이 대략 500m에 이른다. 반면, 남북 범위에 대한 정보는 부족하다. 그래도 추정한다면, 북쪽은 대형전각건물지와 남북 중축선을 공유하고 있는 부소산사지를 고려해야 한다. 왜냐하면, 축만 공유하는 것이 아니라 강당이 없는 가람 구조여서 궁궐 내불당으로 추정[59]되기 때문이다. 그렇다면 북쪽은 대형전각건물지에서 북으로 300m 이상은 범위에 포함되어야 한다. 그런데 동쪽 부소산록축대 일원의 경우 대형전각건물지와 동일 동서축선으로 계산하면, 북으로 약 60m 떨어진 곳에 북쪽 끝 축대가 들어선 모습이다. 따라서 관북리 유적의 북쪽 끝 경계는 현재로서는 동에서 서로 가면서 조금씩 넓어지는 구조였던지, 아니면 부소산록축대 윗부분도 발굴

---

57) 한국문화재재단, 2015, 「부여 구아리 741-4·6번지유적」, 『2013년도 소규모 발굴조사
　　보고서』 Ⅴ.

58) 이 지형에 대해서는 2024년 국립부여문화유산연구소에서 2월 20일 부여 관북리유적
　　중·장기 조사계획 이행을 위한 전문가 워크숍에서 김지선이 발표(김지선, 2024, 「관
　　북리유적 시기별 유구 및 유물 현황」, 『부여 관북리유적 중·장기 조사계획 이행을
　　위한 전문가 워크숍』)한 내용 중 57쪽에 있는 도면과 논문(김지선, 2025, 「부여 관북
　　리유적의 형성과 변천」, 『한국고고학보』 2025-2)을 참조하였음을 밝혀둔다.

59) 김혜정, 2011, 「백제 사비기 와적기단 건물지 검토」, 『지방사와 지방문화』 14, 105쪽.

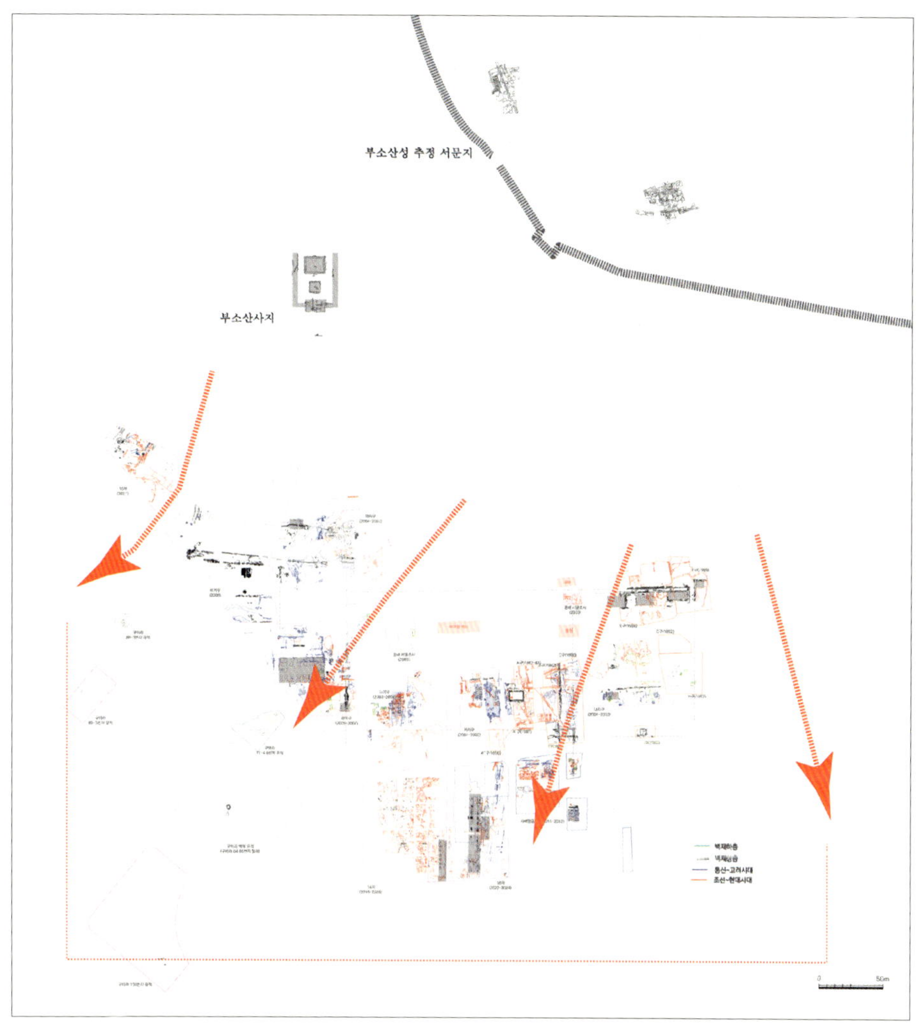

그림 17. 관북리 유적 유구 분포와 능선 표시도(화산표 부분이 능선부임, 심상육, 2024, 「백제 사비기 궁역(宮域) 배치에 관하여」)

현황으로 보면 평탄한 지형을 이루고 있어, 관북리 유적 북편의 부소산록이 모두 유적 범위에 포함될 수도 있다. 그러면 관북리 유적은 부소산의 산성과 유기적으로 연결된 것으로 보는 것이 타당해 보인다.

남쪽 경계에 대한 단서는 거의 없다. 다만, 관북리 유적 남쪽 조사 현황을 보면, 유적의 남동쪽에 동서로 물이 고여 있던 사비기의 자연 습지 지형[60]이 확인된다. 또한, 일제강점기 지적도 및 지형도에서 확인되는 부여현 관아의 남쪽, 일명 '전(田)'자형 도로망이 이 사비기 자연 습지 지형의 북쪽에 위치한다는 점을 고려할 때, 대형전각건물지에서 남쪽으로 약 230m까지는 부여 관북리 유적에 포함되었을 가능성이 있다. 그리고 이곳은 무른 저습지를 성토하여 조성한 대규모의 단단한 평탄대지임을 관북리 유적 16차 발굴[61]을 통해 어느 정도 확인할 수 있다. 따라서 관북리 유적의 남북 너비는 최소 300m 이상이며, 적어도 500m 이상에는 정연한 구조물이 배치되어 있었을 것으로 예측해 볼 수 있다.

이러한 관북리 유적의 범위는 지금까지의 발굴 결과로 볼 때, 백제 사비기에는 위와 같았으며, 통일신라시대부터 고려 전기인 제3~4생활면의 경우 대형 전각 건물지 동편과 북사(北舍) 건물지 서편을 중심으로 동서 300m, 남북 200m 범위에 분포하고 있다. 조선시대의 유구는 이보다 더 좁은 동서 200m, 남북 150m 범위로 축소된 모습이다. 이처럼 이 일대의 유적 양상은 사비기부터 조선시대까지 유적의 경계가 점차 축소되는 양상을 보이며, 그 중심부는 대체로 유적 중앙부의 능선부와 곡간부를 성토한 곳임을 알 수 있다.

층군별로 백제층을 보자면, 백제 하층은 목곽과 석곽으로 이루어진 지하식 항온 창고 시설과 금은 합금·순금 제련, 은 용해 등을 수행했던 공방관련 시설물이 집중적으로 분포한다.[62] 특히, 창고 시설은 유적의 서편 두 번째 능선부의 100m 범위에서 최소 8개소의 창고가 있음이 확인되었고, 이곳에서 동쪽으로 200m 떨어진 곳에서는 공방시설인 노(爐) 시설, 저수조, 건물지를 비롯하여 도가니 편이 확인되었다.

---

60) 백제고도문화재단, 2015, 『사비왕궁지구유적』, 211쪽.

61) 국립부여문화유산연구소, 2025, 「부여 관북리유적 16차 발굴조사 약식보고서」.

62) 국립부여문화재연구소, 2009, 『부여 관북리유적 발굴조사보고서』 III, 536쪽.

한편, 연지 남쪽에는 원지형을 따라 구축된 수로 시설과 남북대로의 동쪽 측구(側溝) 및 노면(路面) 아래층에서 확인된 목조 배수로 시설이 관북리 89번지 일대를 감싸듯 '人'자 형태로 배치된 점도 주목된다. 비록 '인(人)'자 형태로 배치된 수로 안쪽인 관북리 89번지 일대에서 아직 뚜렷한 유구가 확인되지 않아 수로의 구체적인 역할이 불분명하지만, 이는 공방과 창고, 그리고 배수로가 자연 지형을 유지[63]하면서 구조물이 들어섰음을 보여준다. 또한, 비교적 지대가 높은 곳에는 구조물을 배치하고, 낮은 곳에는 배수로만 설치한 상태이며, 아직 대규모 성토가 이루어지지 않은 점으로 보아, 이 백제 하층 단계는 이전부터 제기[64]되었던 왕궁 중심부의 지원 공간이었음을 추정해 볼 수 있다.

다음 백제 상층 유구는 대규모 능선부 절토와 곡간부의 성토 작업이 이루어진 후, 세부적인 건물들이 정림사지의 남북 중심 축선과 유사하게 들어선 양상을 보인다. 즉, 대형 전각 건물지를 비롯하여 여러 동의 건물지, 도로 시설, 그리고 도수 관로 시설이 이러한 특징을 명확히 보여준다. 이처럼 백제 상층 단계는 자연 지형을 인위적으로 조절하여 대지를 만들고, 남북 중심 축선에 따라 구조물을 정연하게 배치한 시기로 볼 수 있다. 이 백제 상층 단계가 부여 관북리 유적의 중심 시기이며, 유적의 분포 범위도 가장 넓은 양상을 띠고 있다.

그런데 이 구조물은 기존에 남북대로 등의 도로 시설로 일정한 공간 구분이 이루어지고, 각 공간은 부소산 끝의 완만한 경사면으로 인해 계단식으로 대지가 형성되었음이 확인된다. 그리고 기존에 동서소로로 보고된 동서 축은 구아리 71-4·6번지 유적에서 확인된 구상 유구[65]와 동서 축을 공유하고 있다. 이 동서

---

63) 여기에서는 남북 축을 잡지 않은 상태를 의미하는 것으로 이해했으면 한다.

64) 김성남, 2007, 「백제 사비왕궁의 확대와 변모과정 시론」, 『제57회 충남대 백제연구소 공개강좌 발표문』.

65) 한국문화재재단, 2015, 「부여 구아리 74-4·6번지 유적」, 『2013년도 소규모 발굴조사 보고서 V』, 260~261쪽.

축은 만약 연결되었다면, 연장 길이가 300m가 넘으며, 이 축을 경계로 북쪽과 남쪽의 건물 배치가 동-서 장축에서 남-북 장축으로 구분되는 양상을 보인다. 또한, 동-서 축 바로 북쪽에는 대형전각건물지를 비롯해 연지, 그리고 공터의 비중이 다른 곳보다 높다는 특징도 관찰된다.

이상과 같이 관북리 유적은 백제 하층 단계에서는 중심 시설의 지원부였다가, 백제 상층에서 최소 동서남북 500m 이상의 면적에 걸쳐 성격이 다른 여러 공간 즉, 왕실의 생활 공간, 정전 관련 공간, 조당 관련 공간 등이 존재하는 왕궁 중심지로 변모했다. 이후 통일신라시대에는 중앙부의 두 능선부에 관아 시설이 유지되며 범위가 축소되고, 고려시대 후기부터는 두 능선부 안쪽으로까지 중심부가 더 축소되는 양상을 띤다.

그러나 이 일대에서는 궁궐의 영역을 직접적으로 구분하는 궁장의 흔적이 아직 명확히 확인되지 않았다. 따라서 관북리 유적을 왕궁으로 본다면, 궁이 갖추어야 할 조건 중 하나가 충족되지 않은 셈이다. 이점을 고려하여 부소산성의 체성 특징이 일반적인 백제 산성의 성벽과는 달리 익산 왕궁리유적 궁장이나 일본 법륭사 담장과 같은 모습의 성장으로 인식하여 부소산성의 1단계(~6세기 후반) 백제 판축 체성을 백제 왕성의 궁장으로 이해[66]하기도 하였다. 하지만 필자는 사비성의 거민 구역이 중국의 '이방(里坊)'과는 달리 담장의 존재가 거의 확인되지 않는 '민리(民里)'[67] 구조였다는 점을 고려한다면, 흙과 돌로 만들어진 궁장이 없었을 가능성[68]을 완전히 배제할 수는 없다는 입장이며, 백제 사비기의 궁장을 발굴했음

---

66) 김대영, 2025, 『백제 사비기 부소산성의 성격 변화 연구』, 국립공주대학교 박사학위 논문.

67) 박순발, 2014, 「동아시아 고대 도성 民里의 형성과 전개」, 『역사문화연구』 52, 4~5쪽.

68) 관북리유적 일원의 서와 동은 산록의 구릉으로, 남쪽으로는 물이 흐르는 수변으로 외곽을 추정할 수 있어, 관북리유적 발굴 자문회의에서 나온 소규모의 해자와 같은 垓隍도 고려해야 한다.

에도 불구하고 그것을 제대로 인지하지 못했을 가능성도 존재한다고 본다.

즉, 관북리 유적에서는 남북 및 동서 방향으로 측구가 딸린 도로 시설이 보고되었다. 이 도로 시설에는 노면을 관통하는 배수로가 설치되어 있기도 하고, 동서와 남북 도로가 교차하는 곳은 측구가 암거(暗渠) 형태로 확인되었다. 특히, 남북 도로의 측구는 일반적이지 않게 암거로 이루어져 있으며, 발굴 당시 도로의 노면 상부는 모두 삭평되어 윤흔(輪痕) 등을 확인할 수 없었다[69]고 한다. 따라서 발굴 당시 이 시설물을 도로로 판단한 이유는 단지 일직선으로 연결된 점과 측구로 볼 수 있는 배수로 때문이었다.

그런데 이 유구 중 동서 도로의 서쪽 연장부인 구아리 71-4·6번지 유적에서는 이 시설물을 도로 시설로 판단하지 않고, 구상(溝狀) 유구로만 판단[70]하였다. 따라서 관북리 유적에서 확인된 동서와 남북의 유구는 도로가 아닌, 구획을 나누는 다른 유구의 흔적일 가능성도 염두에 두어야 할 것 같다. 즉, <그림 18>과 같이 구상유구는 우기(雨期)에 물을 처리하기 위한 배수로이고, 암거는 위쪽 배수로의 물[71]을 아래쪽으로 배출하기 위한 시설로도 볼 수 있다. 그리고 암거 위로 동-서향으로 폭 약 2.5m로 성토된 구조물이 담장의 몸체부 기초부로 추정해 볼 수 있다. 이점에 대해서는 향후 검토가 더 이루어져야 하겠다.

그리고 관북리 유적에서 발굴된 통일신라시내부터 고려시대 유구 중에서는 담장[72]이 확인되었는데, 이 담장 한쪽으로는 배수로가 설치[73]된 모습이었다. 이

---

69) 보고서에서는 '창건 당시의 路面은 전혀 남아 있지 않았다(忠南大學校博物館, 1999, 『부여 관북리백제유적 발굴조사보고』 II, 73쪽)'고 기술하였다.

70) 한국문화재재단, 2015, 「부여 구아리 74-4·6번지 유적」, 『2013년도 소규모 발굴조사 보고서 V』, 260~261쪽.

71) 배수로에는 상시로 물이 고여 있지는 않았을 것이다.

72) 백제고도문화재단, 2014, 『사비왕궁지구유적』, 45쪽 1-2지구 고려시대 석렬 유구 등이다.

73) 백제고도문화재단, 2014, 앞의 보고서, 45쪽의 고려시대 석렬 서측으로 흐른 수로를

그림 18. 구아리 71-4·6 유적 내 추정 담장 및 암거 모식도

담장의 너비는 2.1~2.3m였지만, 잔존 높이는 불과 0.4m밖에 남아 있지 않았다.

이처럼 담장에는 대체로 배수로가 설치된 경우가 많으며, 담장과 직교하여 하부로 배수로가 설치된 경우가 흔하다. 즉, 관북리 유적의 도로 중 일부는 담장 시설의 하부만 남겨진 시설일 수도 있다는 점이다.

물론 관북리 유적의 백제 상층 남북도로 시설은 도로일 가능성이 높지만, 동서로 연결된 동서 도로 시설의 경우, 관북리 일대를 구획하는 낮은 담장이었을 가능성도 충분히 고려해야 할 것 같다.

이제 관북리 유적의 외곽 경계부에 대한 가능성이 미약하게나마 확인된 만큼, 기존 조사 자료에 대한 면밀한 재검토와 함께 앞으로의 조사에서는 나무로 된 울타리나 열상(列狀)의 유구에 주목할 필요가 있으며, 관북리 일대에서 이와

말한다.

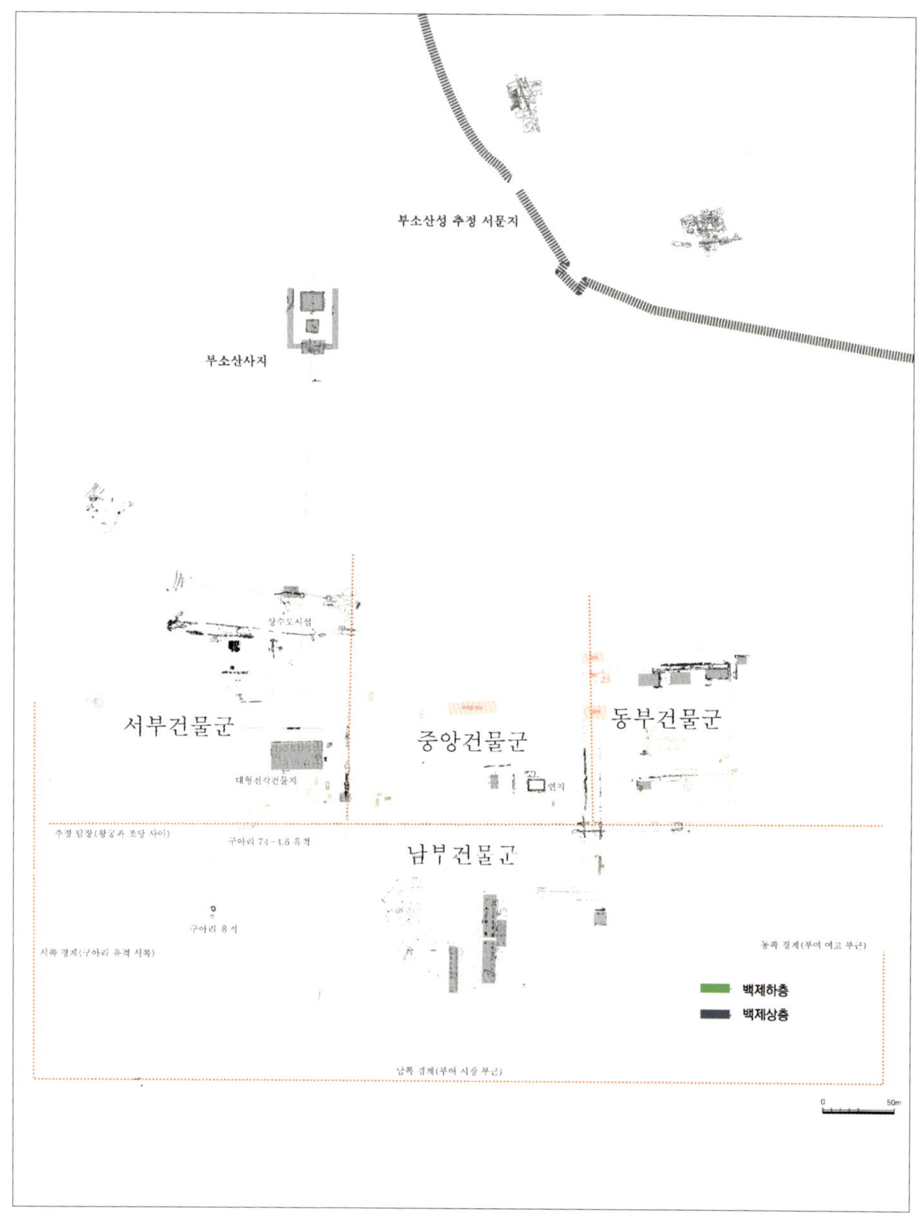

그림 19. 관북리 유적 범위도(그림에서 중앙건물군에 대한 조사는 미진한 상태이다. 향후 조사로 백제 왕궁의 핵심 지를 찾을 수 있지 않을까 한다. 심상육, 2024, 「백제 사비기 궁역(宮域) 배치에 관하여」)

같은 시설물이 향후 확인될 것이라 기대한다.

이처럼 관북리 유적은 부소산성과 마찬가지로 백제 사비기 왕궁의 유력한 후보지로서 백제시대 이후 부여의 전반적인 모습을 모두 보여주는 핵심적인 공간에 해당한다.

사비성의 핵심적인 공간으로는 부소산성과 관북리 유적[74] 외에, 쌍북리 일원 또한 손꼽힌다. 이곳은 현재의 부여여자고등학교 동편에 위치하며, 조선시대에는 '쌍구리(雙九里)'라 불렸다.

1980년대 홍재선은 이곳을 왕궁 후보지[75]로 추정하였다. 이는 이곳이 사비도성의 중앙부 북쪽에 위치하고, 궁우물로 불리는 어정(御井)이라 전해지는 우물[76]이 존재하며, 부소산성과 연결성이 깊다는 점을 근거로 삼았다.

이 쌍구리 일대에 대한 조사로는 1982년, 부여여자고등학교 남편 발굴에서는 방형 초석을 사용한 건물지 1동이 다량의 기와와 함께 발견[77]되었다. 그리고 2010년까지도 이 일대 민가에는 관북리의 조선시대 부여현 객사 건물에 사용된 백제 사비기 가공석재와 같은 커다란 가공석이 다수 확인[78]되기도 하였다. 이에 필자는 백제 사비성의 초기 왕궁이 쌍북리 중 쌍구리에 있었다가 사비궁 중수

---

74) 사비도읍 초기의 중심지는 관북리 일대일 가능성도 충분히 있다. 즉, 조선시대 부여현의 관아 중심지인 객사와 동헌 자리 일대이다.

75) 洪再善, 1981, 「百濟 泗沘城 硏究 -遺物과 遺蹟을 中心으로-」, 東國大學校大學院 碩士學位請求論文, 60~61쪽.

76) 2004~5년에 어정으로 전해지는 팔각 우물에 대한 발굴조사가 진행되어, 백제 사비기부터 여러 번의 개축과정을 거치며 최근까지 사용되었음이 확인(한국전통문화학교 부설 한국전통문화연구소, 2008, 「부여 쌍북리 팔각정 발굴조사 보고서」, 『부여지역 문화유적 시·발굴조사 보고서』)되었다.

77) 충남대학교박물관, 1982, 『부여 쌍북리유적발굴조사보고서』.

78) 부여군문화재보존센터, 2008, 『백제 사비도성 유적찾기 지하탐사 -사비 궁성권역 GPR탐사-』.

그림 20. 쌍북리의 쌍구리 일원 어정과 초석 현황

무렵에 관북리 일원으로 이동하였을 것이라는 견해[79]를 제시하기도 했다.

　현재 쌍구리 일대에 대한 고고학적 조사는 초기 단계에 머물러 있다. 따라서 사비성 초기 왕궁구의 핵심부인 왕궁지로 보는 견해는 근거가 빈약한 추정에 불과하다. 그렇지만 2018년부터 2020년까지 진행된 쌍북리 발굴조사에서 6세기 전반의 가야 토기와 '품(品)'자형으로 배치된 제의 관련 건물지군이 발견되었고, 특히 2025년에는 왕궁 내 불당에서만 사용했을 법한 금니(金泥)가 칠해진 소조불 광배편이 출토[80]되어, 초기 왕궁구의 핵심지로 추정해 볼 가능성은 높아지고 있다.

---

79) 심상육, 2022, 「부소산성 내부 공간구조 연구」, 『부소산성 -종합학술연구보고서-』, 130쪽.

80) 2025년 8월 28일, 국립부여문화유산연구소에서 '부여 쌍북리 일대에서 백제 사비기 사찰 존재 가능성 확인'으로 보도자료가 배포되었다.

한편, 관북리 유적과 부소산성 사이에는 앞서 언급한 것과 같이 부소산사지가 위치하고 있다.

부소산사지는 강당이 없는 가람 구조여서 왕궁의 내불당으로 추정[81]되어, 다른 일반 사비기 사찰과는 달리 산지에 들어선 양상을 띠고 있다. 그런데 사찰이 들어선 곳은 사비기의 사비궁 중수 이후의 왕궁 중심부인 관북리 유적의 대형전각건물지와 남북축을 공유하는 곳이다. 그리고 부소산사지에서 출토된 와당은 연잎 내에 꽃술이 배치된 양식이어서 7세기 이후에 왕궁의 핵심지로 추정되는 관북리유적과 부소산성 사이에 조성된 사찰이다. 따라서 부소산사지는 사비궁 중수로 새롭게 조성된 백제의 마지막 왕궁의 내불당 시설로 충분히 추정해 볼 수 있다.

한편, 부소산사지의 남쪽 구아리에서는 불사리를 안치할 수 있는 심초석과 와당이 출토되어 사지로 비정[82]되어 구아리사지로 명명된 곳[83]이 있다. 이곳은 관북리 유적의 대형전각건물지 바로 남서편에 해당하는 곳이어서, 관북리 왕궁설에 대한 비판설이 제기[84]된 곳이기도 하다. 하지만 관북리 일대는 사비도읍 초기에는 자연지형을 이용하여 공간을 활용한 왕궁지원시설 공간이었고, 대단위의 성토가 진행되면서 왕궁 내의 중심부로 들어서는 과정을 거친 곳이다. 구아리사지는 초기의 수로를 성토하여 메우고 건립되었는데, 출토된 소조상이 능산리사지 출토 소조상과 제작기법이 공통된 점이 확인[85]되었고, 심초석 내에 불

---

81) 李炳鎬, 2023, 「百濟·新羅の王宮と寺院」, 『東アジアの王宮·王都と佛敎』, 131~133쪽.

82) 국립부여박물관, 2016, 『부여 구아리 사지』, 16~27쪽.

83) '天王'명 문자와가 출토되어 천왕사지로도 불린다. 하지만, 명문와가 1점만 보고되었고, 동남리와 부소산성 및 관북리 유적에서도 같은 문자와가 출토되어 『三國史記』에 나오는 천왕사의 터로 보기에는 무리가 있다.

84) 국립부여박물관, 2016, 앞의 보고서, 275쪽.

85) 이병호, 2007, 「부여 구아리 출토 소장상과 그 유적의 성격」, 『百濟文化』 36.

사리 수납공을 설치한 형태가 왕흥사지와 유사성이 인정[86]되어 구아리사지의 축조 시기는 6세기 중반부터 7세기 초반으로 편년[87]할 수 있다.

따라서 구아리 일대의 사비도읍기 토지이용 양상은 자연 지형을 활용하여 왕궁지원 단계(수로 등)에서 사찰로 변모(구아리사지이며, 이와 연관된 유구로는 관북리 유적 대형전각건물지 하층에 위치한 와적기단건물지[88]로 이해할 수 있음)하였다가 왕궁 중심권역의 확장으로 사찰이 폐기된 것으로 볼 수 있을 것 같다. 따라서 구아리사지는 부소산사지 이전의 왕궁 관련 내불당[89]과 같은 성격이었을 가능성도 염두에 두어야 한다.

이처럼 관북리 유적 일대와 부소산의 내불당과 같은 사찰(부소산사지와 구아리사지) 그리고 부소산의 산성은 유기적으로 연결된 것으로 앞서 언급한 사비성의 핵심지역인 왕궁구에 포함된다고 볼 수 있다.

2. 나성 내부

1) 종교시설 공간[90]

7세기의 중국 역사서인 『주서(周書)』에는 백제 사비성의 모습을 '승니사탑심다(僧尼寺塔甚多)'로 기록하였다. 이러한 사항을 현재 나성 내부에서 마주할 수 있는

---

86) 구아리사지 심초석은 사리 안치에 있어서 독립된 석함이 심초석과 일체화되기 직전의 과도기라고 여겨지는 왕흥사 불탑의 지하 심초석 이후라 할 수 있다(大橋一章, 2013, 「6세기 후반 백제사원의 사리안치에 대하여」, 『百濟文化』 48, 273쪽).

87) 이병호, 2007, 앞의 논문.

88) 국립부여문화재연구소, 2009, 『부여 관북리유적 발굴조사보고서』 III, 154쪽.

89) 李炳鎬, 2023, 「百濟·新羅の王宮と寺院」, 『東アジアの王宮·王都と佛教』.

90) 심상육, 2022, 「사비도성의 개발과 도시 확대과정」, 『新編 사비백제사』 01, 169~170쪽을 수정·보완하였음을 밝힌다.

것은 오직 8m가 넘는 오층으로 된 석탑이다. 다만, 전해오는 전설 그리고 문화유산 지표조사 및 발굴조사를 통해 조금이나마 그 흔적을 더 찾을 수 있게 되어, 백제 사비 지역에서 25개소[91]가 보고된 상황이다.

오층석탑이 있는 정림사지는 나성 내부 중앙에 위치한다. 북쪽의 부소산자락에는 앞 절에서 설명한 부소산사지와 천왕사지(구아리사지), 향교밭사지 등이 있으며, 동쪽의 금성산자락에는 전천왕사지(금성산와적기단건물지), 가탑리사지, 관음사지가 있다. 또한, 나성 내부 중앙과 서쪽의 낮은 구릉과 평탄지에는 구교리사지, 동산리사지, 학리사지, 군수리사지, 동남리사지, 노은사지(논절) 등이 분포하고 있다. 이 사찰들은 산의 경사면, 평지, 또는 산과 산 사이의 골짜기 등 다양한 지형에 자리 잡고 있다.

나성 밖 지역에도 사방으로 사찰 터가 분포한다.[92] 북쪽 금강 변에는 호암사지[93]와 왕흥사지가 있고, 서쪽 충적지 길목에는 외리사지가 있다. 남동쪽 금강 변에는 임강사지와 현북리사지가 있으며, 동문지 바로 밖에는 능산리사지가 발굴되었다. 그 외에도 청마산성 길목의 용정리사지, 웅진으로 가는 길목의 가증리사지와 밤골사지, 그리고 북서쪽 지천 변의 금강사지가 있다.

이러한 백제 사비기의 사찰 터는 조선시대의 부여현 주요 도로망 변에 있다. 이는 이러한 도로망이 백제 사비기까지 소급될 수 있는 점이다. 그러면 사찰은 사비성의 개발에 따라 적소(適所)인 길목에 들어섰을 가능성을 충분히 인지할 수

---

91) 사비도성에 위치한 백제 사지에 대해서는 국립부여박물관에서 간행(국립부여박물관, 2008, 『백제 절터와 가마터 지표조사 보고서』)한 보고서를 인용하였음을 밝혀둔다.

92) 박순발, 2019, 「백제 불사 입지 비교 연구」, 『백제연구』 70.

93) 백제시대 호암사지로 비정된 곳은 2009년과 2017년 발굴조사 하였으나, 백제시대 사역의 흔적은 확인되지 않았다. 따라서 전부터 또 다른 호암사지 후보지로 여겨졌던 '부여 호암리 유물산포지'가 호암사가 위치했던 곳일 가능성이 농후하다. 이곳에서는 백제시대의 와편과 초석 등이 지표상에 드러나 있다(백제고도문화재단, 2018, 『부여 호암사지 정비사업부지 내 유적 2차 발굴조사 약보고서』).

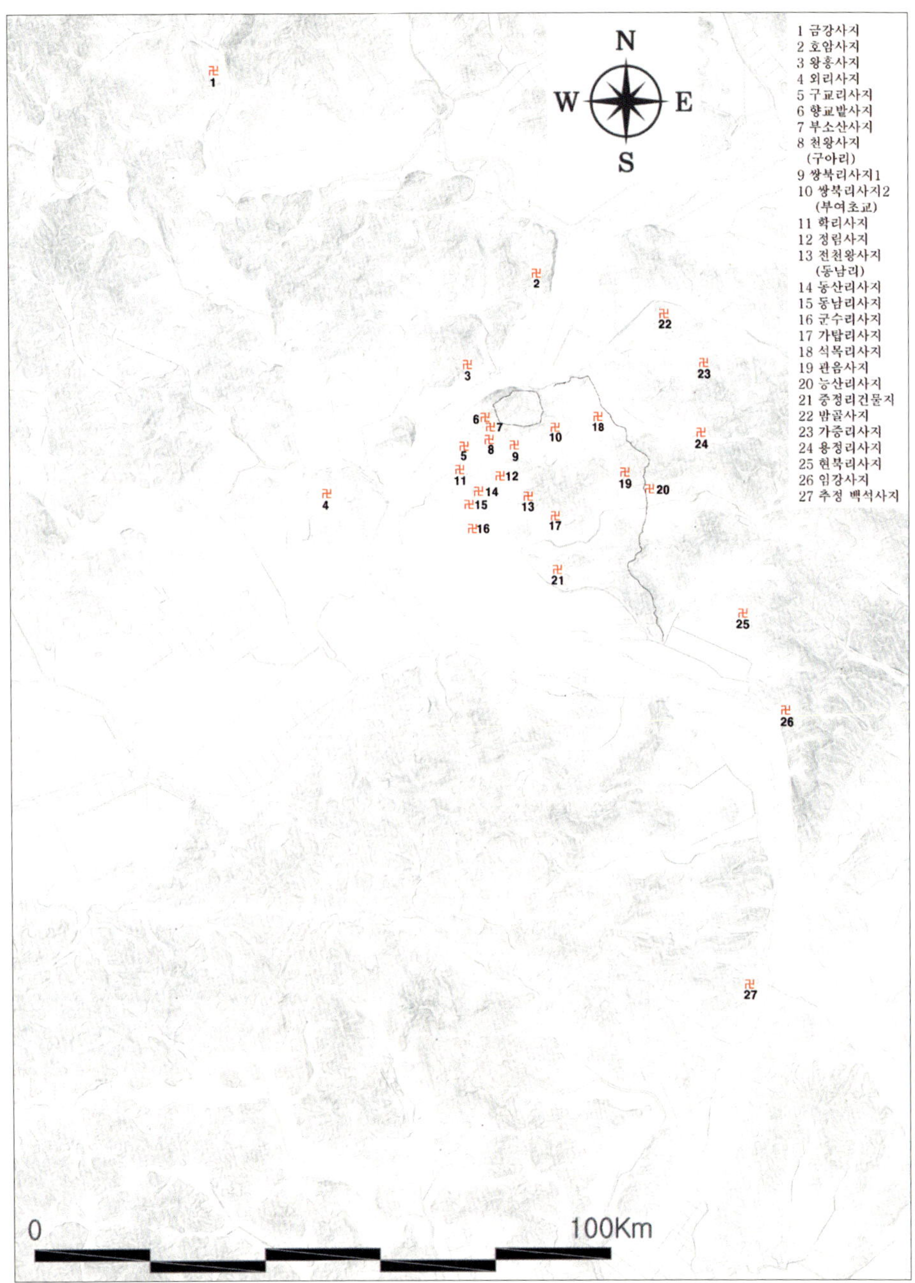

그림 21. 사비성 사찰 분포도

있다. 즉, 고대 교통로 혹은 실체로서의 도로 시설은 공간적으로 그 위치가 변화하기도 하는데, 대체로 산지와 하천 등 주변의 지형을 따라 구축되고 누대에 걸쳐 큰 변화 없이 유지되는 경향이 있고, 직선화할 수 있는 기술력 혹은 인력이 뒷받침되지 않거나 고도의 의지가 강하게 반영되지 않는다면, 주변 지형의 기복 상태나 성질의 고려 없이 도로를 개설하기란 쉽지 않기[94] 때문이다.

그럼, 사비도성에서 발굴된 사찰 터에 대해 살펴보면, 우선 1930년대와 2000년대에 조사된 평지 가람인 군수리사지는 금동보살입상과 남북 자오선 축으로 구성된 가람 배치와 강당지 좌우의 건물 배치 양상, 대통사식과 정암리식 와당 등의 존재로 6세기 중엽경에 세워진 사찰 터[95]로 왕궁구로부터 정림사지로 연결되어 남으로 연장된 도로에 있으며, 동편으로는 이궁지로 추정되는 화지산 유적이 이 유적을 바라보고 있다.

정림사지는 왕궁터에서 남으로 내려오는 길목에 있는 사찰 터로 7세기에 세워진 석탑 이전의 목탑 존재[96], 강당지 좌우로 바로 붙어 있는 부속건물의 초축과 개축 양상 등을 통해 늦어도 6세기 ¾분기부터는 사찰이 들어서 한 번 정도의 개축을 거쳐 소정방이 탑신에 '대당평백제국비명(大唐平百濟國碑銘)'을 새기는 등 통일신라시대 초기에도 유지된 것으로 보인다. 이러한 연유로 왕궁구 남쪽에 있는 정림사는 왕궁을 수식하고, 도성을 장엄하는 가장 핵심적이고 중요한 통합의례의 장소[97]였을 것이다.

동남리사지는 금강의 동안부인 부여읍 시가지의 해발 약 12m에 위치한다.

---

94) 이판섭, 2018, 「길의 지속과 변화에 대한 예찰」, 『길의 고고학(제37회 호서고고학회 학술대회)』.

95) 국립부여박물관, 2012, 『부여 군수리사지』.

96) 탁경백, 2016, 「정림사지 창건시기 재고」, 『건축역사연구』 25-4.

97) 이병호, 2013, 「백제 사비시기 도성의 의례 공간과 왕권 -통합중추로서의 왕궁과 사원을 중심으로」, 『한국고대사연구』 71.

이곳은 주변부보다 약간 높은 미고지(微高地)인데, 의도적으로 이곳을 선택하여 사찰이 들어선 것으로 일제강점기인 1939년의 발굴로 나성 내부의 중앙부에서 서쪽으로 연결된 동-서 도로변에 있는 사찰 터[98]로 전해진 곳이다. 하지만 1993~1994년 전면 발굴 결과, 가람의 중심시설인 탑지의 부재로 영빈시설, 제사시설 등 다양한 의견이 제기되면서 발굴보고서명이 '부여 동남리유적'으로 명명되어, 유적의 성격에 의견이 분분한 상황이다. 발굴로 확인된 것으로는 토적심으로 구축된 정면 5칸, 측면 3칸의 중앙기단건물지를 비롯하여 벽주건물지와 연못지, 유적의 경계시설로 판단되는 와열유구 등과 불상과 향로형토기, 정병 그리고 700점이 넘는 연화문 수막새가 출토되었다. 유적은 발굴로 1단계 굴립주건물군 단계에서 정연하게 기단건물이 배치되는 2단계로 변모한 것이 확인[99]되었고, 사찰 관련시설은 2단계이다. 2단계의 중심 시기는 6세기 후반으로 추정되고 있어, 대상지의 토지이용에 변화가 있었음을 확인할 수 있다.

이 밖에 나성 내부의 주요 도로변에서도 여러 사찰 터가 확인되었다. 왕궁구에서 서쪽으로 향하는 길목에는 구교리사지가, 동쪽 길목에는 쌍북리 1·2사지와 노은사지가 있다. 또한, 왕궁구에서 능원으로 이어지는 길에는 관음사지가, 금성산 남쪽 길에는 가탑리사지 등이 위치했던 것으로 보고되었다.

나성 밖 공간에도 중요한 사찰들이 건립되었다. 567년에 창건된 능산리사지는 도성의 동문 바로 바깥에 자리하며, 577년에 세워진 왕흥사지는 금강 건너편에 조성되었다. 도성 서쪽 외곽에서는 7세기 유물인 산수문전이 출토된 외리사지가 있으며, 그 밖으로 2~8km 반경 내에는 가증리, 용정리, 금강사지 등 다수의 사찰이 분포한다.

이러한 사찰들은 대부분 6세기 중엽 이후, 위덕왕대를 기점으로 본격적으로

---

98) 국립부여박물관, 2014, 『부여 동남리사지』.
99) 충남대학교박물관, 2013, 『扶餘 東南里遺蹟』.

건립된 것으로 보인다. 특히 능산리사지와 왕흥사지는 대규모 성토 공사를 통해 인공적으로 대지를 조성한 후 가람을 배치한 특징을 공유한다. 또한, 용정리사지와 금강사지 주변에서 다수의 주거 흔적[100]이 발견되는 점으로 미루어, 이 사찰들이 당시 지역 사회의 거점 역할을 수행했다고 짐작할 수 있다.

이처럼 백제 사비성에는 다수의 사찰이 존재했다. 이 사찰들은 대부분 왕궁구와 연결된 주요 도로변에 자리 잡아 고대 교통로를 따라 계획적으로 배치되어 그 일대의 거점 역할을 했을 것으로 추측된다. 창건 시기상으로는 웅진기에 조성된 용정리사지를 비롯하여, 사비 천도 초기 성왕대에 정림사 등이 먼저 축조된 후, 6세기 중엽 이후인 위덕왕대에 나머지 사찰 대부분이 집중적으로 건설되고, 무왕 후반기 이후에 정림사지 및 동남리사지, 부소산사지 등이 개축 혹은 신축된 양상인데, 사비도성이 점진적으로 채워지다 재개발되는 모습과 같은 양상이다.

2) 중심지와 생활 공간

나성 내부 남쪽 중앙에 있는 화지산은 이미 이궁(離宮)과 어정(御井), 망해정(望海亭) 등과 관련하여 사비 천도 시기 중앙 시설과 밀접한 관련이 있는 곳으로 제기되었다. 1980년대부터의 조사에 따르면, 화지산은 백제가 사비로 도읍을 정하기 전에는 분묘와 주거 공간으로 사용되었다. 백제 천도 후에는 굴립주 건물에서 초석 건물로 이어지는 생활 공간으로 계속해서 변화했으나, 화재로 인해 건물들이 폐허가 되었다. 이후 통일신라시대에는 다시 무덤 공간으로 사용된

---

100) 용정리사지 인근의 용정리 160-1번지 유적에서 기와기단건물지가 확인(한국문화재재단, 2018, 『부여 용정리 160-1번지 유적』)되었고, 금강사지 주변 금공리 74-3번지 유적(한국문화재재단, 2017, 『부여 금공리 74-3번지 유적』)에서 석렬 및 연화문수막새 등이 출토되어 유추할 수 있다.

것[101]으로 확인되었다.

특히, 백제 건물 공간이 새로운 모습으로 바뀌던 단계의 상층부 초석 건물에서는 7세기 이후에 나타나는 7엽의 연화수막새가 출토되었다. 이 막새기와는 왕궁 구역인 부여 관북리 유적의 대형전각건물지와 부소산사지에서도 사용된 것으로 확인되었기에, 사비 도읍 후기에는 화지산이 백제 중앙과 매우 밀접한 관계에 있었음을 알 수 있다.

사비로 천도한 시점의 화지산의 경관을 더 자세히 살펴보면, 해발 50m 정도의 야산 서사면부가 건물군의 중심을 이루었다. 그러나 남사면, 북사면, 그리고 정상부까지 활용되어 산 전체가 개발된 모습이다. 특히 서사면을 택한 것은 북쪽의 왕궁구, 정림사지, 그리고 서남쪽으로 이어지는 군수리사지, 동남리사지, 백마강 등 전체적인 경관을 시야에 담을 수 있기 때문으로, 입지적 탁월성이 돋보인다. 중심 건물군은 서사면 능선에 둘러싸인 곳을 의도적으로 활용하였는데, 이는 건물이 향하는 서쪽에 군수리사지와 동남리사지 등의 종교 시설물이 들어섰기 때문으로 판단된다.

화지산 건물군은 야산의 경사면에 조성되었기 때문에 대지를 계단식으로 만들었고, 그 위에 여러 채의 기와 건물을 배치하였다. 또한 화강암을 가공해 만든 팔각 형태의 우물이 존재하며, 각 대지를 연결하는 통행로와 계단 시설, 그리고 일부 축대는 가구식(架構式)에 가깝게 화강암을 다듬어 쌓았다. 이러한 대지 조성 방식과 석재 치석술[102]은 사비도성 내 왕궁과 사찰 공간의 시설물에 견줄 만하여 주목되었다. 이에 따라 이미 제기된 바와 같이 사비성의 이궁(離宮), 객관[103], 왕족

---

101) 심상육, 2019, 「사비도성 발굴조사의 최신성과」, 『동아시아 도성경관의 상징』, 70~71쪽.

102) 심상육, 2019, 앞의 논문, 72~75쪽.

103) 박순발, 2024, 「부여 화지산 유적의 성격」, 『부여 화지산유적 조사 성과와 위상』.

거주지[104]로 보기도 한다. 즉, 화지산 유적은 사비도성 남쪽 중앙에서도 일반적인 거민구 공간과는 구분되는 특별한 장소였음이 확인되었다.

사비성의 나성 내부의 일반적인 거민구(居民區) 공간은 어떠했는지를 살펴볼 필요가 있다. 나성 내부 중앙부인 동남리 566 일원의 백제 생활 유적[105]에서는 남북향으로 구성된 도로 시설(구상 17과 구상 18)을 중심으로 좌우에 우물과 건물, 그리고 용도를 알 수 없는 수혈(竪穴)이 비교적 지대가 안정적인 자연 제방 또는 미고지에 들어선 모습이 확인된다.

현 궁남지 유적[106]에서는 동서 방향의 도로에 남북 방향의 도로와 수로가 연결되고, 그 내부에 굴립주(掘立柱) 등의 건물지가 들어선 모습을 보인다. 대부분 원지형을 활용한 양상이다.

나성 내부의 동북부에 있는 쌍북리 421-2 유적에서는 나성 성벽 바로 안쪽의 해발 약 50m 정상부를 계단식으로 조성하여 정연한 건물을 배치한 구조가 확인되었다. 여기에는 동서 축을 주 건물군으로 하고, 그 남쪽에 마당과 창고 건물을 배치한 구조가 확인되었다. 또한 이 건물군은 와당을 사용한 것으로 밝혀졌다. 이 건물군의 사용 시기는 사비 도읍기이며, 건물지는 2단계로 세분된다. 건물 전 단계는 한성 도읍기 말에서 웅진 도읍기에 해당하는 지하식 수혈 창고군이 들어서는 단계이며, 건물 후 단계는 통일신라시대 이후에 석실묘(石室墓)와 화장묘(火葬墓)가 들어서는 단계이다.[107]

쌍북리 421-2 유적의 남쪽 일원에서는 5세기부터 6세기에 해당하는 유물이 상당수 출토되었는데, 특히 백제 사비기의 수혈 주거 유적에서 가야와 신라계

---

104) 이병호, 2024, 「기와의 분석을 통해 본 부여 화지산 유적의 성격」, 『백제학보』 47, 53쪽.

105) 백제문화재연구원, 2014, 『扶餘 東南里 百濟生活遺蹟 -한국농어촌공사 사옥 신축부지 내-』.

106) 국립부여문화재연구소, 2002, 『宮南池 II- 現 宮南池 南西片 一帶』.

107) 백제고도문화재단, 2017, 『부여나성-북나성』 V · VI.

토기가 발견되었다. 쌍북리 329-1 유적[108], 314-5 유적[109], 329-3 유적[110], 419-6 유적[111] 등이 그러한 경우다. 이 유적들에서는 웅진기 및 사비도읍 초기의 수혈 주거 및 창고 유구 단계에서, 사비 도읍기 중심 시기에는 담장과 도로 시설, 그리고 굴립주 건물지 등이 들어서는 단계로 변화하였다. 또한, 사비 도읍기 누층의 문화층과 대지 조성 시설[112]도 함께 확인되었다.

이 유적의 동편에 있는 '월함지(月舍池)[113]'는 백제 사비기에 축조되었다고 단정할 수는 없으나, 부여 뒷개 유적[114]에서 늪지를 메운 흔적이 확인된 점을 고려하면, 나성의 성벽이 나성 내부에서 흘러가는 물길을 일부 차단하여 의도적으로 사비도성의 구조물 축조 공정의 일부로, 월함지가 만들어졌을 가능성도 전혀 배제할 수 없다. 이는 월함지 서편, 즉 쌍북리 421-2 유적 동편 일원의 월함지 서안부에서 대지 조성 시설[115]과 축대[116] 등이 확인되기 때문에 의도적으로 이 일대의 경관을 조성한 것으로 볼 수 있다.

월함지로 연결되는 물줄기는 나성 내부 중 동북부(현재 석목리와 쌍북리의 능산리산과 금성산 일원)에서 발원하며, 이 물줄기 일원에는 소하천 변의 충적지가 형성되어

---

108) 백제고도문화재단, 2021, 『부여 쌍북리 (329-1번지 일원) 진출입로 부지 내 유적』.

109) 한국문화재재단, 2015, 『부여 쌍북리 314-5번지 유적』.

110) 가경고고학연구소, 2021, 『부여 쌍북리 329-3번지 유적』.

111) 한국문화재재단, 2021, 『부여 쌍북리 419-6번지 유적』.

112) 심상육, 2023, 「사비도성의 축조시기」, 『백제 성왕의 사비천도와 도성축조』, 48~52쪽.

113) 월함지란 지명은 부소산 동대의 送月臺에서 이 못에 뜬 달의 모습을 바라볼 수 있다고 하여 얻은 이름으로 전해진다(尹武炳, 1994, 「百濟王都 泗沘城研究」, 『學術院研究論文集』, 116쪽).

114) 부여군문화재보존센터, 2013, 『부여 뒷개 유적』.

115) 쌍북리 419-6번지 유적의 1차 성토면의 출토유물 중 시기가 가장 늦은 시루(유물 4)의 경우 6세기 중엽이후이고, 2차 성토가 6세기 후반에서 7세기 초이기 때문이다(한국문화재재단, 2021, 앞의 보고서, 40쪽).

116) 부여군문화재보존센터, 2013, 앞의 보고서.

있다. 이곳을 발굴한 결과, 대부분 통일신라시대 이후 조선시대까지는 논으로 활용된 곳이었다. 그러나 사비기에는 누층의 건물 유구가 확인되었다.

즉, 석목리 143-16번지 유적[117]에서는 백제 사비기에 4단계의 생활면 흔적이 확인되었으며, 유적 중앙부에 도로 시설과 도로 주변부에 금속 공방 시설이 우물과 함께 들어선 모습이었다. 이 유적에서 확인된 도로는 쌍북리 56번지 유적[118]까지 일직선으로 연결되었다. 특히, 쌍북리 56번지 유적에서의 도로는 '십(十)'자로가 있는 구조를 띠고 있으며, 다수의 건물과 우물 등이 일정 공간 안에 배치된 모습이었다.

쌍북리 56번지 유적의 십자로 유구는 이미 부여 왕릉원 내측 왕포천변 북안의 동나성 내·외부 유적에서 확인되었다. 이 유적의 경우 Ⅰ단계는 왕포천 유역의 충적지를 이용하여 농경하던 경작면이며, Ⅱ단계는 왕포천의 범람 또는 다른 요인에 의하여 경작지가 대부분 매몰된 이후 건물과 도로 등이 들어서는 1차 건물지 조성면 단계이다. Ⅲ단계는 나성 인근에 십자형 교차로가 설치된 도로가 조성되고, 이 가로구획 공간에 건물 등이 배치되는 앞 단계와는 다른 공간으로 변모하는 단계로 사비도성의 나성 내부 공간으로 완성되는 시점이다. Ⅰ단계를 사비도성 축조 이전, Ⅱ와 Ⅲ단계를 6세기 전반대 이후 사비 도읍기로 보고[119] 하였다. 그리고 사비기 후의 상부 토층에서는 건물지 등이 확인되고 있지 않은 자연퇴적층 및 통일신라시대 이후의 경작층이 확인되었다. 이러한 문화층의 양상은 바로 인근에서 발굴된 가탑리 백제 유적[120]에서도 확인된 바 있다.

한편, 동나성 내·외부 유적 바로 남쪽으로 동에서 서쪽으로 흐르는 왕포천

---

117) 백제고도문화재단, 2019, 『부여 석목리 143-16번지 유적』.

118) 울산발전연구원 문화재센터, 2020, 『부여 쌍북리 56번지 유적』.

119) 忠淸文化財硏究院, 2006, 『扶餘 陵山里 東羅城 內·外部 百濟遺蹟』, 252쪽.

120) 부여군문화재보존센터, 2010, 『扶餘 佳塔里 百濟遺蹟』, 39쪽.

남안 일원(동나성 바로 내측부)에서도 발굴이 한 차례 이루어졌다. 이곳에서는 나성을 축조할 당시의 하층과 상층에서 건물지가 확인되었다. 백제층 위로는 자연 퇴적층만이 형성되어 왕포천 북편과 같은 양상을 띠고 있다. 하지만 이곳에서는 비교적 넓은 범위를 조사했음에도 불구하고 1동의 건물지가 확인되었을 뿐 다른 유구는 확인되지 않았다.[121] 즉, 유구의 밀집도가 왕포천 북편보다 현저히 낮은 모습이었다.

이러한 양상은 동나성 외측부의 유구 분포 양상과도 연관된다. 즉, 부여 왕릉원 중 동고분군의 바로 동편, 즉 왕포천 북편의 발굴에서 금속 공방과 관련된 부산물이 다수 확인[122]된 바 있는데, 왕포천 남편 일대의 도로 개설 공사 전 실시한, 시굴조사에서 백제 사비기 유구가 확인되지 않았다.[123] 즉, 왕포천을 경계로 그 북과 남의 개발에 차이가 있음을 알 수 있다.

이처럼 사비도성에서 거민구가 가장 먼저 개발된 곳은 부소산의 남동쪽 쌍북리 일대와 부소산의 남서쪽 관북·쌍북·구아리 일대이다. 이 중 부소산 남쪽의 관북리 160번지 백제 유적에서는 왕궁 관련 시설물에서만 출토되는 소문 와당(素文 瓦當)과 중국제 흑갈유 도기(黑褐釉 陶器), 향로형 토기의 파편이 출토[124]되어, 바로 북편의 관북리 유적, 즉 왕궁 관련 시설과 연관된 관청지 등으로 추정해 볼 수 있다.

현재 부여 시외버스터미널과 그 북부 일원의 경우, 구아리 319 유적[125]에서

---

121) 백제고도문화재단, 2021, 『부여나성 동나성』 V.

122) 부여군문화재보존센터, 2010, 『부여 능산리 고분군 관리사 및 주차장 조성공사 부지 내 매장문화재 발굴(시굴)조사 약보고서』.

123) 충남역사문화연구원, 2008, 『군도 19호선(능산-염창)구간 도로확포장구간 내 문화유적 시굴조사 약보고서』.

124) 부여군문화재보존센터, 2013, 『부여 관북리 160번지 백제유적』.

125) 부여군문화재보존센터, 2012, 『부여 구아리 319 부여중앙성결교회 유적 발굴조사 보고서』.

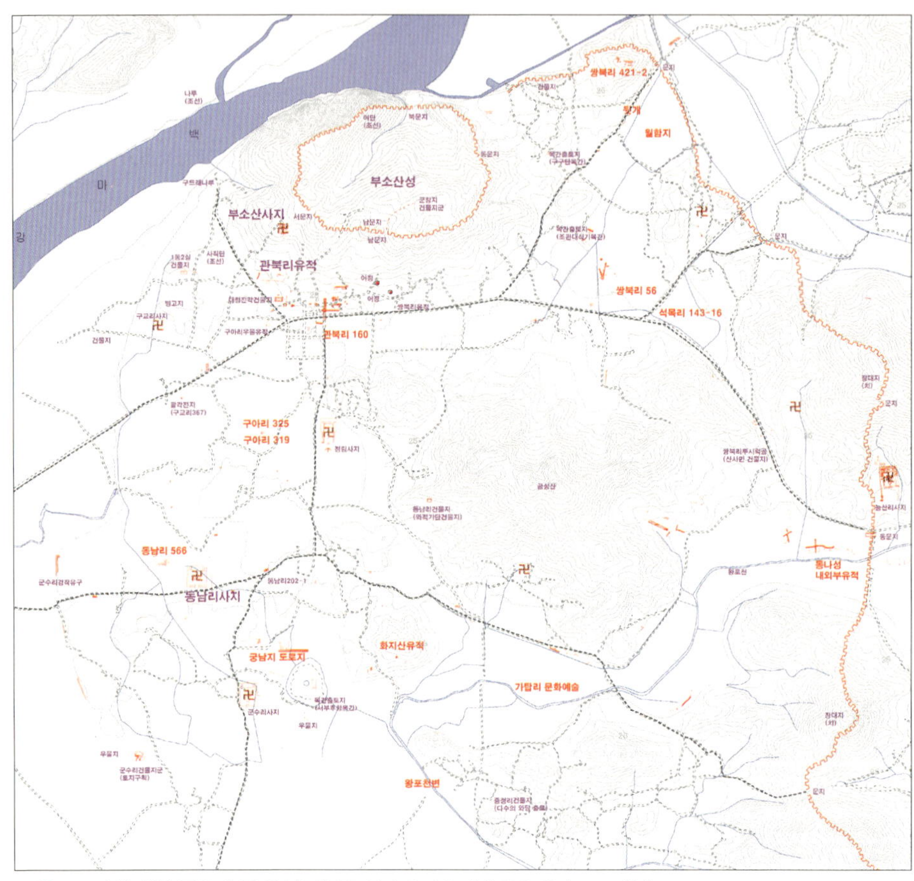

그림 22. 나성 내부 주요 유적 위치도(본문 설명 유적은 적색 굵은 글자로 표시함)

백제 하층과 상층의 유구가 누층을 이루며 존재하는 것이 확인되었다. 이 유적은 백제 하층의 수로 등 유구에서 홍수 관련 퇴적층 및 인위적인 성토층 위로 상층의 건물지가 들어서는 단계로 변화하는 양상을 보였다. 이 상층의 상부에는 문화층 없이 자연 퇴적층만이 형성되어 있었으며, 바로 북편의 구아리 325 유적[126]에서도 이와 비슷한 양상이 확인되었다.

---

126) 백제역사문화연구원, 2023, 『부여 구아리 325·326번지 백제생활유적』.

　이처럼 구아리 319와 325 유적에서는 제2단계의 나성 내부 도시의 가로구획이 정비된 단계가 중심 시설로 볼 수 있다. 도로의 노폭이 3m 이상임을 통해 나성 내부에서 중간 정도 크기의 도로로 보이며, 도로 인근에는 이 도로를 이용했을 사람들의 생활 공간인 건물이 도로 좌우변에 배치된 모습이다. 이 가로구획이 들어서기 전의 제1단계는 이 일대가 아직 도시화되기 이전으로 보인다. 이는 작은 수혈 내부에서 유물이 없는 점과 암거의 경우 제2단계의 기반 시설일 가능성이 있기 때문이다. 이러한 양상은 유적 북편에 있는 왕궁 유적인 부여 관북리 유적이 대규모 성토가 이루어지기 전 원지형을 유지하고 왕궁의 지원 시설로 활용되던 단계[127]와 비슷한 모습으로 보인다.

　최근 부여에서 대단위의 면적이 발굴된 곳이 가탑리로서, 이곳은 왕포천이 지나는 북쪽 일대이며, 금성산의 남사면 끝자락 평탄지이기도 하다. 이 유적의 발굴에서 금성산 끝자락에서 사비기에 다수의 문화층이 건물지 등과 확인되었다. 하지만, 남편으로 가면서 유구의 밀도가 현저히 낮아지고, 수로만이 개설된 상태로 확인되었다.[128]

　이러한 양상은 금성산 끝자락 일대를 조사한 가탑들 유적의 유구 분포[129]와 중정리 일대의 저구릉성 산지 남사면부인 왕포천변 유적[130]에서 건물지 등 백제 사비기의 여러 문화층이 확인된 것과는 대조적으로 왕포천 남단의 중정리 199-9번지 일원의 시굴에서는 백제 문화층이 전혀 없는 것[131]과 연결된다.

---

127) 국립부여문화재연구소, 2009, 『부여 관북리유적 발굴조사보고서』 III.

128) 비전문화유산연구원, 2024.11, 『부여 가탑리 문화예술교육 종합타운 조성부지 내 유적 정밀발굴조사 약보고서』.

129) 錦江文化遺産研究院, 2012, 『扶餘 佳塔里 가탑들 遺蹟』.

130) 東邦文化財研究院, 2021, 『扶餘 旺浦川邊 遺蹟』.

131) 동방문화재연구원, 2020, 『부여 중정리(199-9번지 일원) 드론전문교육(체험)장부지 내 유적 문화재 발굴(시굴)조사 약식보고서』.

이상의 내용을 종합하면, 사비도성의 거민구의 경우 사비 도읍기 문화층의 수로 볼 때, 부소산을 중심으로 한 남쪽 일대의 개발이 먼저 이루어졌으며, 사비 도읍기 말까지 지속되었음을 알 수 있다. 또한, 일부 저지대는 백제 사비기에만 주거 공간으로 활용되다가 그 이후에는 수전 경작지나 늪지로 남아 사용되지 않는 공간으로 유지되었음이 확인된다. 백제 사비기에는 부소산에서 남쪽으로 갈수록 개발 시점이 늦어지는 양상을 확인할 수 있다.

다만, 구릉성 산지의 남사면 끝자락은 여러 겹의 백제 문화층으로 보아 비교적 이른 시기부터 개발된 사실을 알 수 있다. 하지만 그 남쪽으로 갈수록 유구의 밀도가 현저히 낮아져 주거 공간으로서의 개발이 전면적으로 이루어지지는 않았을 것으로 보인다.

한편, 백제 사비 도읍기의 주거 공간은 조선시대 마을이 형성된 지역과 더불어 금성산 이북의 소하천 충적지까지 적극적으로 개발되었음을 알 수 있다. 이러한 나성 내부 공간의 중심지는 쌍북리 421-2 유적이나 화지산 유적과 같이 산지 및 남사면 구릉부에 존재하였음을 유구 분포와 출토 유물을 통해 유추할 수 있다. 그리고 그 중심은 조선시대 후기 부여현 마을의 중심지와 유사하다.

3) 생산시설 공간

나성 내부에서 확인된 생산시설로는 금속 공방 관련 유적, 토기 가마, 기와 가마 등이 있다.

먼저, 기와 가마는 정림사지 동편, 동남리, 쌍북리 등에서 보고되었다. 정림사지 동편의 기와 가마[132]는 정림사지 축조와 관련된 유적으로, 나성 내·외부 사찰 인근에서 확인되는 기와 가마터들과 연관하여 사찰 한 곳과 가마 한 곳의 관

---

132) 定林寺址試掘調査團, 1990, 『扶餘 定林寺址 隣接地域 試掘 槪報』(국립부여문화재연구소, 2011, 『扶餘 定林寺址 發掘調査 報告書』, 53쪽 재인용).

계성을 엿볼 수 있다. 쌍북리 기와 가마터는 1941년과 2015년 조사로, 조업이 이루어진 지하식 등요(登窯) 1기와 조업이 이루어지지 않았거나 미완성된 가마 2기가 확인되었는데, 7세기 전반대에 운용된 소규모 요지[133]임이 밝혀졌다. 동남리 631번지에 있는 동남리 기와 가마터는 1963년 초에 3기가 확인되어 그중 1기가 경사 35도의 동향한 등요[134]로 확인되었다.

토기 가마는 1990년 궁남지 제1차 조사에서 조사[135]되었으며, 중정리 85번지 일원의 산지 끝자락 발굴에서는 6세기를 중심 연대로 하는 토기 가마 2기가 조사[136]되었다. 이 가마에서는 심발형토기(深鉢形土器)와 뚜껑, 호가 확인되어 일상 생활 용기가 제작되었음을 알 수 있다.

이처럼 나성 내부에서는 토기와 기와를 생산했던 가마터가 확인되고 있지만, 나성 외부의 생산시설과 같이 대규모로 형성되지 않아, 소규모의 생산지였던 것으로 볼 수 있다. 즉, 소규모이면서 단기간에 기와 및 토기를 생산하기 위한 소규모의 생산시설이 나성 내부 곳곳에 들어서 있던 것으로 판단된다.

한편, 금속 공방 관련 유구의 분포 양상은 이와는 다른 모습을 보여 주목된다. 즉, 쌍북리 일원은 나성 내부의 동북부인데, 이곳은 다른 곳과는 다르게 금속제품을 만드는 공방과 관련된 유구와 유물이 다수 출토되었다. 관련 유구로는 고화도를 낼 수 있는 노(爐) 시설과 유물로는 금속을 녹이는 용기인 도가니, 금속제품 마연에 사용하는 숫돌 등이다. 그리고 이곳의 금속 관련 공방 시설물은 물의 공급을 쉽게 받을 수 있는 충적지뿐만 아니라 쌍북리 두시럭골 유적[137]처럼

---

133) 한국전통문화대학교 고고학연구소, 2017, 『부여 쌍북리요지』, 31~36쪽.

134) 서성훈, 1979.5, 「부여지방의 백제유적」, 『박물관신문』 93.

135) 신광섭 외, 1993, 「부여 궁남지 제2.3차 발굴조사개보」, 『고고학지』 5, 191쪽 재인용.

136) 충청남도역사문화연구원, 2008, 『부여 중정리(85·86-3번지)백제토기가마 및 통일 신라수혈주거지 유적』.

137) 충청문화재연구원, 2008, 『부여 쌍북리 두시럭골 유적』.

금성산의 북향한 사면에도 존재하고 있다. 즉, 이 일대가 면(面)으로 금속 공방단지였을 가능성을 유추할 수 있다는 점이다. 그리고 이 쌍북리 일원은 사비도성 초기 관북리 일원의 왕실공방과 대비되는 관영공방지구[138]로 추정되며, 일각에서는 백제 22부사 중 외경부와 연결[139]짓기도 한다.

표 4. 쌍북리 일원 금속 공방 관련 유적 현황표

유적명	주요 유구	주요 출토유물
쌍북리 북포 유적	도로 등	제첨축, 목기, 기대, 도가니 1점 등
쌍북리 280-5 유적	도로, 건물지 등	목간, 목기, 철못 다수, 도자, 도가니 3점, 숫돌 등
쌍북리 현내들 유적	도로, 건물지, 제방 등	목간, 도가니 4점, 기대 등
쌍북리 184-11 유적	공방시설, 도로, 건물지 등	목간, 도가니 14점, 숫돌 등
쌍북리 56 유적	노시설, 도로, 건물지, 우물 등	목간, 목기, 도가니 13점, 숫돌, 금속제품 등
쌍북리 154-10 유적	건물지, 저수지, 우물 등	목간, 목기, 도가니 9점, 깃대꽂이 등
쌍북리 201-4 유적	건물지, 구상유구 등	목간, 도가니 2점 등
쌍북리 173-8 유적	건물지, 목책, 청동 용해로	목간, 도가니 41점, 숫돌 다수, 금속제품 등
석목리 143-16 유적	노시설, 건물지, 도로 등	목간, 쇠솥, 도가니 16점, 숫돌 27점 등

이처럼 나성 내부에서도 생산 시설지들이 공간을 달리하여 확인되었다. 특히 금속 공방지는 쌍북리 일대를 면으로 구분할 수 있을 정도로 넓은 공간에서 확인되었다. 이러한 기능적 공간 분할이 사비도성의 5부와 연관되어 존재했음을 유추할 수 있으나, 현재로서는 그 이상의 논의를 진전시키기 어렵다. 향후 다양한 관점을 통해 이 공간 구분에 대한 이해의 폭이 넓혀져야 할 것이다. 그리고 토기와 기와 생산 시설지는 지속적인 단지가 조성된 것으로 보이지 않는데, 이는 대규모의 생산 시설지가 주로 나성 외부에 조성되었기 때문으로 판단된다.

---

138) 백제고도문화재단, 2019, 『부여 석목리 143-16번지 유적』, 314~315쪽.

139) 이병호, 2023, 「부여 쌍북리 56번지 목간의 제작시기와 유적의 성격」, 『목간과 문자』 30; 이화영 외, 2024, 「사비도성 내 수공업 공방의 양상과 외경부」, 『호서고고학』 59.

그림 23. 나성 내부 쌍북리 일원 추정 관영공방지구 위치도

3. 나성

우리나라에서 외곽을 최초로 구현한 도성이 사비성이며, 그 실증자료가 6.6 km에 걸쳐 있는 성채인 부여 나성이다. 나성은 도성의 나성 내부 공간의 한계를 나타내지만, 왕권의 권위를 상징[140]하기도 한다. 따라서 도성 사방에 축조됨이 보편적이나, 현재까지 그 흔적이 동쪽과 북쪽 외곽에서만 확인된다. 이는 도성의 서쪽과 남쪽은 해자 역할을 하는 금강이 흐르기 때문으로 이해[141]된다.

부여 나성은 1990년대부터 현재까지 40여 차례 발굴조사를 하여 흙을 판축

---

140) 李元根, 1981, 『三國時代 城郭 研究』, 단국대학교 박사학위논문, 247쪽.

141) 심상육, 2019, 「부여의 백제왕도 핵심유적」, 『백제왕도』, 59쪽.

하듯 쌓은 체성에, 흙의 단점을 보완해 외면은 석축으로 마감한 구조로 확인되었다.[142] 외면의 석축은 장방형으로 제단된 돌로 '品'자형 쌓기하고, 성벽 높이 5m가 넘고, 너비는 20m 정도이며, 체성의 단면은 외측 70°와 내측 20~30°의 경사에, 체성 상부는 5m 이상의 평탄면을 갖춘 제형이다. 성벽은 구릉의 경우 지형에 따른 사행곡선이고, 평지는 일직선으로 조영되어 있다.

한편, 나성은 산지와 평지 그리고 소하천(왕포천과 석목천) 등을 거쳐 축성되어 제방 축조기법 중 연약지반을 단단하게 해 주는 부엽방식과 지정말뚝, 흙 치환법 등이 채택되어 사용되었음이 확인[143]되었다. 그리고 나성의 체성 외면에 이용된 돌은 화강암류가 다수이고, 적색의 변성암류도 상당량이 나성에 사용된 것으로 확인되었는데, 이 돌은 사비성의 남동편 인접 행정단위인 진악산성(석성면 일대)에 넓게 분포[144]하고 있어, 인접 군·성에서 자재를 조달하였음을 추정할 수 있다.

나성에는 여러 개의 문지가 보고되었는데, 백제 사비기에만 사용된 나성의 문지는 조선시대까지 이용된 길과 연관된다. 즉, 북나성과 동나성이 만나는 곳은 이전부터 문지로 추정[145]되어 오던 곳으로, 부여와 공주를 연결한 교통로가 지나고, 그 주변인 부여 정동리 506-2·3번지 유적[146]에서는 백제 사비기의 도로시설이 확인되었다. 그리고 사비도성의 정문인 동문지(동나성 3문지)는 현재 부여와 논산을 연결한 부여 왕릉원(능산리고분군) 남편에 동-서로 있으며, 현재는 사용

---

142) 이에 대하여 박태우는 토축으로 만들어진 나성 성벽이 6세기 말 어느 시기에 석축성벽이 덧붙여진 것으로 이해(朴泰祐, 2007, 「백제 사비나성 축조에 대한 검토」, 『호서고고학보』 16)하기도 한다.

143) 충남대학교 백제연구소, 2003, 『사비도성』, 211쪽.

144) 심상육 외, 2014, 「부여 동나성 2문지 발굴조사의 의의」, 『百濟文化』 51.

145) 洪再善, 1981, 「百濟 泗沘城 硏究 -遺物과 遺蹟을 中心으로-」, 東國大學校大學院 碩士學位請求論文.

146) 한국문화재재단, 2015, 『부여 성동리 506-2·35번지 유직』.

되지 않고 있는 부여읍(사비도성)과 석성면(진악산성)을 연결하는 군들고개에도 문터(동나성 4문지)가 있다. 이밖에 동나성 중 능산리산 정상에서는 문지가 발굴되었으며, 이곳은 청마산성 서문지로 연결된다.

나성에서 가장 중요한 점은 사비도성의 틀로 도성의 기획성을 엿볼 수 있다는 것이다. 즉, 나성의 동문이 나성 내부 공간을 남북으로 이등분하는 위치에 설치되었다는 점과, 동문지 외곽에 능산리사지와 부여 왕릉원이 배치되어 있다는 점이 이를 더욱 명확하게 보여준다.[147]

이러한 나성의 초축 시기는 사비성의 왕궁구와 마찬가지로 사비 천도 이전에 만들어졌을 것으로 이해된다. 다만, 우리말의 음(音)이 유사하다는 이유로 청산성(靑山城)을 각산성(角山城)으로 비정하여 나성의 축조 연대를 605년으로 보았으나, 그 근거가 무너져 현재는 받아들여지기 어렵다.

다나카 도시아키(田中俊明)은 나성 축조가 단계적으로 이루어졌으며, 동나성과 북나성은 천도 이전에, 서나성과 남나성은 사비 천도 이후 목책 등으로 구축[148]되었을 것으로 이해했다. 또한 이남석은 백제 후기 사비도성의 경관이 538년 천도 이후 약 120년간 점진적으로 완비되었고, 나성 역시 능사 부근을 내만하게 설치한 점, 동문지 부근 성체 하단에서 선행 유구가 확인된 점 등을 근거로 나성이 사비 천도 후, 적어도 능사보다 늦은 위덕왕대에 축조[149]되었다고 보았다.

나성의 석축 성채는 앞에서 언급한 것과 같이 현재 북쪽과 동쪽 외곽만 확인되어 동나성과 북나성만 구축된 것으로 이해된다. 하지만 서쪽과 남쪽 외곽에도 경계 역할을 하는 시설이 있었을 것으로 여겨지며, 대체로 자연적인 금강이 그 역할을 했다고 본다. 또한 남쪽과 서쪽은 독립 구릉성과 소택지(沼澤地)로 경계를

---

147) 심상육, 2019, 「부여의 백제왕도 핵심유적」, 『백제왕도』, 63~64쪽.

148) 田中俊明, 1990, 「王都로서의 泗沘城에 대한 豫備的 考察」, 『百濟研究』 21.

149) 李南奭, 2014, 「사비도성의 경관과 나성의 축조배경」, 『百濟文化』 50.

구축[150]하거나, 목책을 설치[151]하여 방어했을 것으로 이해하기도 했으나, 그 실체는 아직 확인되지 않았다.

　앞에서 언급한 것처럼 사비 천도 이후 나성이 도시 확대 과정에서 축조되었다는 연구 결과[152]도 있지만, 필자는 인정하기 어렵다. 왜냐하면, 현재까지 수십 차례의 발굴을 통해 나성 성채 하부에 선대(先代) 웅진기 이전의 유구가 존재함이 북나성 구간[153]에서 확인되었기 때문이다. 이곳에서 확인된 선행 유구는 원통형 등의 형태로 구축된 지하식 저장 창고 시설인 원형 수혈로, 출토 유물을 통해 한성기 말~웅진기 초로 편년[154]하고 있다. 또한 이 선대 유구와 나성 토축부 내부 출토 삼족기 등(그림 24 위쪽 나성 축조 기반 조성층 출토유물과 풍화암반층 기반 수혈유구 출토유물의 삼족기와 뚜껑)을 통해 사비기의 유물이 확인되지 않았기 때문에 나성 축조시점을 사비기 전인 웅진기 말로 볼 수 있으며, 나성 주변부에서 출토된 유물이 한성기 말로 판단되는 합이나 웅진기의 삼족기, 6세기 전반의 무령왕릉 묘전(墓塼), 6세기 중반경의 '북나성' 명문석과 벼루편 등이 발견되어(그림 24 아래), 나성의 사용 시기는 사비 도읍기로 볼 수 있다. 따라서 사비성의 왕궁구와 마찬가지로 사비 천도 전에 만들어졌다고 보는 것이 타당하다고 필자는 판단하고 있다.

　한편, 사비도성와 관련된 경계 시설에는 부소산성도 포함된다. 즉, 기존의 도피성(逃避城)으로 인식한 것과 같이 부소산성 성벽을 따라 설치된 수조(水槽)와 다수의 무구(武具) 그리고 성채는 이를 잘 보여준다. 그리고 이러한 경계 시설에는

---

150) 洪再善, 1981, 「百濟 泗沘城 研究 -遺物과 遺蹟을 中心으로-」, 東國大學校大學院 碩士學位請求論文.

151) 田中俊明, 1990, 「王都로서의 泗沘城에 대한 豫備的 考察」, 『百濟研究』 21.

152) 李南奭, 2014, 「사비도성의 경관과 나성의 축조배경」, 『百濟文化』 50.

153) 부여군문화재보존센터, 2013, 『부여나성 북나성』 I , 25~31쪽.

154) 백제고도문화재단, 2014, 『부여나성 북나성』 III.

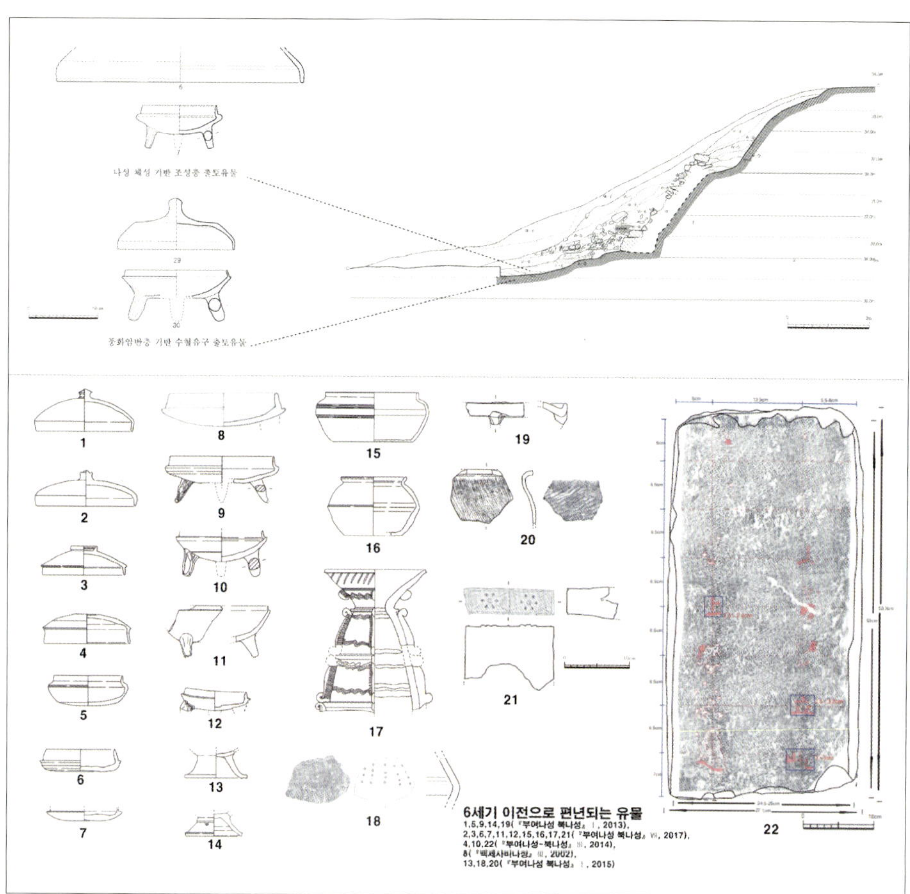

그림 24. 나성 축조 관련 유물

청마산성, 가림성, 석성산성 등도 포함되며, 나성 내부인 도성을 감싸고 위치한 소규모 산성도 도성의 경계용 성으로 이해[155]되고 있다. 다만, 이 산성들은 대부분 지표 조사만 이루어져 정확한 운용 시기가 명확하지 않다.

---

155) 김영심, 2000, 「사비도성의 행정구역편제 -王都 5部制의 시행-」, 『사비도성과 백제의 성곽』.

4. 나성 외부 공간과 인접 군 · 성[156]

사비성의 나성 밖으로는 주장산성, 울성산성, 부산성, 장암산성, 이중산성, 이목치산성, 전(傳)우두성, 구봉산성, 봉황산성, 반산성, 월구리성, 나복리성, 미녀봉산성, 사자봉성, 증산성 등이 있다.[157] 그리고 백제 사비기 당시 인접 군 · 성에 배치된 성으로는 가림군과 관련된 가림성, 점상리산성, 대흥산성, 만지산성, 토정산성, 시랭이산성이며, 진악산현과 관련된 성은 석성산성과 파진산성이고, 대산현의 성으로는 북촌리산성, 논치산성 등이다.

이처럼 나성 외부 지역과 인근 군 · 성 지역에 배치된 성곽을 사비성의 구조에 비추어 보면, 협의(狹義)의 의미에서 사비도성의 외형을 구성한 듯한 부소산성과 나성이 있고, 이 공간 바로 동쪽에 청마산성이 있으며, 인접 군 · 성에 가림성과 석성산성 등이 배치되어 있다. 그리고 소규모의 산성이 나성 외부에 밀집된 모습을 보인다. 이러한 양상은 나성 외부 및 내부에서 발생하는 사건을 방지하기 위해 배치되었을 것으로 여겨진다. 즉, 도성 인접 군 · 성의 치소성(治所城)인 가림성과 석성산성 등은 사비성의 1차적 외부 방어 시설로 판단되며, 도성의 최후 방어 시설은 나성과 부소산성, 그리고 9km가 넘는 청마산성으로 판단할 수 있다. 또한, 최후 방어 시설과 1차적 외부 방어 시설 사이에 있는, 나성 외부를 점으로 에워싼 소규모 산성들은 평상시 경계 초소와 같은 임무를 수행했을 것으로 볼 수 있다.

이러한 외곽과 산성에 의해 공간이 구분된 사비성에서 나성 외부의 공간에서

---

156) 다음 글(심상육, 2019, 「부여의 백제왕도 핵심유적」, 『백제왕도』)을 수정하였음을 밝힌다.

157) 부여관내의 산성분포는 다음의 글(충남대학교박물관, 1998, 『문화유적분포지도 부여군』; 부여군문화재보존센터, 2008, 『부여군 산성 문화재 지표조사(1차) 보고서』; 심상육, 2019, 「사비기 부여 성곽에 사용된 석재 치석 · 축조」, 『백제 건축, 치석과 결구를 보다』)을 참고하였다.

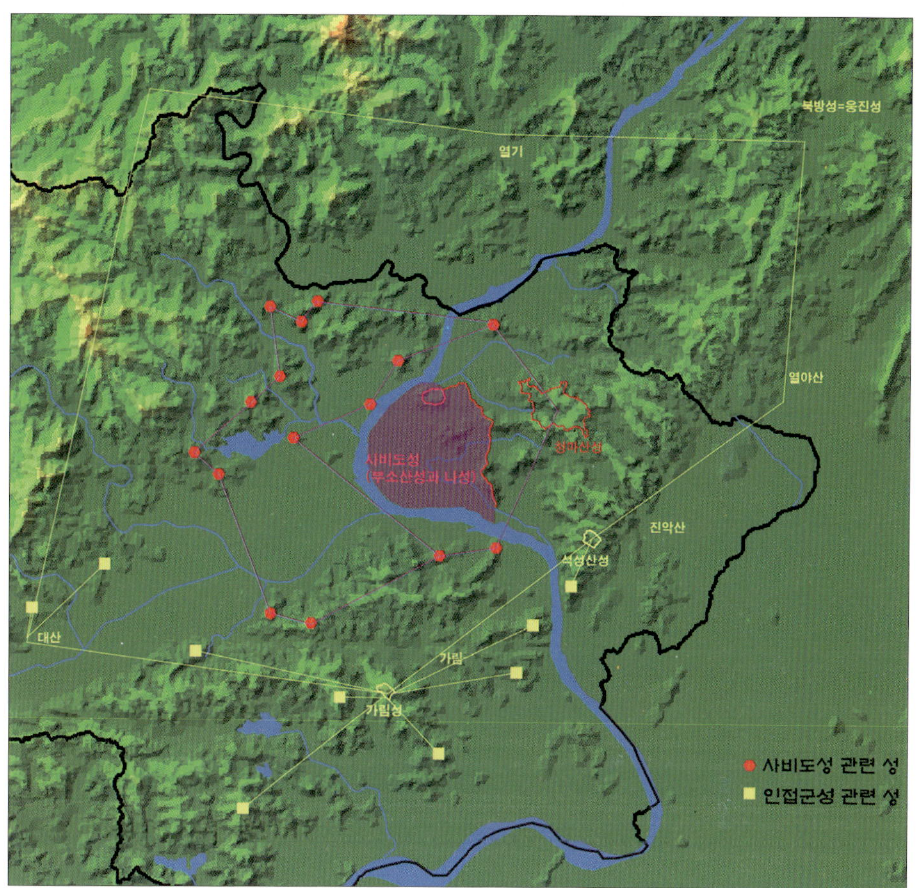

그림 25. 사비성 성곽 배치 현황도(심상육, 2022, 「사비도성의 방어체계」)

부여 왕릉원, 즉 능산리 고분군은 백제 사비기 왕의 무덤군임이 분명하다. 이 왕릉원이 위치한 곳은 나성 바로 바깥이며, 나성의 외곽과 왕릉군 사이에는 왕릉의 수묘 및 의례 공간으로 추정[158]되는 능산리사지가 자리하고 있다.

　일반적으로 왕의 무덤은 도성의 구조에 따라 위치가 결정된다. 계획 도시인

---

158) 신광섭, 2006, 『백제 사비시대 능사 연구』, 중앙대학교 박사학위논문.

사비성의 왕릉 역시 사비도성의 틀에 맞춰 자리 잡았을 것으로 보이며, 나성이 왕릉 위치를 정하는 기준이 되었을 것이다. 이는 경외매장의 개념에 따라 사비 도읍기 왕릉에 적용[159]되었기 때문이다.

이처럼 왕릉원은 도성의 조영 원리인 경외매장에 따라 외곽 바로 바깥에 조성되었다. 또한, 왕릉 이외의 사비성 분묘 체제도 매장의 계층성을 잘 보여준다. 이는 나성과 가장 가까운 곳에 왕의 사후 공간을 마련한 후, 그 동쪽으로 왕족, 귀족, 관인 등 계층에 따라 매장지를 배치하였기 때문이다.

즉, 능산리 왕릉이 위치한 나성 동쪽은 동서 방향으로 연결된 해발 200m 이하의 구릉이 발달해 있으며, 백제 사비기 행정 구역이 바뀌는 진악산성 일대부터 '논산평야'로 불리는 넓은 평야가 펼쳐져 있다. 백제 사비기에는 무덤이 구릉의 남쪽 사면에 주로 배치되었으므로, 분묘 축조의 적지는 도성 동쪽의 구릉 남사면 일대였을 것이다. 이러한 지형적 여건에 따라 나성 동쪽 일대에는 상당량의 무덤이 조성되었다.[160] 또한, 나성 북쪽의 규암면 함양리, 합정리, 오수리 일대와 남쪽의 장암면 정암리, 장하리 일대에도 고분군[161]이 조영되었다.

부여 왕릉원은 중앙고분군 8기와 서쪽에 있는 서고분군, 그리고 동쪽에 있는 동고분군으로 구성되어 있다. 현재까지 확인된 고분은 넓은 면적에 비해 20여 기에 불과하다. 왕릉에 대한 발굴은 1910년대 고분군이 알려진 이래 여러 차례 이루어졌다. 1915년에는 쿠로이타 카츠미(黑板勝美)와 세키노 타다시(關野貞)가 중하총, 서하총, 중상총을 조사했고, 1917년에는 중앙고분군의 동하총, 동상총,

---

159) 山本孝文, 2005, 『韓國 古代 律令의 考古學的 研究』, 부산대학교 박사학위논문; 장재원, 2021, 「백제 사비도성의 범위」, 『호서고고학』 48.

160) 부여군, 2017, 『부여 능산리고분군의 조사와 기록』; 부여군, 2019, 『부여 능안골고분군 주변 백제고분 분포조사』; 서현주·이솔언, 2021, 「백제 사비도성 일대 고분의 분포양상과 의미」, 『한국상고사학보』 114.

161) 충남대학교박물관, 1998, 『문화유적분포지도 부여군』.

서상총과 서고분군을 발굴했다. 1938년에는 동고분군에 대한 조사가 있었으며, 1966년에는 중앙고분군의 제7호와 제8호가 긴급 조사로 확인되었다. 이후 서고분군은 2016년부터 2018년까지 재발굴되어 4기의 고분이 재조사[162]되었다.

나성 외부인 금강 남쪽의 부여군 장암면 하황리 산지 남사면에서는 1950년에 은제 관식이 출토된 무덤[163]이 수습 조사되었고, 1980년대에는 서쪽 장암의 정암리 고분군에서 분묘[164]가 조사되었다. 1983년에는 금강 바깥 서쪽인 부여군 구룡면 태양리에서 판석조의 석실분[165]이, 1991년에는 부여군 규암면 나복리에서 3기의 석실[166]이 조사되었다. 1995년에는 나성 동쪽인 부여군 부여읍 능산리의 능안골에서도 수십 기의 고분[167]이 조사되기에 이르렀다.

이처럼 사비성지의 나성 외부 공간에는 이미 경외매장의 흔적이 일찍부터 확인되었다. 앞서 언급한 것과 같이 최고 지배자의 묘역인 능산리 고분군(부여 왕릉원)은 나성 바로 바깥, 백제 사비기의 주요 교통로 주변에 놓여 있다. 그리고 이 도로를 따라 남사면에는 고분 밀집도에 차이가 나는 능안골 고분군과 염창리 고분군[168]이 분포한다. 이 능산리 일원은 나성의 동쪽이며, 이곳 북쪽(정동리 일원)과 남쪽(현북 · 염창리 일원)에도 고분군[169]이 존재한다.

백마강 남쪽인 장암면 일원은 백제 당시 나성 내부의 남쪽이며, 장암면 상황리에서 은화관식이 출토되고, 왕림마을의 조천혁 묘소가 왕릉으로 전해[170]지듯,

---

162) 부여군, 2017, 『부여 능산리고분군의 조사와 기록』.

163) 洪思俊, 1995, 「부여 하황리 백제고분 출토유물」, 『백제사논집』, 60쪽.

164) 國立扶餘博物館 · 國立公州博物館, 1981, 『扶餘 亭岩里古墳群』.

165) 李康承 · 申光燮, 1983, 「扶餘 太陽里 百濟 古墳一例」, 『百濟文化』 15.

166) 國立扶餘文化財研究所, 1993, 『扶餘 羅福里古墳群』.

167) 國立扶餘文化財研究所, 1998, 『陵山里』.

168) 公州大學校博物館, 2003, 『鹽倉里古墳群』.

169) 부여군, 2019, 『부여 능안골고분군 주변 백제고분 분포조사』.

170) 洪思俊, 1995, 앞의 논문; 임병고, 2012, 「상황리 왕총이 백제왕릉일까?」, 『부여저널』.

다수의 고분군이 남아 있다. 그리고 이 고분군들에 관한 구체적인 내용은 정암리고분군의 발굴조사를 통해 확인되며, 단면이 마치 홍예를 띠는 사비도읍 초기 할석조의 터널식석실도 확인[171]되었다.

백마강 너머, 서쪽은 평야로 연결되는 곳으로 나복리고분과 태양리, 반산리[172] 등지에서 무덤이 조사되었다. 그리고 백마강 너머에 있는 북쪽은 왕흥사지가 들어선 곳으로, 얼마 전 대단위 건축공사(백제문화단지 조성부지, 한국전통문화대학교 조성부지, 고령친화모델 조성사업부지, 롯데 골프장 조성부지)가 이루어지면서 오수리와 합정리 일대에서 다수의 분묘가 확인[173]되었다. 특히, 왕흥사지 옆인 호암리 문냉이골 고분군에도 장대석과 장판석을 조립해서 만든 석실이 존재[174]하여, 나성 내부 공간에는 무덤이 조영되지 않은 점과 대조를 이루고 있다.

이처럼 나성 내부 바깥 사방은 백제 사비기 당시 죽은 사람을 위한 공간으로 활용되었음이 널리 알려진 사실이다. 물론 나성 내부 수 곳에서 당시 사용하던 토기 등을 재활용하여 만든 옹관묘 및 화장묘로 보고된 분묘 시설[175]이 존재한다.

그러나 이 분묘 시설은 공개적인 의례 행사가 수반되지 않아도 만들 수 있는 비교적 간단한 매장 시설이므로, 그 당시 비공식적인 분묘로 볼 수 있으며, 이를 경외매장이 지켜지지 않았다는 근거로 삼기는 어려워 보인다.

---

171) 20호분이 터널식이다(國立扶餘博物館·國立公州博物館, 1981, 「扶餘 亭岩里古墳群」).

172) 백제고도문화재단, 2017, 『부여 규암면 반산리 71번지 백제유적』.

173) 부여군문화재보존센터, 2013, 『부여 합정리 갱고개유적』; 한얼문화유산연구원, 2013, 『부여 오수리 큰덕골 오실골 유적』; 충남발전연구원, 2003, 『부여 합정리』Ⅱ; 서울문화유산연구원, 2019, 『부여 합정리 369 유적』.

174) 國立扶餘文化財研究所, 2003, 『扶餘 百濟古墳 地表調査 報告書』Ⅲ.

175) 동남리 326번지 유적(부여군문화재보존센터, 2013, 『부여 동남리 326번지 유적』)에서 옹관묘가, 쌍북리 전4번지(姜仁求, 1975, 「百濟의 火葬墓3」, 『百濟文化』7·8)에서 화장묘의 흔적인 장골용기가 확인된 예가 있다.

한편, 사비성의 나성 외부 공간은 시간의 흐름에 따라 변화가 감지된다. 처음에는 분묘 매장 공간이 아니었던 곳이 분묘 공간으로 바뀌는 모습이 확인되는데, 특히 저장 공간이 매장 공간으로 변화된 사례가 있다. 이는 나성 외부 공간 중 서북쪽인 부여군 규암면 합정리 갱고개 고분군 발굴[176]에서 확인되었다. 즉, 유적에서는 처음에는 저장 시설인 원형수혈이 들어섰다가 7세기 이후에는 무덤 공간으로 조성되었다. 이는 나성 외부의 인접 공간이 생산물의 저장 공간에서 죽은 자의 매장 공간으로 변화했음을 보여준다. 이러한 점은 처음에는 경계 시설로 개발되었던 청마산성 내부에 어느 시점부터 고분이 들어서게 된 현상[177]과도 연관되는 것으로 보인다. 이는 도성민의 매장 공간에 대한 수요가 점차 증가했고, 나성 외부 공간이 분묘지로 이용되었음을 방증한다.

앞서 살펴본 바와 같이 나성 내부 공간에서도 기와나 토기를 생산했던 곳이 조사되었지만, 그 규모는 크지 않았다. 그러나 나성 밖 남쪽 금강 변에 있는 장암면의 정암리에서는 1988년에 대규모 기와 생산 시설[178]이 조사되었다. 이와 함께 나성 외부, 특히 금강 변을 따라 북쪽부터 왕진리, 정동리, 왕흥사지, 현북리 기와 가마터가 존재[179]하며, 정암리, 왕흥사지, 왕진리 기와 가마는 발굴조사를 통해 대규모의 와전 제품이 생산되었고, 여기서 생산된 와전이 나성 내·외부

---

176) 부여군문화재보존센터, 2013, 『부여 합정리 갱고개유적』.

177) 즉, 청마산성은 사비성의 계획에 의해 사비천도 시점에 축조되어 운용되었지만, 이후 둘레 9km 넘는 백제 최대의 성곽을 지속적으로 유지할 수는 없었던 듯하다. 그래서 청마산성의 바로 남편인 부여 능산리 일원의 고분군의 고분 밀집도가 높아지면서 청마산성 내부에도 서서히 매장공간으로 변모하기 시작한 듯하다. 그리고 매장지는 대체로 능산리 일원의 고분군과 청마산성 남성벽 쪽의 문지 주변 등에서 확인되고 있다. 고분군의 분포는 다음 보고서(부여군, 2019, 『부여 능안골고분군 주변 백제고분 분포조사』)가 참고된다.

178) 國立扶餘博物館, 1988, 『扶餘 亭岩里 가마터』Ⅰ.

179) 국립부여박물관, 2008, 『백제 절터와 가마터 지표조사 보고서』.

곳곳으로 공급되었음이 확인되었다.

백제 사비기의 기와 생산은 두 가지 유형으로 볼 수 있다. 첫째, 생산과 수요가 각 1개소에 해당하는 정림사와 와요, 왕흥사와 와요, 능사와 와요[180] 등이 있다. 이는 개별 건축물에 올릴 와전을 건축지에서 제작한 사례로 보인다.

둘째, 생산은 한 곳에서 이루어지고 다수의 수요처에 공급되는 정암리 와요, 정동리 와요, 왕진리 와요, 현북리 와요 등이 있다. 후자에 해당하는 와요 공방은 대량 생산을 위한 시스템으로 이해된다. 나성 외부 지역에 있는 이러한 대량 생산 기와 공방은 사비기의 연대기적 흐름이 정동리 요지 → 정암리 요지 → 왕진리 요지 → 현북리 요지로 생산지가 이동했음을 '대통사식 와당' → '정암리식 와당' → '현북리식 와당(7엽 연화문 수막새)'을 통해 엿볼 수 있다(그림 26).

한편, 백제 사비기 토기 요지에 대한 발굴 사례는 많지 않다. 다만, 청동기 시대 유적지로 잘 알려진 부여 송국리 일원 발굴에서 토기 가마와 다수의 토기편이 폐기된 수혈[181] 등이 확인되어 사비기의 토기 생산을 추론할 수 있다. 나성 내부의 여러 유적에서 '자배기' 기종의 몸통 및 구연부 조각이 상당수 발견되는데, 이와 같은 자배기편이 송국리 일원에서도 나성 내부와 유사하게 출토된다. 이는 송국리 일원에 백제 사비기에 토기를 대규모로 생산했던 가마가 존재했을 가능성을 보여주는 사례로 판단된다. 그런데 이러한 양상은 백제 사비기 기와 가마가 주로 강변에 위치하는 것과는 다른 양상이어서 주목된다.

즉, 토기 가마는 육로로 연결되는 곳에 존재했는데, 이는 기물의 속성 및 양 때문으로 판단된다. 일시적으로 대량 생산되어 사용되어야 하는 와전류는 적극적인 수로 이용이 가능한 강변을 따라 생산지가 위치했던 것으로 보이며, 파손

---

180) 한국전통문화학교 고고학연구소, 2011, 『부여 능산리사지 제11차 발굴조사 보고서』.

181) 3기의 토기가마(한국전통문화대학교 고고학연구소, 2011, 『송국리 -부여 송국리유적 제12·13차 발굴조사-』 Ⅶ)가 보고되었고, 다량의 토기는 國立中央博物館, 1991, 『松菊里』Ⅳ에 수록되어 있다.

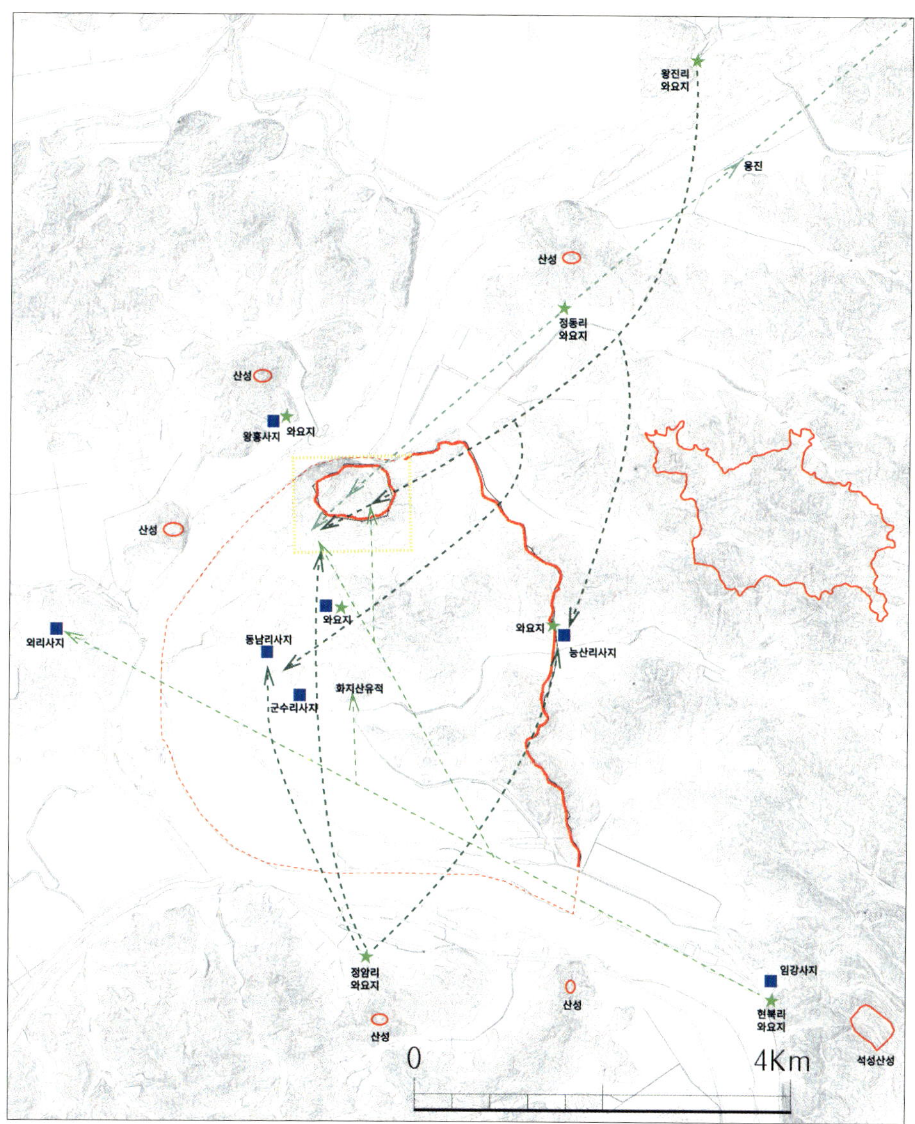

그림 26. 사비성 기와 생산 및 수급 관계도

되기 쉬운 토기의 경우 육로로 이동해도 무방하여 육로 연결 지점에 생산지가 있었을 것으로 추정된다. 청양 학암리 토기 가마에서 생산된 기대[182]와 유사한 것이 나성 내 부여 석목리 143-16 유적에서 출토되는 것이 이를 뒷받침[183]한다.

이처럼 나성 내부의 생산 시설은 주로 금속 공방 위주였으며, 기와와 토기는 소규모로 생산되었던 반면, 나성 외부 지역과 인접 군·성 지역은 나성 내부에 사용될 기와와 토기를 대량으로 생산하는 곳으로 활용되었을 것으로 예측된다. 이와 연관되어 식량 자원 역시 노화리[184]와 정동리[185] 등지의 충적대지에서 백제 사비기 식량 생산 유적이 확인되어, 나성 외부 공간이 식량 확보를 위한 생산지로도 활용되었음을 알 수 있다. 그리고 이러한 생산 시설지의 경계와 보호를 위해 소규모의 산성들이 사비성의 나성 외부 공간에 분포[186]했던 것으로 여겨진다.

---

182) 충청남도역사문화원, 2006, 『청양 학암리·분향리유적』.

183) 백제고도문화재단, 2019, 『부여 석목리 143-16번지 유적』, 333~334쪽.

184) 충남대학교 백제연구소, 2004, 『부여 구봉·노화리 유적』.

185) 충청문화재연구원, 2008, 『부여 정동리 오얏골·꿩바위골 유적』.

186) 심상육, 2019, 「사비기 부여 성곽에 사용된 석재 치석·축조」, 『백제 건축, 치석과 결구를 보다』.

V.

도성 건설과 확장

1. 새로운 중심, 사비도성 축조[1]

백제의 사비 천도에 대해서는 동성왕 추진설, 무령왕 추진설, 성왕 단행설 등 여러 학설이 제기[2]되고 있으나, 이는 웅진기에 백제 전통에 구애받으면서도 중국 남조(南朝)의 건강성(建康城)을 모델로 삼아 계획적으로 조성한 도성[3]에 538년 단행된 것으로 파악된다. 이 시기는 우리나라에서 고대 왕국의 중심이 왕성(王城)에서 도성(都城)으로 변화하는 과도기[4]이기도 하다. 따라서 도성 축조에는 상당한 기간이 소요되었을 것으로 추정된다.

이는 일본 역사에서 후지와라쿄(藤原京)가 676년 신시로(新城)에 도읍 건설을 공포함과 동시에 경작을 금지하고, 680년 야쿠시지(藥師寺)가 조방(條坊) 구획에 맞추어 조성되었으며, 682년 지형 시찰이 이루어진 이후 684년에 도성의 중심인 궁실의 부지가 선정된 것에서 알 수 있다. 이후 690년 천황의 시찰, 699년 타이쿄

---

1) 다음의 글(심상육, 2023, 「사비도성의 축조시기」, 『백제 성왕의 사비천도와 도성축조』, 48~55쪽)을 수정 · 보완하였음을 밝힌다.

2) 정재윤, 2018, 「사비 천도의 배경과 시행 과정에 대한 고찰」, 『선사와 고대』 55, 41쪽.

3) 田中俊明, 1990, 「王都로서의 泗沘城에 대한 豫備的 考察」, 『百濟研究』 21.

4) 이병호, 2008, 「사비도성과 경주 왕경의 비교시론」, 『신라문화제 학술논문집』 29; 洪再善, 1981, 「百濟 泗沘城 研究 -遺物과 遺蹟을 中心으로-」; 여호규, 2007, 「三國時期 都城史 研究의 현황과 과제」, 『역사문화연구』 26, 150쪽.

쿠덴(大極殿), 701년 초도인(朝堂院), 703년 회랑이 축조되고 704년에 후지와라쿄의 완공이 선포되기까지 약 30년이 소요되었다. 또한, 시기적으로는 상당한 간극이 있지만, 조선의 행궁인 화성(華城)이 축성 계획에 대한 논의가 진행된 이후 1791년 정약용에게 명을 내려 1792년 성곽 계획안을 작성하고, 1793년 12월 현지를 답사하여 1794년 성토 기초 다짐을 시작했으며, 1796년 10월 전체가 준공되기까지 5년이 조금 넘는 시간이 걸렸던 것과 연관하여 이해할 필요가 있다.[5]

즉, 짧게는 수년에서 길게는 수십 년의 준비 과정을 거친 후 천도가 계획에 따라 이루어진다는 점이다. 특히, 백제는 475년의 뜻하지 않은 웅진 천도 이후 538년에야 다시 사비로 천도한 상황이므로, 천도 계획 및 신도 조영이 상당히 진행된 상태에서 단행되었음을 쉽게 짐작할 수 있다.

현재의 수도 이동도 상당한 난제가 있듯이, 백제 당시에도 천도에는 많은 어려움이 있었을 것이며, 도읍지 선정은 가장 어려운 문제였을 것이다. 웅진에서 사비로의 천도는 사비 지역이 다른 곳에 비해 힘이 센 세력이 부재한 공백지였다는 연구처럼, 백제 한성기 말부터 웅진기까지 이 일대에 큰 세력은 없는 상태[6]였다. 그나마 세력권을 유추할 수 있는 분강·저석리 고분군[7]도 약 8km나 떨어져 있다.

물론 세력이 전혀 없었던 것은 아니다. 화지산 유적[8], 가탑리 유적[9] 등에서 원삼국시대부터 한성기 말~웅진기로 이어지는 시기의 분묘와 생활 흔적이 확인

---

5) 곽종철 외, 2017, 「신라의 토목」, 『신라고고학개론』 上, 354~355쪽.

6) 이남석, 1997, 「웅진지역 백제유적과 존재 의미」, 『백제문화』 26, 47~51쪽.

7) 公州大學校博物館, 1997, 『汾江 楮石里遺蹟』.

8) 국립부여문화재연구소, 2002, 『부여 화지산유적 발굴조사보고서』, 156~158쪽; 백제고도문화재단, 2018, 『부여 화지산유적』, 172쪽.

9) 충청남도역사문화원, 2007, 『부여 가탑리유적』, 76~82쪽.

되었으며, 부소산의 고분[10], 쌍북리 329-1번지 수혈 주거지[11], 쌍북리 421-2[12], 부여 염창리 고분군[13] 등에서도 한성기 말부터 웅진기를 거쳐 사비 도읍 초기(성왕 대)까지의 분묘, 주거지, 지하 저장 시설 등이 확인되었다. 이는 사비 지역에 군소(群小) 세력이 지속적으로 생활하고 있었음을 보여주는 자료이지만, 다른 지역에 비해 두각을 나타낼 정도는 아니었음을 알 수 있다. 즉, 유력 집단 간의 힘의 공백지로 충분히 볼 수 있다(그림 27).

한편, 사비도성의 동북부인 쌍북리 421-2 유적인 야산 정상부부터 그 남쪽으로 연결되는 쌍북리 일원(조선시대에는 북포리)은 다른 지역과 차이점을 보인다. 쌍북리 421-2 일원에서는 백제 한성기에 제작된 광구단경호(그림 24-15)가 출토되었는데, 제작 시기는 5세기 중엽 이후[14]로 본다. 이와 관련하여 쌍북리 421-2를 백제 한성기 지방 지배 및 군사 거점 유적으로 평가[15]하기도 한다.

또한, 쌍북리 421-2 일원의 2015년 발굴조사에서 무령왕릉 축조에 사용된 것과 동일한 범(范)으로 제작된 연화문 묘전(그림 24-21)이 출토[16]되었다. 이러한 무령왕릉 묘전은 쌍북리 421-2 유적에서 북쪽으로 약 1.5km 떨어진 정동리 와요지에서도 확인되었다. 연화문 묘전은 이전부터 부여 정동리 와요지에서 생산된 것으로 이해[17]되고 있으며, 웅진기에 신도 조영을 위해 기와 생산이 6세기 초부

---

10) 국립문화재연구소, 1996, 『부소산성 발굴조사보고서』, 165~166쪽.

11) 백제고도문화재단, 2021, 『부여 쌍북리(329-1번지 일원) 진출입로 부지 내 유적』, 182쪽.

12) 백제고도문화재단, 2017, 『부여나성 북나성 -청산성 정상부 건물지 조사』 Ⅴ·Ⅵ, 34~38쪽.

13) 公州大學校博物館, 2003, 『鹽倉里古墳群』.

14) 백제고도문화재단, 2017, 『부여나성 북나성』 Ⅶ, 165쪽.

15) 박순발, 2018, 「백제 사비기 원락건물의 유형과 성격」, 『백제학보』 25, 115쪽.

16) 장성윤, 2025, 「과학적 분석을 통해 본 백제 웅진기 벽돌의 생산과 유통」, 『한국기와학보』 11, 21쪽.

17) 김성구, 1990, 「부여의 백제요지와 출토유물에 대하여」, 『백제연구』 21, 219쪽.

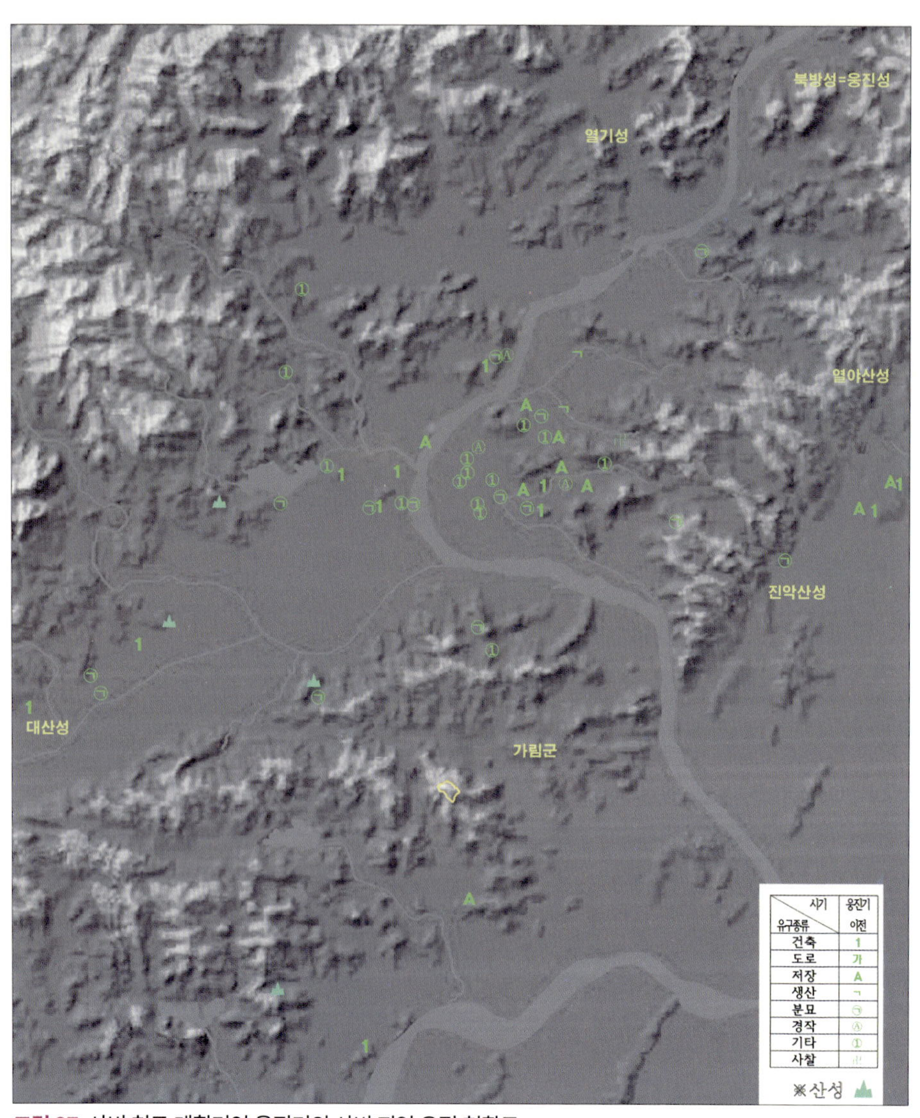

복방성=웅진성
열기성
열야산성
진악산성
대산성
가림군
사기
유구종류
건축
도로
저장
생산
분묘
경작
기타
사찰
웅진기 이전
※ 산성

그림 27. 사비 천도 계획기인 웅진기의 사비 지역 유적 현황도

터 사비지역에서 시작되었다[18]는 연구도 있다. 그리고 쌍북리 421-2의 구릉과 연결된 그 남쪽 일원의 유적에서는 5세기부터 6세기에 해당하는 유물이 상당수 출토되었는데, 특히 주목할 점은 가야와 신라계 토기이다. 사비도성지에서 출토되는 신라·가야계 토기는 쌍북리 525-1번지 유적[19], 정림사지[20] 등에서도 발견되지만, 대부분 쌍북리 421-2 유적을 포함한 그 남쪽의 쌍북리 329-1[21], 314-5[22], 329-3[23], 419-6번지 유적[24] 등이다(그림 28).

이 중 쌍북리 525-1 유적에서 출토된 대가야계 토기 뚜껑(그림 28-1)[25] 등은 사비 천도 초기에 가야와 백제의 긴밀한 교류를 뒷받침하는 자료로 평가[26]되어, 사비 천도 이후의 유물로 여겨진다. 쌍북리 329-3번지 유적에서 출토된 단각고배(그림 28-7)는 사비 천도 후인 6세기 중엽경으로 편년[27]되어, 사비 천도 이후 유입된 유물이 분명히 존재한다. 그러나 쌍북리 314-5번지 유적의 제2문화층 수혈유구 13호의 장경호 구경부 편(그림 28-6)[28]은 5세기 말에서 6세기 초의 유물로 편년[29]할 수 있어, 백제가 사비로 천도하기 전에 사비 지역으로 유입되었을 가능

---

18) 조원창, 2005, 「기와로 본 백제 웅진기의 사비경영」, 『선사와 고대』 23, 224~227쪽.

19) 국립부여문화유산연구소, 2024, 『부여 쌍북리 525-1번지 유적 발굴조사 보고서』.

20) 국립부여박물관, 2015, 『부여 정림사지』, 261쪽.

21) 백제고도문화재단, 2021, 『부여 쌍북리 (329-1번지 일원) 진출입로 부지 내 유적』.

22) 한국문화재재단, 2015, 『부여 쌍북리 314-5번지 유적』.

23) 가경고고학연구소, 2021, 『부여 쌍북리 329-3번지 유적』.

24) 한국문화재재단, 2021, 『부여 쌍북리 419-6번지 유적』.

25) 국립부여문화유산연구소, 2024, 앞의 보고서, 236쪽, 이상재 무늬가 있는 뚜껑으로 167 유물이다.

26) 김대영, 2020, 「부여 관북리 유적의 변천과정과 사비도성의 전개」, 『百濟學報』 34, 67쪽.

27) 가경고고학연구소, 2021, 앞의 보고서, 117쪽.

28) 한국문화재재단, 2015, 앞의 보고서, 225쪽.

29) 이 장경호 편은 긴 목을 가운데를 조르는 듯 중간이 부드럽게 잘록한 형태이며, 가는

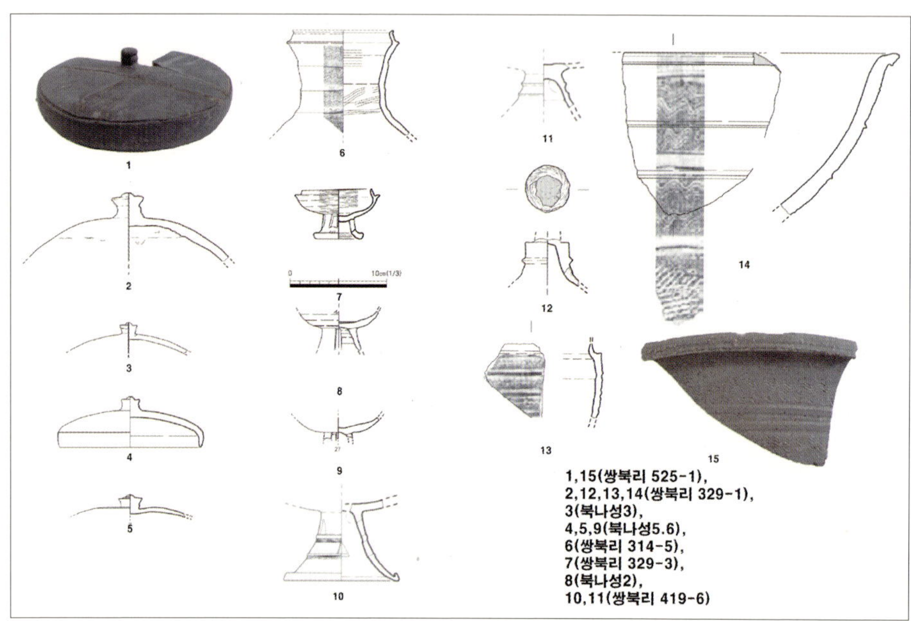

그림 28. 쌍북리 일대 가야 및 신라계 토기(심상육, 2023, 「사비도성의 축조시기」, 『백제 성왕의 사비천도와 도성 축조』)

성도 있다. 이는 웅진기에 사비 지역에서 기와를 생산했던 흔적이 있는 것처럼, 가야계 유물도 이와 관련될 수 있다는 점을 시사한다.

이처럼 가야 및 신라계 유물이 쌍북리 421-2 일원인 쌍북리(북포리) 일원에서 다수 출토되고 있다는 점은 주목할 만하다. 또한 이곳 북쪽에는 웅진기부터 기와 생산지인 정동리 와요지가 자리 잡고 있다. 쌍북리 421-2 일원은 한성기 말 이후 지방 지배의 군사 거점 유적으로서 앞서 언급한 바와 같이 주목된 곳이다. 즉, 쌍북리 421-2 일원은 사비 천도 이전에 도성 예정지에서 다른 지역에 비해 인

띠로 3등분되어 있고, 그 안에 여러 겹의 물결무늬가 그려져 있는 형태이다. 이 토기가 사용된 시기의 대가야는 중국 南齊와 독자적인 교류로 최성기를 누린 시기에 해당(박천수, 2010, 「고고학을 통해 본 대가야사」, 『퇴계학과 한국문화』 42)한다.

간 활동량이 활발했음이 분명히 확인된다. 고대 도성 축조 기간이 고구려 장안성(長安城)이 552년 착공하여 586년에 옮긴 것[30]과 일본 후지와라쿄를 고려해 보면, 사비도성의 축조 또한 천도 전부터 체계적인 준비가 이루어졌을 가능성을 보여주는 증거가 바로 쌍북리 421-2 남쪽 일원의 유적이라 하겠다. 그리고 『수서(隋書)』의 백제 기록[31]에 백제 사람들 사이에는 신라, 고구려, 왜인들이 섞여 있고, 중국 사람도 있다는 표현이 있어 웅진기 말 및 사비도읍 초기에 이 일대가 물류 거점에 의해 상업이 발달했을 수도 있다.

백제 사비도성의 구축 방향은 도성 전체를 격자 공간으로 균일하게 구획 정비된 것이 아니라, 지형에 따라 다원화된 도시 계획이 적용되었다는 점과 나성 내부가 점진적으로 개발된 것으로 밝혀지고 있어, 기존의 연구와 앞에서처럼 도성의 근간시설인 왕궁구 그리고 방어시설로서 나성과 청마산성 등이 천도 이전에 축조된 것으로 이해할 수 있다. 그리고 이 시설물을 사비에 건설하기 위한 도성 축조 지휘소의 설치는 당연하였을 것이다.

이에 대해 이미 부소산성이 주목[32]되지만, 아직 부소산성의 축조 시점에 만들어진 유구의 존재가 미미한 시점이기 때문에 부소산 내부보다는 쌍북리 421-2 일원이 유적 분포로 보이도 더욱 설득력이 높아 보인다. 그리고 당시 도성 건설에는 다수의 인력이 동원되었을 것인데, 이를 일부라도 보여주는 기록이 『삼국사기』 무령왕 10년(501년)에 '제방을 견고히 하고 내외의 유식(遊食)한 자를 몰아 귀농케 하였다'이고, 이미 웅진기 이래 고구려 치하에 노출되었던 옛 백제인들이 사비도성 일원에 이주 · 정착했다는 사회적 현상[33]이 제기된 상황이고, 여기에

---

30) 『三國史記』 高句麗本紀 第七 陽原王 八年(552년), 築長安城. 平原王 二十八年(586년), 移都長安城.

31) 『隋書』, 「百濟」, 其人雜有新羅 · 高麗 · 倭等, 亦有中國人.

32) 조원창, 2005, 「기와로 본 백제 웅진기의 사비경영」, 『선사와 고대』 23, 225쪽.

33) 朴淳發, 2005, 「高句麗와 百濟」, 『고구려와 동아시아 -문물교류를 중심으로-』.

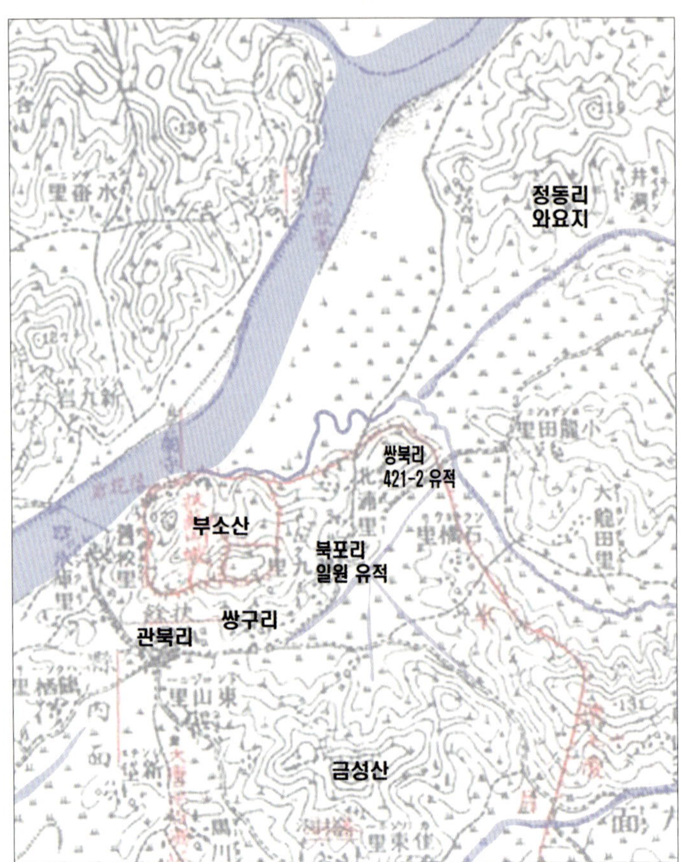

그림 29. 쌍북리 421-2(청산성 정상부) 유적 추정 도성 축조 지휘소 위치

실증적 자료가 가야계 토기[34]와 연결된 사람이며, 가야계 귀화(歸化) 인력이 사비 도성 조영에 공급되지 않았나 조심스럽게 예측하게 한다.

---

34) 가야계 토기는 일반 백제 사비기 토기와 공반하여 출토되었다. 따라서 토기 수 점이 출토되었다고 하여 가야계 民까지 유추함에는 논리적 비약이 많다는 점은 당연하다. 다만, 소수이긴 하지만 백제 웅진시기에 해당하는 가야토기가 백제 도성도 아닌 사비 지역에서 출토되었다는 점을 의미있게 이해하면 논리적 비약을 일부 상쇄시키지 않나 한다.

앞서 살펴본 바와 같이 사비 천도 이전에 도성 축조 지휘소가 도성 예정지의 동북부인 쌍북리 421-2 일원에 세워진 후 도성 조영 공사가 시작되었을 것이다. 사비도성 축조는 동성왕 대(5세기 말)부터란 논의가 있다. 이를 뒷받침하는 시설물은 사비도성 남쪽에 위치하여 금강 하구를 막는 501년 가림성의 축조이다. 가림성은 아직 성 내부 조사가 미흡하여 기록과 축조 시기가 같다고 단정할 수 없지만, 원삼국시대 이래 성흥산 고소지(高所地)를 활용하고 한성기 말~웅진기 유물이 소수이긴 해도 출토되는 것[35]으로 보아 기록과 같이 축조되었을 가능성이 높다. 나성 축조 기법이 가림성과 같다[36]는 점도 이를 뒷받침한다. 나성 역시 일대에서 출토된 유물을 통해 사비 천도 이전에 축조되었음을 확인할 수 있기 때문이다.

나성에서 무령왕릉의 연화문 묘전이 출토[37]된 상황을 보면, 무령왕대에 와전 제품을 부여에서 생산한 것과 연관되는 것으로 여겨진다. 또한 부소산성에서 출토된 '대통' 기와는 천도 전 성왕 대의 부여 경영 및 사비도성 축조를 보여주는 편년 자료이다.

이처럼 사비도성 축조의 징후는 동성왕대부터 천도 전 성왕대에 이르기까지 고고학적 실증 자료가 확보되었으나, 그 수가 현저히 부족한 편이다. 다만, 부족한 자료일지라도 동성왕부터 신도 후보지로서 사비 지역이 부각되었을 것이고, 무령왕 대 정동리 와요지 개발 시점에는 신도 예정지로 결정되었을 것이다. 그리

---

35) 심상육, 2023, 「사비도성의 축조시기」, 『백제 성왕의 사비천도와 도성축조』, 43~47쪽.

36) 심상육, 2019, 「사비기 부여 성곽에 사용된 석재 치석·축조」, 『백제 건축, 치석과 결구를 보다』.

37) 북나성에서 출토된 연화문 묘전은 무령왕릉에 사용된 묘전과 동일한 것임은 분명하다. 하지만 발굴 중 출토된 층위는 백제 사비기의 층(백제고도문화재단, 2017, 『부여 나성 북나성』 Ⅶ)에 해당한다. 따라서 이 글에서는에서는 웅진기에 제작된 유물이 이곳에서 출토된 점을 주목하였다.

고 최근 대통사지 추정지 발굴에서 출토된 유물이 대부분 사비도성 유물과 같은 것[38]으로 보아, 사비로의 천도 전 성왕대인 527년에는 사비로의 천도가 결정되고 도성 축조가 본격적으로 이루어졌을 것[39]으로 보인다.

538년 이전 백제 성왕 대 사비도성 축조는 어떠한 모습이었을까? 일반적으로 천도가 이루어지면 가장 먼저 만드는 시설물은 왕궁일 것이며, 사비도성의 경우 왕궁구가 천도 이전에 함께 축조[40]되었을 가능성이 높다. 하지만 아직 사비 도읍 초기 왕궁이 부소산성 내부에 있었는지, 부소산성과는 별도의 공간에 있었는지, 아니면 부소산성과 성 밖 모두 왕의 정전 건물이 존재하여 한성기와 비슷한 양성제(兩城制)[41]로 이루어졌는지에 대한 실체가 불분명하다.

그러나 부소산과 그 남사면 일대가 왕궁구라는 점은 부정할 수 없다. 따라서 성왕 대 축조된 왕궁의 좌표를 명확히 제시할 수는 없지만, 부소산과 그 남쪽 기슭 일원임은 명확하므로 도성 축조의 중심시설 위치는 확보된 셈이다. 왕궁의 위치가 나성 내부 북쪽 중앙부라는 점은 자연 시설물인 백마강과 나성에 의해 결정된 것으로, 나성 또한 천도 이전에 축조되었음이 명확하므로, 사비도성은 중심과 곽이 완성된 상태였음을 명확히 밝힐 수 있다.

그래도 도성의 중심은 왕의 거소 공간을 상징하는 정전이 있는 장소일 것이며, 기존의 일반적인 연구와 같이 부소산성 남쪽에 왕궁이 별도로 존재할 가능성이 현재로서는 높다. 그 이유는 백제 중앙 관료 기구가 22부사제의 조직을 통

---

38) 이병호, 2020, 「백제의 기와 제작기술과 생산체제의 변화」, 『선사와 고대』 64.

39) 정재윤, 2018, 「사비 천도의 배경과 시행 과정에 대한 고찰」, 『先史와 古代』 55, 39~40쪽.

40) 박순발, 2002, 「백제 천도 백경과 사비도성 조성 과정」, 『백제도성의 변천과 연구상의 문제점』.

41) 박순발, 2019, 「백제 도성의 경관」, 『백제왕도 -동아시아 문화의 정수』; 신희권, 2017, 「중국 도성과 비교를 통한 한성백제 도성의 형성과 발달」, 『백제학부』 19; 이도학, 2014, 「백제 왕궁과 풍납동토성」, 『쟁점백제사』 3.

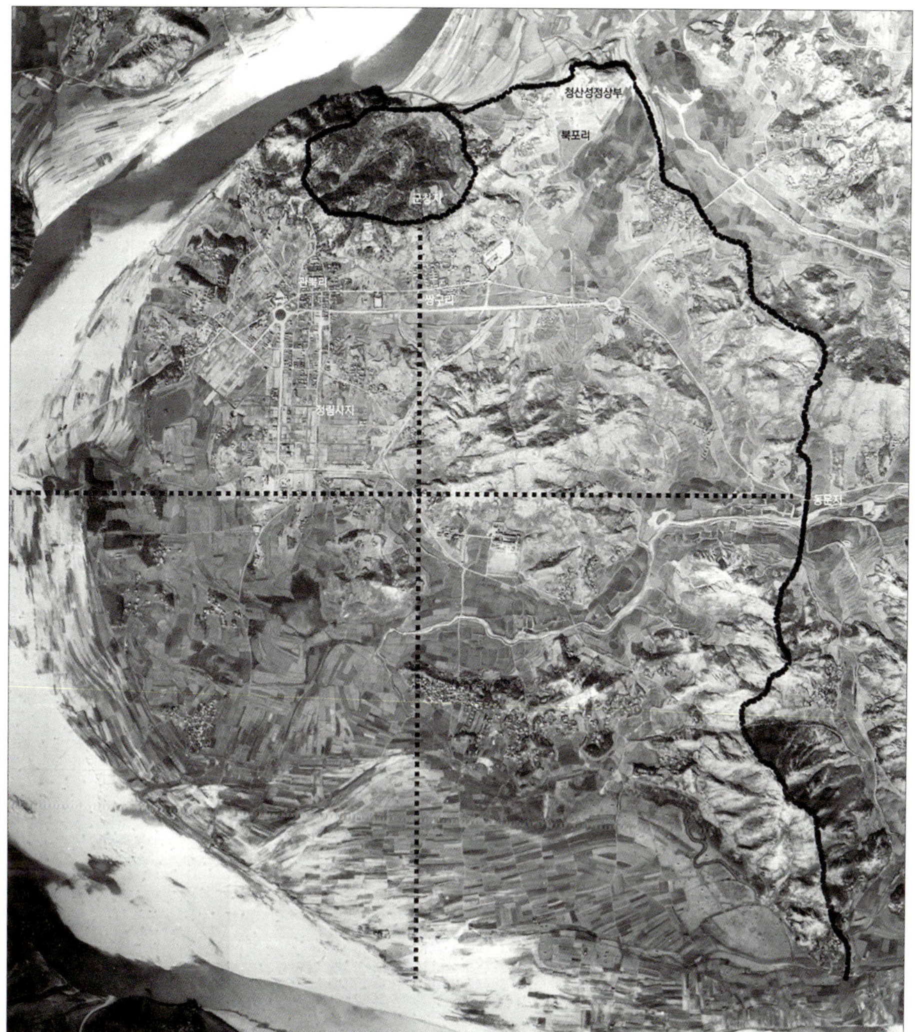

그림 30. 도성 축조시 왕궁지와 사비도성의 틀

해 사비기에 완성[42]되고, 한성~웅진의 주요 위계 건축물 조영 중심축이 사비기

---

42) 이종욱, 1990, 「백제 사비시대의 중앙정부조직」, 『백제연구』 21, 13쪽; 양기석, 2003, 「백제 위덕왕대의 대외관계 -대중관계를 중심으로」, 『선사와 고대』 19, 231쪽.

에 남북축으로 변화[43]하는 점, 이전 왕도와 달리 나성이 배치된 점처럼 사비도성이 상당한 계획성을 갖추어 만들어졌기 때문이다. 도성의 형태가 부정형을 띠지만, 동서와 남북이 각각 4km 정도이고, 동서 중간에는 부소산이, 남북 중간에는 부여 왕릉원인 능산리 고분군 앞 나성 동문이 위치한 점을 통해 이러한 기획성(그림 30)을 유추할 수 있다.

관북리 일원에서는 사비 천도 당시의 유구가 금속 공방과 지하식 창고 시설이어서 왕궁을 지원하는 시설지만 확인되었지 정전과 같은 건물지는 확인되지 않았다. 따라서 초기 왕궁 후보지는 사비도성의 계획적 축조를 고려할 때, 사비도성(나성 내부) 북쪽 끝, 동서의 중앙부인 쌍북리 중 조선 시대 쌍구리 일대가 주목된다. 이곳은 이미 1980년대부터 부소산 내의 최대 평탄지(군창지 일원) 바로 아래인 부여여고가 위치한 쌍구리 일대가 왕궁지로 추정되기 시작[44]했다. 쌍구리가 주목받은 이유는 부소산성 남문지 아래에 위치하여 산성 중심부와의 접근성이 뛰어날 뿐만 아니라, '어정(御井)'이라 불리는 우물과 다수의 가공 석재가 발견되었기 때문이다. 특히 내성(內城)의 존재를 암시하는 '아니성(阿尼城)'명 문자 기와[45]는 이곳의 위상을 잘 보여준다. 이에 더해 2020년, 제의와 관련된 '품'자형 초기 건물지가 발굴[46]되면서 사비 도읍기 주요 유적지로서의 입지가 더욱 공고해졌다.

고고학적으로 건물의 성격은 공간 내의 위치성, 건물 평면 형태와 규모, 출토

---

43) 남호현도 사비도성이 다른 백제 왕도와 다른 점을 진북으로 일정한 방향성이 확인되는 사찰 등의 건물지로 설명하고 있다(남호현, 2011, 「백제 사비기 척도에 대한 일연구」, 충남대학교 석사학위논문).

44) 洪再善, 1981, 「百濟 泗沘城 研究 -遺物과 遺蹟을 中心으로-」, 54~55쪽.

45) 田中俊明, 1990, 「王都로서의 泗沘城에 대한 豫備的 考察」, 『百濟研究』 21.

46) 김대영, 2020, 「부여 관북리 유적의 변천과정과 사비도성의 전개」, 『百濟學報』 34, 64~67쪽.

등을 통해 유추할 수 있다. 쌍북리 525-1 유적에서 확인된 '品(품)'자형 건물지는 공주 정지산 유적의 평면 형태와 비슷한 점, 비교적 높은 대지의 끝부분에 위치한 점, 3동이 별도로 배치되어 있는 점을 고려했을 때는 공주 정지산 유적의 건물지와 일치하지는 않지만, 일반적인 주거 혹은 집무 등의 건물은 아닌 것으로 판단된다. 그리고 건물지 옆의 수혈16[47)]이 주목된다. 이 수혈은 깊이가 2.7m에 달하고, 내부에서 대가야계 토기가 출토된 점, 수혈이 지붕과 벽으로 둘러싸인 구조물 내부에 존재하는 점 등으로 보아 어떠한 행위를 하고 이를 처리하는 곳이 아닌가 추정된다. 그래서 필자는 쌍북리 525-1 유적의 '품'자형 건물지는 제의와 관련된 건물로 판단한다.

이처럼 쌍구리 일원에서 아직 사비도읍 초기의 왕궁 실체가 확인되지는 않았지만, 현재로서는 부소산성 내부에서 가장 위계가 높은 곳으로 판단되는 현 군창지 일원의 남쪽 아래인 부여여고 동편 쌍구리 일대가 가장 유력한 후보지로 판단된다.

부소산성은 기록에 보이는 백제왕성의 규모와 같다. 다만, 부소산성 내부에서 사비 천도 초기의 직접적인 유구의 실체는 현재까지의 발굴 결과로는 성벽 등 일부에 지나지 않는다. 또한 고대 국가의 중추적 역할을 한 수 있는 정무와 의례 공간 확보가 용이하지 않았을 것[48)]이다. 따라서 부소산성은 왕의 사적인 후원 영역이며, 위계 공간도 존재했겠지만, 각각의 공간이 정연하게 배치되었다기보다는 활용 가능한 공간을 선별하여 개별적으로 존재했을 가능성이 높다. 즉, 웅진기의 왕성인 공산성의 내부 구조와 비슷했을지 몰라도, 사비도성의 정무 공간을 포함한 왕궁 역할은 수행하지는 못했을 것이다.

물론 공주의 공산성과 부여의 부소산성이 크기나 형태로 보아 매우 흡사하여

---

47) 국립부여문화유산연구소, 2024, 『부여 쌍북리 525-1번지 유적 발굴조사 보고서』, 145쪽.
48) 尹武炳, 1990, 「山城 · 王城 · 泗沘都城」, 『百濟硏究』 21.

사비도읍 초기에는 웅진기의 공산성처럼 부소산성의 성격이 같은 왕성으로 기능하여 왕궁이 산성 내부에 있었다[49]고 볼 수 있다. 이는 아직 사비도읍 후기의 왕궁지인 관북리 일대에서 사비 천도 초기의 위계 건물이 확인되지 않았기 때문이다. 하지만, 이러한 관점이라면 부소산성 내부 왕궁설 또한 아직 산성 내부 어디에서도 정전급 위계 건물이 확인되지 않았기 때문에 현재로서는 부소산성에 법궁이 존재했다고 볼 수 없는 근거이기도 하다.

부소산의 산성, 그리고 부소산 남쪽 쌍구리 일원에 왕궁이 만들어지고, 천도 후 그 좌우의 왕궁 관련 관청인 왕궁 지원 시설이 관북리 및 쌍북리 일대에 서서히 들어설 때, 이 일대 남쪽에 국가 사찰인 목탑이 건립된 정림사(定林寺)가 들어섰다. 정림사 축조 시기가 사비 천도 시점까지 올라갈 수 있는 것은 사비성에서 강당 바로 옆으로 별도건물이 붙어진 1탑 1금당 양식의 시원형으로 정림사[50]를 볼 수 있기 때문이다.

물론 정림사지에 있는 사찰의 초축 시점을 대지조성층 하부의 유구 고지자기 연대와 백제 사찰의 가람배치에 있어서 강당의 좌우에 배치된 회랑과 별도건물

---

49) 김대영, 2025, 『백제 사비기 부소산성의 성격 변화 연구』, 국립공주대학교 박사학위 논문.

50) 정림사지의 대지조성층 하부의 노지시설에 대한 고고지자기 연대측정값이 625±25년의 절대년대값이 도출되었으나, 능산리사지를 비롯하여 사비도읍기의 고고지자기 연대측정값이 보고서 고찰연대와 상이하기 때문에 현재로서는 고고지자기의 연대를 신뢰할 수 없다(심상육, 2023, 「사비도성의 축조 시기」, 『백제 성왕의 사비 천도와 도성 축조』, 26쪽). 한편, 현재 정림사지의 초축 연구는 상반된 견해들이 쉽게 접점을 찾지 못하고, 연구자 간에 유적의 편년과 관련한 지향점과 대상이 상이하고, 근본적으로 정림사지의 초축 연대를 규정할 수 있는 '사실 자료'가 부족하다는 점(남호현, 2025, 「扶餘 定林寺址 遺蹟의 性格, 그리고 再調査 必要性」, 『한국고고학보』 2025-2, 486~487쪽)에는 일부 동의한다. 하지만 피라는 사비도성의 계획적인 축조로 도성이 계획될 당시에는 정림사도 계획이 있었던 것으로 이해하여 사비천도 초에는 정림사가 축조되었을 것으로 판단한다.

의 형태적 변화[51]를 통해 정림사지의 가람배치가 익산 제석사지와 비슷하다는 견해가 있어 정림사의 창건을 6세기 말~7세기 이후로 보는 연구[52]가 있다. 하지만, 우리나라에서의 고지자기 연대의 불합치가 여러 곳에서 이미 확인된 상황이고, 정림사지의 강당지 좌·우의 별도 건물지 등을 포함한 회랑 등의 배치가 오히려 567년과 577년의 능산리사지와 왕흥사지의 가람 배치와 더욱 유사하고, 강당지와 회랑지 사이의 간격이 사비도읍 초기에는 거의 붙어 있다가 제석사지 단계에 이르면 상당한 간격으로 떨어진다는 점[53]으로 보면 정림사지의 가람배치가 백제 1탑 1금당 가람의 시원형에 가까워 보인다. 따라서 필자는 정림사지의 초축연대를 유적에서 출토된 소조상이 사비 천도 즈음인 점[54]과 석탑 동편 가람조성 정지토층에서 출토된 삼족기가 웅진기일 가능성이 높은 점[55] 등을 고려하여 성왕대인 6세기 ¾분기로 보고 있다.

한편, 나성과 그 축조 기법이 같은 나성 동쪽 외부의 청마산성도 사비 천도 즈음에 축조된 것으로 이해해도 될 것이다. 청마산성 축조를 천도 이전으로 볼 수 있는 근거는, 청마산성 서문지 밖에 놓인 용정리사지의 축조 연대가 사비기 이전으로 소급된다는 점[56]을 통해 짐작할 수 있다. 이는 사비성 인접 군·성의 거점 방어성인 가림성과 석성산성이 사비 천도 이전에 천도 예정지인 사비지역의

---

51) 정림사지의 강당지와 회랑지 북단 부속건물지는 일제강점기의 발굴 자료를 볼 때 부여연구소의 발굴 결과처럼 연결된 것이 아니라 분리되어 있었다는 異見이 이미 제시(이병호, 2016, 「식민지기 부여 지역 폐사지 조사와 일본인 고고학자」, 『한국고고학보』 98)되어 있다.

52) 김낙중, 2012, 「백제 정림사의 창건연대」, 『MUNHWAJAE』 45-4.

53) 이렇게 공간이 넓어지는 이유는 명확하지 않지만, 사찰의 공간 확대와 관련된 것이 아닌가 한다.

54) 이병호, 2006, 「부여 정림사지 출토 소조상의 제작시기와 계통」, 『미술자료』 74, 39쪽.

55) 박순발, 2003, 「웅진사비기 백제토기 편년에 대하여」, 『백제연구』 37, 62~63쪽.

56) 趙源昌, 2003, 「百濟 熊津期 扶餘 龍井里 下層 寺院의 性格」, 『韓國上古史學報』 42.

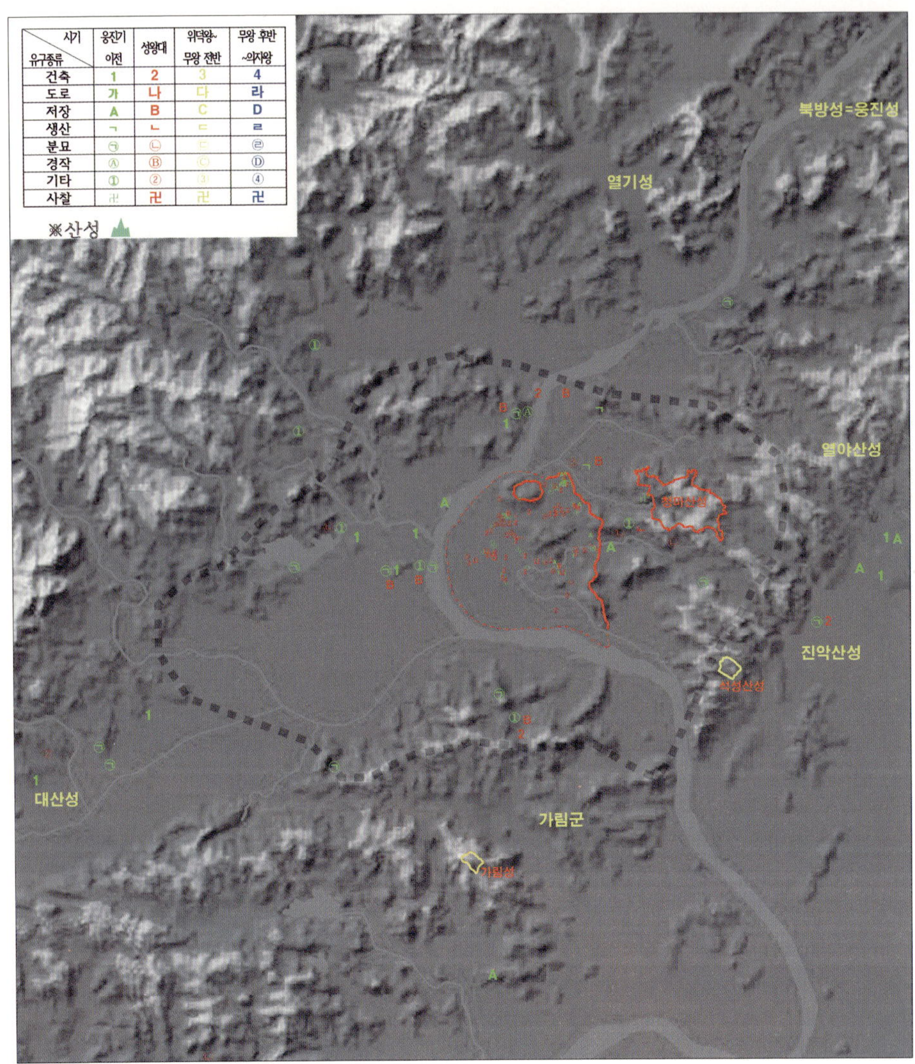

시기 / 유구종류	웅진기 이전	성왕대	위덕왕·무왕 전반	무왕 후반~의자왕
건축	1	2	3	4
도로	가	나	다	라
저장	A	B	C	D
생산	ㄱ	ㄴ	ㄷ	ㄹ
분묘	㉠	㉡	㉢	㉣
경작	Ⓐ	Ⓑ	Ⓒ	Ⓓ
기타	①	②	③	④
사찰	卍	卍	卍	卍

그림 31. 사비도성 축조기 유구 분포도

방어 체계에 따라 구축[57]되었을 가능성이 높기 때문에 이를 뒷받침한다. 그리고

---

57) 심상육, 2019, 「사비기 부여 성곽에 사용된 석재 치석·축조」, 『백제 건축, 치석과 결구를 보다』.

부소산성은 왕의 위계 공간이지만, 산정에 있는 시설물이므로 방어 체계에 속한 시설물임이 분명하다.

이상과 같이 백제 동성왕대에 신도 후보지 중 하나였던 사비 지역은 무령왕대에 신도 예정지로 계획되어, 천도 전 성왕대에 본격적으로 쌍북리 421-2 일원에 도성 축조 지휘소를 설치하여, 가야계 인력의 일부가 포함된 다수의 인원을 동원하여 사비도성을 철저한 계획에 따라 축조하기 시작한 것으로 판단된다. 이 당시 도성 축조 지휘소에서는 도성의 중심은 부소산 남쪽 기슭인 쌍구리에 왕궁을 설치하고 부소산에 후원 성격의 산성을 설치한 것으로 판단된다. 그리고 관북 · 쌍북리 일원에 관청과 왕실 지원 시설인 금속 공방과 창고를, 그리고 그 남쪽에 국가 사찰인 정림사를 설계하고, 좁은 의미에서 도성의 외곽은 금강과 나성으로 삼았던 것으로 보인다. 또한, 도성 예정지의 방어 체계를 위해 인접 군 · 성에 거점 방어성을 기존 것을 이용(가림성)하거나 새롭게 설치(석성산성)하고, 평지성인 나성 내부의 방어력을 높이기 위해 청마산성을 나성 바로 동쪽에 설치하였다.

이 당시 사비성의 공간 개념은 인접 군과 성이 경계라는 인식이 있었던 것으로 보이며, 왕의 사후 공간을 동나성 동문 바로 동쪽의 능산리 신방골에 위치시켰다. 한편, 이러한 신도 개발은 성왕대의 사비 천도 전인 538년에 마무리된 것은 아니다. 다른 국가 시설물인 종교 시설 등과 나성 내부 공간도 개발되어야 했기 때문이다. 당시에는 구릉부에 대한 개발이 먼저 이루어져[58] 정림사 정도만 개발된 것으로 보이며, 성왕 재위기의 개발은 제1차 사비 회의가 개최되는 541년 무렵 일단락[59]된 것으로 보인다. 그리고 이 당시의 도성 구조물의 축조에 올릴 기와 등은 정동리 와요지 등에서 생산하였다.

이처럼 538년 이전에 만들어진 사비도성은 우리나라 국도에서 중심을 왕성

---

58) 李炳鎬, 2002, 「백제 사비도성의 조영과정」, 『한국사론』 47.
59) 이병호, 2007, 「부여 구아리 출토 소장상과 그 유적의 성격」, 『百濟文化』 36.

에서 곽을 갖춘 도성으로 맨 처음 바꾸었다는 사적 의미를 부여할 수 있다.

2. 도성의 확장[60]

554년 성왕이 관산성 전투에서 불의의 사고로 죽고, 위덕왕이 즉위한다. 567년 능산리 능사(陵寺)에 목탑이 세워지고, 577년 왕흥사(王興寺) 목탑에 사리가 봉안되었다. 두 사찰 모두 공교롭게도 구릉 말단부 능선 사이의 곡부에 조영된 사찰이다. 이와 유사한 사찰은 호암사지, 관음사지 등이 있다. 그런데 능산리사지(능사)가 있는 곡부 남쪽으로는 왕포천이 흐르고, 이 하천의 북쪽 기슭에는 비교적 넓은 충적지가 펼쳐져 있다. 그리고 이 충적지에서는 도로, 우물, 벽주 건물 등 생활 유구가 전 단계의 경작지 위에 놓인 채 확인[61]되었다.

이를 통해 보면, 이 당시 구릉 말단부의 곡부 개발과 함께 충적대지의 도시화가 본격적으로 진행되었음을 알 수 있다. 즉, 천도 이후 나성 내부의 인구 밀도가 점진적으로 높아지면서 상습적인 수해 지역[62]으로 분류될 수 있는 충적지가 주거 및 생활 공간으로 개발되기 시작한 것으로 볼 수 있다.

이와 같은 나성 내부의 쌍북리와 왕포천 북안 일대의 충적지 개발과 구교리 및 군수리, 동남리 및 군수리 일대의 자연제방 및 미고지의 개발은 나성 내부의 1/2 이상에서 이루어진 것을 앞 장에서 확인할 수 있었다. 금강변의 하안단구에

---

60) 심상육, 2022, 「사비도성의 개발과 도시 확대과정」, 『新編 사비백제사』 01, 179쪽을 수정 · 보완하였음을 밝힌다.

61) 忠淸文化財硏究院, 2006, 『扶餘 陵山里 東羅城 內 · 外部 百濟遺蹟』; 부여군문화재보존센터, 2010, 『扶餘 佳塔里 百濟遺蹟』; 비전문화유산연구원, 2024.11, 『부여 가탑리 문화예술교육 종합타운 조성부지 내 유적 정밀발굴조사 약보고서』 등이 있다.

62) 충적대지의 백제 유구가 누층으로 이루어진 양상은 위 주의 보고서에서 확인된다.

있는 군수리사지가 6세기 중엽 이후에 축조되었을 가능성이 제기[63]되어, 나성 내부 곳곳이 개발되기 시작한 시기는 6세기 ¾분기 이후, 즉 위덕왕 시기로 추정된다. 이 시기는 나성 내부의 개발이 점진적으로 확대된 기간으로 볼 수 있다. 이 단계에 충적지에 가로구획이 확인된 유적지에서는 6세기 중엽 이후에 제작된 오수(五銖)와 상평오수(常平五銖)가 석목리 143-16번지 유적[64], 쌍북리 184-11번지 유적[65] 등에서 출토되어, 유적의 시기를 6세기 중후엽으로 가늠해 볼 수 있는 역연대 자료가 되었다.

이처럼 위덕왕대에 들어 나성 내부 공간은 성왕대의 구릉지 위주 개발에서 벗어나 산지 남사면 기슭의 곡부뿐만 아니라 저평지인 소하천변의 충적대지에 대한 개발도 적극적으로 이루어졌다. 그 개발이 왕포천 북쪽 일대인 구아리, 구교리, 쌍북리, 가탑리, 동남리, 군수리 등지에서 활발한 백제 사비기 인간 활동이 감지된다.

한편, 이 시기에는 다수의 사찰이 나성 내부의 주요 길목에 건립(동남리사지, 군수리사지, 가탑리사지, 관음사지, 노은사지 등)될 뿐만 아니라, 외곽인 나성과 백마강을 넘어서도 왕흥사지와 능산리사지 등이 건립되었다. 이를 뒷받침하는 기록이 7세기 전반에 기술된 『주서』의 기록에 '승려와 비구니, 절과 탑이 매우 많다(僧尼寺塔甚多)'라고 기록되어 있어, 6세기 후반부터의 정황을 유추할 수 있다. 그리고 이 외곽 넘어 나성 외부 공간은 성왕대부터 지속적으로 죽은 사람의 공간으로 활용되었음은 나성 동쪽의 능산리·염창리 일대와 북쪽의 규암면 일대, 남쪽의 장암면 일대의 고분 분포도를 통해 확인할 수 있다. 또한, 사비성에 필요한 기와 생산을 위해 기존의 정동리 와요지에 정암리 와요지, 왕흥사지 와요지가 조업[66]을 개시

---

63) 국립부여박물관, 2014, 『부여 동남리사지』.

64) 백제고도문화재단, 2019, 『부여 석목리 143-16번지 유적』.

65) 백제고도문화재단, 2014, 『부여 쌍북리 184-11 유적』.

66) 왕흥사지 와요지는 6세기 중후반부터 7세기 전반대에 조업되었다고 보고(국립부여

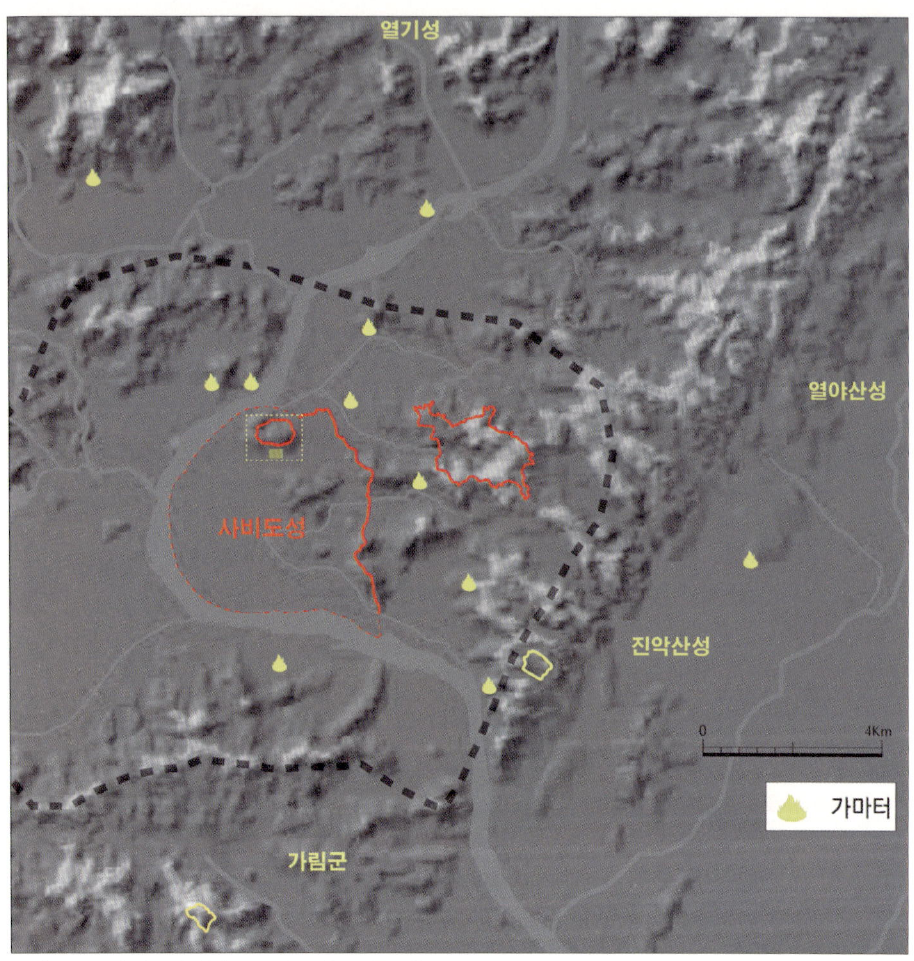

그림 32. 나성 외부와 인접 군·성 공간 생산 유적 분포도

한다. 특히, 정암리 와요지[67] 출토품은 군수리사지와 동남리사지뿐만 아니라 관

문화재연구소, 2014, 『왕흥사지-기와가마발굴조사보고』 V)되었다.

67) 정암리 와요지 발굴보고서에서 가마의 요업 운용 시기를 6세기 중엽부터 7세기 초엽
   까지로 비정(國立扶餘博物館, 1988, 『扶餘 亭岩里 가마터』 I , 128쪽)하여 이를 따르는
   바이다.

북리 유적, 부소산성 등에서도 확인[68]되었다. 토기 생산 시설의 경우 인접 행정 단위 성인 진악산성의 송국리 일대에서 생산[69]하여 도성으로 공급하기도 한 것으로 보인다.

이처럼 위덕왕대에 들어, 나성 내부는 점진적으로 확대되고, 나성 외부 공간은 생산 시설지와 매장지로 활용되었으며, 주요 길목 거점에 종교 시설물인 사찰이 들어섰음이 확인된다. 그리고 이러한 나성의 내·외부 공간을 안정적으로 유지하기 위해 나성 외부 공간에 소규모의 산성이 배치되었다. 이를 통해 사비성의 방어 체제는 평지인 사비도성(도성의 곽인 나성과 금강)과 산지의 산성인 청마산성을 중심으로 나성 외부 공간에 10여 개소의 소규모 산성과 인접 군·성의 거점 방어성(가림성, 석성산성, 노성산성[70], 우산성[71] 등)으로 도성 외부까지 포함한 사비왕도가 완성된 것으로 판단된다.

이러한 사비도성은 사비왕도 공간으로 점진·확장되어 만들어져, 무왕대까지 이어진다. 나성 외부 공간은 여전히 생산 공간과 매장지로 확대되며, 왕진리 와요지처럼 기와 생산 시설은 인접 군·성에서 계속 조업[72]이 이루어진다.

토기의 경우 삼족기, 고배, 개배 등의 옛 기종에서 회색·흑색 계통의 대부완, 접시, 전 달린 토기, 자배기, 동이, 연통, 다족 벼루 등 새로운 기종 위주로 일신되는데, 그 시기가 대체로 6세기 말에서 7세기 초를 전후한 시기[73]로 보거나,

---

68) 심상육, 2019, 「부여의 백제왕도 핵심유적」, 『백제왕도』, 95쪽.

69) 한국전통문화대학교 고고학연구소, 2011, 『송국리 -부여 송국리유적 제12·13차 발굴조사-』 Ⅶ.

70) 충청남도역사문화연구원, 2024, 『논산 노성산성 -서문지-』, 201쪽.

71) 우산성 1차 발굴조사에서 협축식으로 쌓은 백제 성벽이 확인되었다(2024년 7월 26일 청양군 보도자료)고 보고되었다.

72) 이솔언, 2021, 「백제 사비기 기와가마의 기와 생산과 운영」, 한국전통문화대학교 석사학위논문, 100쪽 표 23 참조.

73) 山本孝文, 2003, 「百濟 泗沘期의 陶硯-分類·編年과 歷史的 意義-」, 『百濟研究』 38,

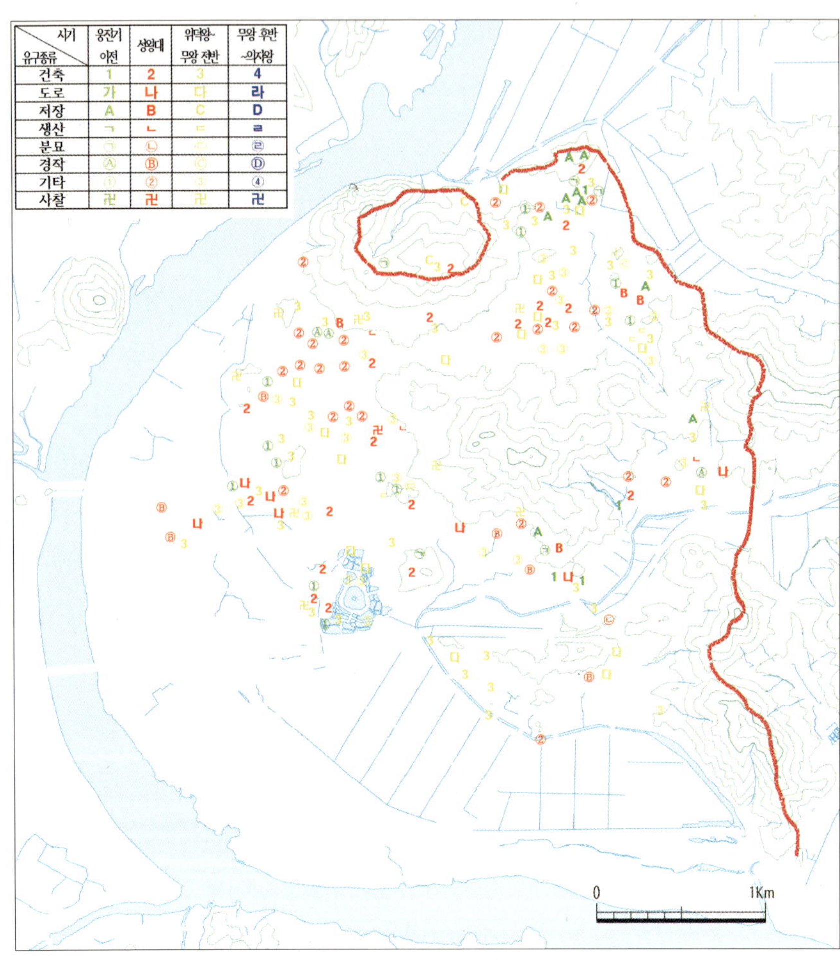

그림 33. 점진적 확장기 나성 내부 유구 분포도

612년의 사비도성 대홍수와 연결하여 이해[74]해 무왕 대에 해당한다고 볼 수 있다. 나성 내부의 개발은 위덕왕 대와 동일하게 지속적으로 확대되는 양상이다.

108~110쪽.

74) 이병호, 2023, 「부여 쌍북리 56번지 목간의 제작시기와 유적의 성격」, 『목간과 문자』 30, 104~105쪽.

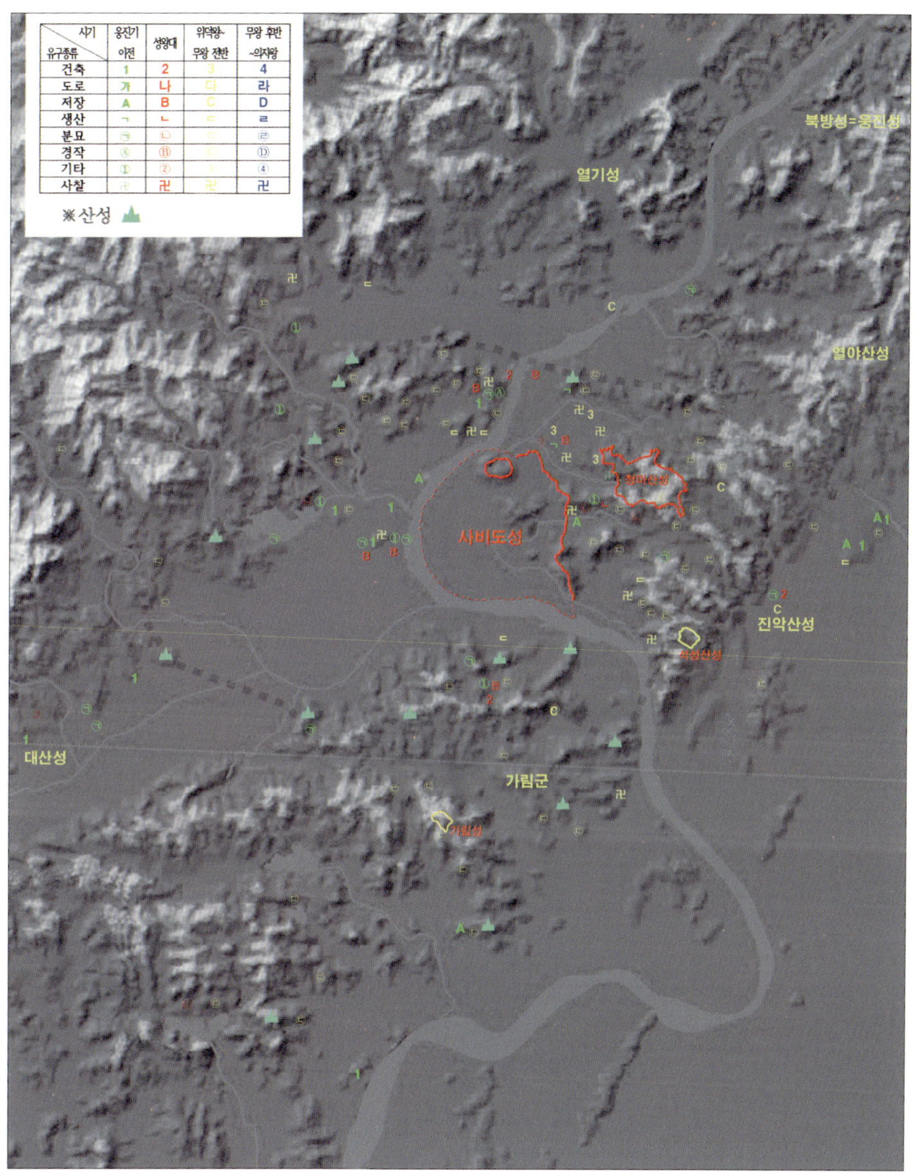

그림 34. 점진적 확장기 나성 외부 유구 분포도

하지만 이러한 점진적 개발은 무왕대 마지막까지 동일하게 지속된 것은 아니다.

이상으로 위덕왕대에서 무왕 전반까지 사비도성과 외부 공간은 점진적인 확대를 통해 사비도성이 나성을 경계로 내부인 거민구와 외부인 매장지와 생산지로 구축되어 사비왕도를 형성했다는 사적 의미를 부여할 수 있다.

3. 도성 중심부 재개발[75]

성왕대의 나성 내부의 개발과 위덕왕대부터 무왕 전반에 걸친 나성 내·외부의 형성과 확대는 금강 하류에 있는 사비성의 자연환경에 큰 변화를 가져왔을 것으로 추정된다. 특히, 나성 내부는 부소산과 그 남쪽 사면에 왕궁구인 부소산성과 왕궁, 그리고 관청가가 들어섰다. 쌍북리 421-2나 화지산 서남사면 등지에는 국가적 개발[76]과 5부의 중심 공간이 설치[77]되었을 것으로 추측되며, 주요 간선도로 변에는 정림사지, 군수리사지, 동남리사지, 가탑리사지, 노은사지 등의 사찰이 자리 잡았다.

이 간선도로들은 사비도성의 외곽인 나성의 북문과 동문 등으로 연결되었다. 특히, 북문과 동문으로 연결되는 부소산 동쪽 일대인 쌍북리와 석목리의 경우, 민가 개발이 다른 지역보다 매우 활발했다. 부소산의 남서쪽과 동쪽 아래 구릉지와 평지에서부터 시작된 나성 내부의 개발은 남쪽으로 확장되어 왕포천 북쪽

---

75) 이글에서는 『三國史記』에 기록된 '泗沘宮 重修'와 관련된 시기를 '再開發'이란 용어를 사용하여 개념화하였다. 왜냐하면 重修는 사전적 의미로 '다시 손대어 고치는 것을 의미'하기 때문이다. 물론 재개발의 의미에 낙후된 지역 혹은 부족한 기반시설 등지에서의 개발이 포함되어 있지만 이미 개발된 곳을 다시 개발하였다는 의미를 강조하기 위함이다.

76) 심상육, 2019, 「사비도성 발굴조사의 최신성과 -화지산유적을 중심으로」, 『동아시아 도성경관의 상징』.

77) 박순발, 2018, 「백제 사비기 원락건물의 유형과 성격」, 『백제학보』 25.

연안이 비교적 밀집된 형태로 개발되었다.

이러한 개발 양상은 최근 쌍북리와 석목리 일대 발굴을 통해 확인되었다. 이 개발은 나성 내부의 많은 지역에서 오랜 시간 안정되어 있던 원래 지형을 인위적으로 변형한 것이었다. 따라서 도시 경관은 수목보다는 인위적인 건축물이 차지하는 면적이 월등히 높았을 것으로 보인다. 이러한 급격한 자연경관 변화는 곧 자연재해의 위험을 높이는 결과로 이어질 수 있다. 특히, 사비성은 우리나라의 대하천인 금강 하류 변에 자리하고 있어 도시화가 진행될수록 홍수 등의 수해 위험 수위가 높아졌을 것이다.

을축년 대홍수가 일어난 지 100년이 조금 지났다. 을축년 홍수의 위세는 아직도 그 홍수 표석과 재해 기록[78]을 통해 우리의 기억 속에 남아 있다. 백제 사비기에 사비성에서 발생한 홍수 기록은 612년 음력 5월에 '대홍수로 인해 집들이 떠내려가고 잠겼다(大水 漂沒人家)'라고 『삼국사기』에 기록[79]되어 있다. 이 홍수가 어느 정도였는지는 알 수 없지만, 기록에 남을 정도였다면 적어도 반세기 동안 기억될 만큼 큰 홍수였을 것이다.

현재 사비성지인 부여에서 가장 큰 홍수의 기억은 1987년과 2023년의 홍수이다. 특히, 1987년 홍수는 부여 시가지의 주택가를 물에 잠기게 했고(그림 35), 2023년 홍수는 백마강 변에 있는 왕흥사지가 물에 잠길 정도로 그 위세가 대단했다. 따라서 단순 비교는 어렵지만[80], 612년의 홍수는 1987년이나 2023년 홍

---

78) 한성백제박물관 · 문헌과 문물, 2025, 『그래도 한강은 흐른다』, 2025년 文文昌昌 Episode2 자료집.

79) 武王 十三年(612), 夏四月, 震宮南門. 五月, 大水, 漂沒人家(三國史記 卷第二十七 百濟 本紀 第五).

80) 부여 앞의 금강 수위는 서해의 潮水로 인해 상당한 영향을 받았다. 즉, 금강 유역의 폭우와 조수의 밀물과 겹치면 부여 주변의 금강 수위는 상당히 올라갔다. 하지만 1983년 금강하구둑이 건설되어 조수의 영향을 받지 않는 현재와 백제 사비기를 단순하게 비교할 수는 없지만 50년 혹은 100년 단위의 대홍수는 이러한 조수의 영향 이상

그림 35. 1987년 홍수로 부여 시가지가 물에 잠긴 모습(동아일보 1987년 7월 24일)

수와 유사한 정도였을 것으로 추정된다. 612년 홍수의 흔적은 충적지에 쌓인 사비기 문화층이 여러 개의 두꺼운 층으로 형성된 점과, 관북리 유적의 마지구 매축대지가 1차 성토 후 홍수 퇴적층이 쌓이고 그 위에 다시 2차 성토를 한 층위[81]를 통해 확인할 수 있다. 이 홍수의 위세를 확인할 수 없지만, 고대 금강 수위를 ArcMap에서 제작한 백제시대 지표 추정 복원 모델을 작성하여 고대 홍수 수위를 적용하여 제작한 도면(그림 36)을 보면 어느 정도 유추 가능할 것 같다. <그림 36>을 보면 관북리 남편 구아리와 궁남지 남편 군수리와 왕포리, 중정리 대부분이 물에 잠진 모습이며, 왕포천변과 월함지도 대부분 물에 잠진 모습으로 예측되었다.

이었을 것으로 판단된다.

81) 국립부여문화재연구소, 2009, 『부여 관북리유적 발굴보고』 IV, 240쪽.

그림 36. 백제 사비기 금강 범람시 강역 분포도(이성호, 2012, 「역사도시 연구를 위한 고대 지형 복원 -백제 사비도성을 중심으로-」, 83쪽)

물론, 홍수가 발생한다고 하여 모든 것이 피해를 보는 것은 아니다. 홍수 대비책을 마련하면 어느 정도의 피해는 미리 방지할 수 있다. 그러나 반세기 만에 한 번 올 법한 큰 홍수였다면 그 피해는 달리 생각해야 한다. 즉, 사비성에서 발생한 612년 홍수가 <그림 36>과 같았다면 주요 시설물의 유지에 심각한 타격을 입혔던 것으로 보인다.

백제 사비성에 홍수가 난 지 20년간 특별한 개발 기록이 없다. 그런데 630년부터 사비도성에서는 여러 곳에서 개발 공사가 이루어졌다는 문헌 기록이 남아 있다.

『삼국사기』에는 7세기 $2/4$분기, 즉 무왕 후반기에 여러 건의 대규모 토목공사와 건축 공사가 기록되어 있다. 630년 사비궁을 중수[82]했으며, 634년에는 왕흥사를 준공[83]하고 궁의 남쪽에 연못을 조성[84]했다. 이러한 시설물들은 사비성의 핵심 시설이자 국가 시설물, 그리고 종교 시설에 해당한다. 그런데 이러한 기사처럼 사비성에서 국가 시설물 등의 개발이 비슷한 시기에 이루어져 주목된다. 이는 이미 전대(前代)의 국가 시설물이 존재했음에도 불구하고 다시 개발했다는 점을 의미한다.

우선, 왕궁지인 관북리 일대의 성토와 건물 개축 현황을 살펴보면, 현재까지의 관북리 유적은 원지형을 유지하며 배수로를 정비하고 금속 공방과 창고 시설 등을 사용하다가 1차 대지 조성이 이루어지고 와적기단(瓦積基壇) 등 기와 건물이 들어서는 단계(구아리사지 등의 사찰이 들어서는 단계)를 거쳐, 2차 대지 조성 후 왕궁의 중심지로 변모[85]하는 양상을 보인다. 그중 2차 대지 조성이 홍수 이후의 개발이며, 이와 관련된 시설물들은 대형 전각 건물과 부소산 사찰의 신축으로 이어진다. 부소산사지는 왕궁 내 불당으로 왕궁과 함께 조성되었을 가능성이 높다. 특히, 부소산사지의 축이 대형전각건물지의 축과 동일하여 동시에 축조되었을 가능성을 뒷받침한다.

또한, 국가시설로 추정되는 화지산 유적의 재개발[86]도 이루어졌다. 이곳에서는 기존의 굴립주 단계 건물에서 초석 건물로 변모했으며, 초석 건물지 단계는 무왕 후반기와 연결된다. 이를 보여주는 시설물이 가구식으로 만든 계단 시설[87]

---

82) 武王 三十一年, 春二月, 重修泗沘之宮(『三國史記』 卷第二十七 「百濟本紀」 第五).

83) 武王 三十五年, 春二月, 王興寺成(『三國史記』 卷第二十七 「百濟本紀」 第五).

84) 武王 三十五年, 三月, 穿池於宮南(『三國史記』 卷第二十七 「百濟本紀」 第五).

85) 국립부여문화유산연구소, 2025, 「부여 관북리유적 16차 발굴조사 약식보고서」.

86) 심상육, 2019, 「사비도성 발굴조사의 최신성과 -화지산유적을 중심으로」, 『동아시아 도성경관의 상징』.

87) 백제고도문화재단, 2018, 『부여 화지산유적』, 65~68쪽.

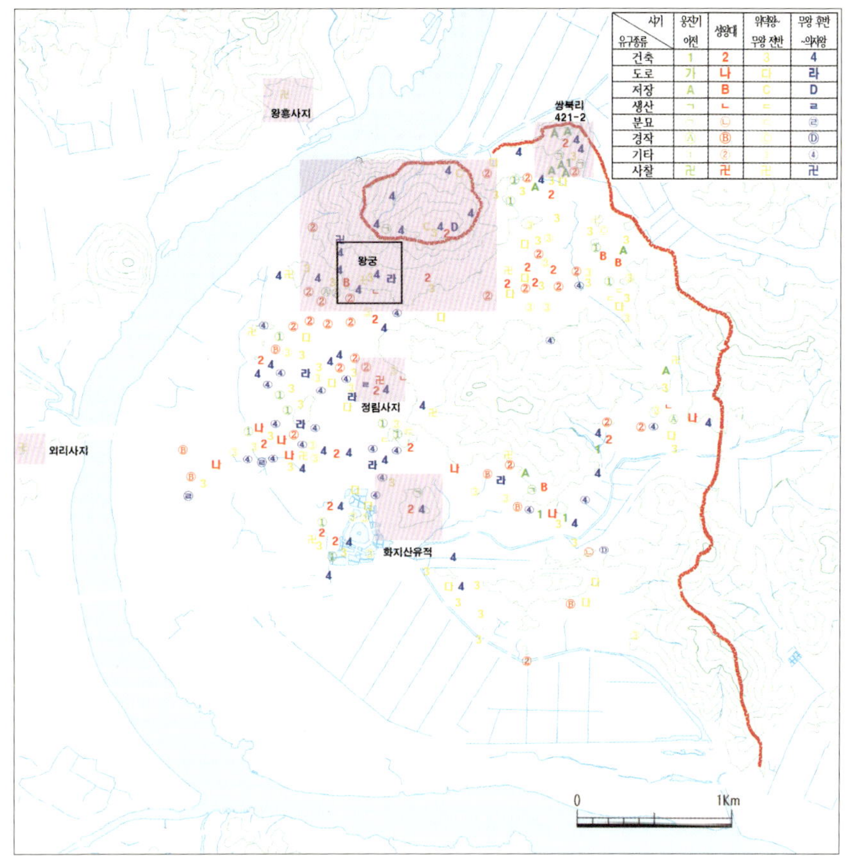

그림 37. 사비성 재개발기 유적 분포도

등인데, 이는 익산 미륵사지의 가구식 건물 기단과 유사하다.

한편, 나성 동북쪽에 있는 쌍북리 421-2의 재개발도 이와 관련된다. 쌍북리 421-2는 원지형을 이용하여 곡물 저장 공간으로 사용하던 단계에서 벽주 건물지 단계를 거쳐, 기와를 사용한 초석 건물지 단계로 변화[88]하는 모습을 보인다. 이 중에서 초석 건물지 단계가 무왕 후반기 개발과 연관된다. 이와 연계하여 부여

88) 백제고도문화재단, 2017, 『부여나성 북나성 -청산성 정상부 건물지 조사-』 V·VI, 42쪽.

뒷개 유적 중 쌍북리 421-2 동편의 확장면5 발굴에서는 물에 퇴적된 진흙층 위에 흙을 돋우고 화강암으로 축조한 팔각 우물과 축대 등이 들어섰는데[89], 이 시설물도 관련 개발로 보인다. 즉, 이는 쌍북리 421-2 동편의 월함지 개발과 연동되는 것이다.

그런데 이 시기의 개발에는 공통으로 사용된 건축 재료가 있다. 마치 사비도성 축조에 대통사식 와당이 사용된 것처럼, 백제 사비기의 유일한 7엽 연화문수막새(현북리식 와당)가 이러한 개발지의 건축물에 사용되었다는 점이다. 이 건축 재료는 관북리 대형전각건물의 지붕을 장식한 와당[90]이었으며, 부소산 사찰에서도 이 와당을 사용[91]한 점이 확인되었다. 또한, 화지산 유적의 2015-1호 건물지에서도 이 와당이 지붕에 사용되었음[92]이 확인되었다. 산수문전이 출토된 외리사지에서도 이 와당이 보고[93]된 바 있다. 이 와당의 제작은 7세기이다. 따라서 이러한 개발은 무왕 후반기인 630년 사비궁이 중수되는 시점과 연관[94]된다.

그리고 궁남지 조성을 통해 나성 내부에 저류 시설을 확보[95]함으로써 612년 홍수에 대한 대비책을 마련했을 가능성도 배제할 수 없다. 이러한 저류지의 개발은 월함지에서도 그 일부가 확인되었다. 아직 월함지에 대한 조사가 완전히 이루어지지 않았지만, 하부층에서는 목간이 출토되는 사비기의 시설물이 있고, 그 상부로는 돌을 넣은 대지 조성층과 축대, 팔각 우물 등이 확인되어 유구가 상

---

89) 부여군문화재보존센터, 2013, 『부여 뒷개 유적』, 175~193쪽.

90) 국립부여문화재연구소, 2009, 『부여 관북리유적 발굴조사보고서』 III, 230쪽 100번 유물.

91) 申光燮, 1996, 「扶蘇山城-廢寺址 發掘調査報告」, 『扶蘇山城 發掘調査報告書』, 40쪽 연화문와당1.

92) 백제고도문화재단, 2018, 『부여 화지산유적』, 136쪽 164번 유물.

93) 朝鮮古蹟研究會, 昭和12(1937), 「扶餘窺岩面に於ける 文樣塼出土の遺蹟と其の遺物」.

94) 심상육, 2020, 「발굴자료를 통해 본 사비도성의 변천과 경관」, 『百濟文化』 62, 42쪽.

95) 金庚澤, 2012, 「泗沘都城의 排水體系 變遷에 대한 試論的 考察」, 『韓國上古史學報』 77.

층과 하층으로 크게 나뉜다는 것을 알 수 있다. 하층에서 출토된 삼족기는 웅진기부터 6세기 말에서 7세기 초 정도에 해당하며, 상층의 팔각 우물 내부에서 출토된 대부완은 관북리 유적의 부소산록 석축 앞 배수로에서 출토된 것과 유사하여 7세기 중엽에 해당[96]한다.

이를 통해 월함지 일대를 유추해 보면, 월함지 북쪽으로는 나성 내부에서 발원하여 북쪽으로 흐르는 개천을 가로막고 들어선 나성 성벽에 수문이 설치되었더라도 성벽 내부인 월함지에는 늪지가 만들어졌을 것이다. 이 초기 늪지가 홍수를 대비한 저류지였는지는 명확하지 않다. 다만, 이 늪지를 일부 덮고 월함지 동쪽에 돌로 쌓은 축대를 설치하여 인공 시설물을 만든 것은, 나성으로 인해 물길이 막혀 어쩔 수 없이 형성된 늪지를 인공적인 저류지로 만들고자 했던 것으로 볼 수 있다.

한편, 외리사지에서 7엽 연화문수막새가 출토되고 634년에 왕흥사가 준공된 곳은 백마강 건너편의 나성 외부 공간이다. 이로 미루어 볼 때, 무왕 후반기부터 왕궁이 쌍북리에서 관북리의 서쪽으로 이동한 것과 연관하여 나성 외부인 규암 일대의 개발[97] 또한 적극적으로 이루어졌음을 알 수 있다.

무왕에 이은 의자왕대에도 655년 태자궁을 수리하고 망해정을 설치한 것으로 보아, 무왕 후반기부터 사비성 개발은 사비 도읍이 끝나는 시점까지 지속된 것으로 보인다. 또한, 거민구는 기존에 개발된 곳 위에서 지속적으로 공간을 활용한 양상이 석목리 143-16 유적[98] 등에서 확인되어 그 양상을 알 수 있다.

이처럼 사비성의 재개발은 왕궁구의 중수(重修)에서 시작된 것으로 사비성 시대의 새로운 중흥을 내포한 것으로 볼 수 있다.

---

96) 부여군문화재보존센터, 2013, 『부여 뒷개 유적』, 234쪽.

97) 이병호, 2002, 「백제 사비도성의 조영과정」, 『한국사론』 47.

98) 백제고도문화재단, 2019, 『부여 석목리 143-16번지 유적』.

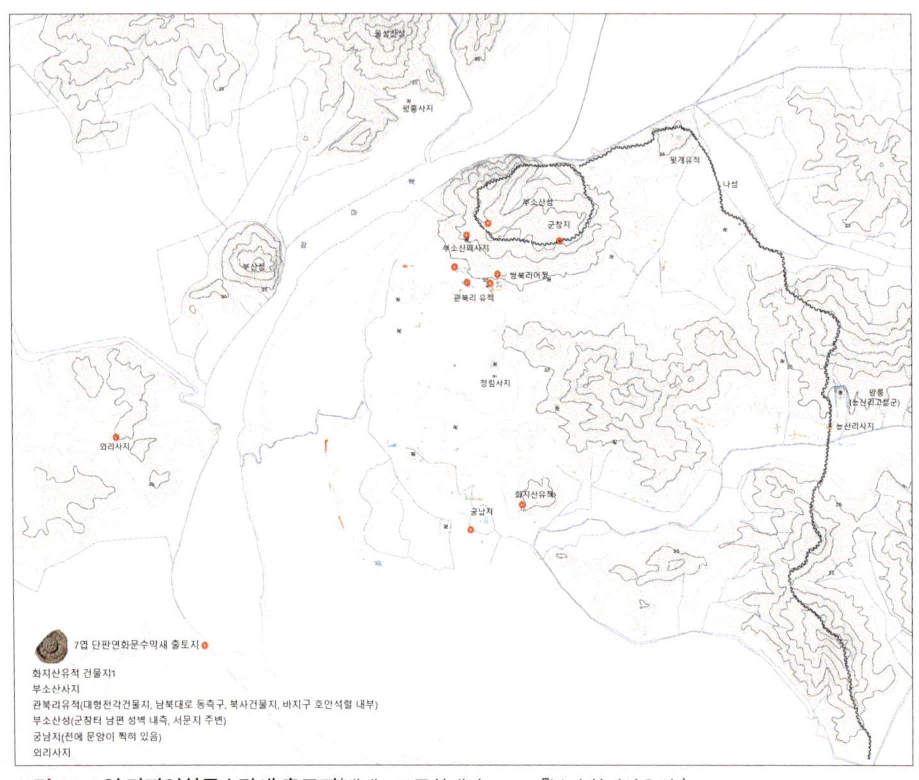

그림 38. 7엽 단판연화문수막새 출토지(백제고도문화재단, 2018,『부여 화지산유적』)

4. 완성된 사비성, 사비왕도

660년 7월, 나당연합군은 백제를 정벌하기 위해 동쪽과 서쪽으로 진격해 왔다. 백제는 서쪽 기벌포와 동쪽 탄현을 막고자 했으나 실패했다. 이는 백제가 사비성을 중심으로 인접 군·성을 1차 방어선으로 구축했음을 보여주며, 백제 후기 방어 시스템이 실제로 작동했음을 의미한다.

그러나 나당연합군은 거침없이 사비성으로 진입하였다. 백제는 이러한 어쩔 수 없는 상황에 놓여 사비성의 나성과 부소산성을 최후의 방어선으로 삼았다.

하지만 외곽을 넘어 성을 포위한 나당연합군에 의해 백제는 항복하고 말았다. 이 점에서 백제가 나당군에 의해 무너지기 직전의 사비성 방어체계는, 앞서 언급한 바와 같이, 도성 인접 군·성의 1차 방어선과 나성, 그리고 왕성인 부소산성을 최후의 방어성으로 사용했음을 알 수 있다.

하지만 나성 외부 공간의 소규모 산성과 청마산성에 대한 특별한 기록이나 저항은 발견되지 않았다. 나성 외부 공간의 소규모 산성은 그 규모로 보아 경계 역할을 했을 것이다. 그러나 9km가 넘는 청마산성이 백제 왕국 자체의 존망의 귀로에서 제대로 기능하지 않았다는 점은 쉽게 이해하기 어렵다.

청마산성은 사비성 축조기에 사비성 방어체계의 일환으로 축성되었음을 앞서 살펴보았다. 그러나 사비성의 점진적 확대 및 중심지 재개발 시기에 청마산성이 실질적인 기능을 했는지는 의문이다. 이는 청마산성 내부에 고분이 들어선 점[99] 때문이다. 일반적으로 성곽이 운영될 시기에는 내부에 분묘 시설을 두지 않는 것이 보편적인데, 무덤이 성 내부에 있다는 것은 성이 정상적으로 운영되지 않았음을 보여주는 증거이기 때문이다.

따라서 청마산성은 위덕왕의 어느 시점부터 그 기능이 상실되었을 가능성이 높다. 백제는 안정기에 접어들면서 나성보나 더 긴 9km 둘레의 청마산성을 지속적으로 운영하는 데 무리가 있었을 수 있다. 612년 대홍수를 겪으며 이러한 여건은 더욱 심화되었을 것이다.

기능을 잃은 청마산성을 고려하면, 부소산성이 백제 최후의 보루이었음은 쉽게 이해할 수 있다. 그리고 부소산성은 성벽을 따라 조성된 원형의 집수지가 일정한 간격으로 배치된 점, 다수의 철기 무기가 성벽 주변에서 확인된 점을 통해 군사적 기능이 있었음은 충분히 짐작할 수 있다. 그리고 군창지 일원과 서문지

---

99) 서현주·이솔언, 2021, 「백제 사비도성 일대 고분의 분포양상과 의미」, 『한국상고사학보』 114.

내측부 등지에서 다수의 건물지 등과 창고시설, 연화문수막새와 중국자기 및 회색토기류 등이 관북리 유적과 비슷한 위계의 수준을 보여주고 있어, 군사적 목적 이상으로 부소산성이 사용되었음도 부정할 수 없는 사실이다. 즉, 백제 의자왕의 생활 공간이 부소산성 내부에도 존재했음은 분명하다.

한편, 관북리 유적의 대형전각건물지는 백제 왕궁의 실체를 보여주는 익산 왕궁리 유적의 정전 건물인 22호 건물지[100]와 규모 및 기둥 배치가 같고(정전과 같은 중심 건물 공간[101]), 관북리 유적의 대형전각건물지 북편으로 상수도시설의 존재를 통해 다수의 인원이 생활할 수 있는 생활 공간의 존재(내리 공간), 북편 부소산 내의 내불당(부소산사지)이 설치된 점, 부여 관북리 유적 16차 발굴조사에서 일본 왕궁 바로 남쪽의 조당원과 유사한 남북 장축의 건물지가 확인된 점[102] 그리고 구아리 및 관북리 및 쌍구리 일원의 대지조성 흔적과 건물지(조회당과 관청을 포함한 황성 공간)를 통해 조선시대 부여현 치소지를 중심으로 백제 마지막 궁성이 존재했을 것으로 여겨진다. 그리고 이 일대는 통일신라를 거쳐 고려 조선시대까지 부여 시가지의 전통적인 통치 공간의 정점으로 유지되었다.

이처럼 백제의 마지막 왕궁의 중심부이자 핵심 공간은 처음 동쪽 쌍구리 일원에서 서쪽으로 이동하였는데, 이 점은 사비도성의 서쪽 나성 외부 공간인 백마강 서안부의 개발과 연결된다. 즉, 백마강 서안에 있는 왕흥사가 634년에 준공[103]된 기록이 있으며, 당척의 1척 길이로 만들어져 제작 시기가 7세기 중엽 이후인 산수

---

100) 국립부여문화재연구소, 2008, 『王宮里 發掘中間報告』 VI, 242쪽.

101) 필자는 사비성의 마지막 왕궁의 정전 건물의 위치는 조선시대 부여현의 객사와 동헌 건물 일원에 위치할 것으로 이해하고 있다. 그 이유는 조당 건물로 추정되는 남북으로 긴 건물이 이곳 남편에 위치하고 있으며, 관북리 대형전각건물지와 동-서로 축이 일치하기 때문이다. 그리고 조선시대에 객사와 동헌을 이 일대에 설치하면서 그 전의 대지 여건을 고려함이 일반적이기 때문이다.

102) 국립부여문화유산연구소, 2025, 「부여 관북리유적 16차 발굴조사 약식보고서」.

103) 武王 三十五年, 春二月, 王興寺成(『三國史記』 卷第二十七 「百濟本紀」 第五).

문전이 출토된 외리사지 또한 백마강 서안부에 있는 점을 통해 검증할 수 있다.

이러한 새로운 왕궁의 개발과 서쪽 나성 외부 공간의 개발 등의 시점은 앞 절에서 본 사비성의 재개발과 관련된다. 이 재개발은 612년 이후 수해의 복구와도

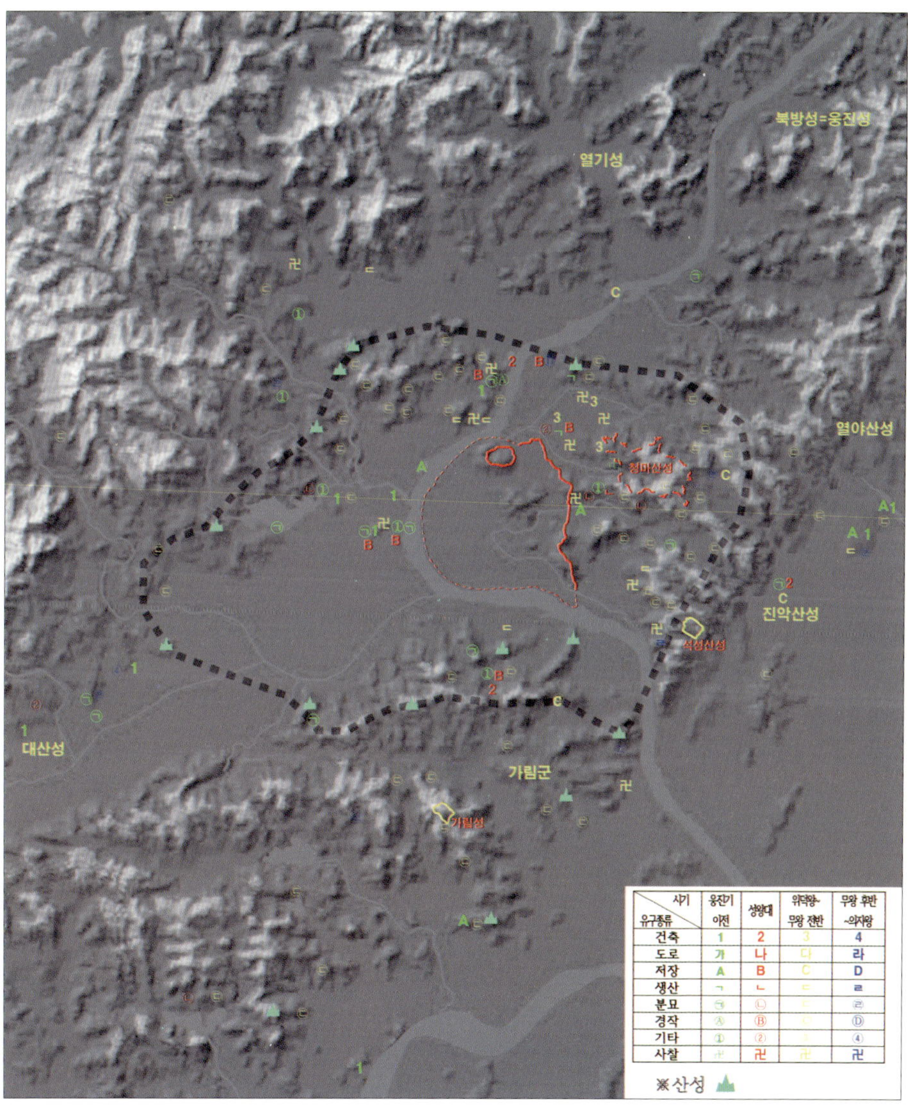

시기 / 유구종류	웅진기 이전	성왕대	위덕왕~무왕 전반	무왕 후반~의자왕
건축	1	2	3	4
도로	가	나	다	라
저장	A	B	C	D
생산	ㄱ	ㄴ	ㄷ	ㄹ
분묘	㉠	㉡	㉢	㉣
경작	Ⓐ	Ⓑ	Ⓒ	Ⓓ
기타	①	②	③	④
사찰	卍	卍	卍	卍

※산성

그림 39. 완성된 사비성 나성 외부 유구 분포도

관련되는 듯 나성 내부의 저류지 개발(궁남지 등)과도 연동된다.

그리고 나성 내부는 지형을 고려한 다원화된 가로구획이 구축되어 있고, 나성의 성벽과 서남쪽의 나루로 연결된 주요 간선도로 변에는 사찰이 들어서 있었다. 그리고 이 나성 내부의 길과 연결된 도로는 나성 외부 공간으로도 연결되고, 그 주요 거점에도 사찰이 들어서 있었다.

한편, 나성 내부는 귀족과 일반민이 사는 거민 구역이었다. 쌍북리 421-2와 화지산 유적처럼 나성 내부 공간에 주요 거점이 들어섰으며, 민가는 나성 동북부와 중앙 및 서부 등 왕포천 북쪽이 적극적으로 개발되고, 왕포천 남쪽은 양지바른 사면부 위주로 개발되었다.

나성 외부 공간에서는 산지가 지속적으로 분묘 공간으로 활용되었고, 하천변으로는 대규모 기와 생산 시설이 들어섰다(정동리, 정암리, 현북리 등). 나성 내부의 주택이 밀집했던 충적대지와는 달리, 나성 외부 공간의 충적대지는 식량 생산지(정동리, 노화리 등)로 이용되었다. 또한, 도성 인접 군·성에도 토기(진악산성의 송국리 일원)와 기와(열야산성의 왕진리 일원)를 생산하는 시설이 자리 잡고 있었다.

이처럼 660년 7월의 나성 내부와 나성 외부 공간으로 이루어진 사비왕도는 서서히 그 내부가 빼곡하게 채워져 가는 중이었다. 즉, 기본 틀만 갖춘 도성에서 출발한 사비도성은 나성 외부의 공간을 포함하는 사비왕도로 공간이 확대되어 완성형의 사비성으로 발전을 진행하고 있었다.

5. 백제 멸망 이후 사비 지역

소정방은 9월 당나라로 돌아가면서 낭장 유인원과 군사 10,000명을 사비성에 머무르게[104] 했다. 이는 원래 부소산 군창지 서편에 있던 유인원기공비를 통

---

104) 『三國史記』卷第五「新羅本紀」第五 太宗 武烈王 九月三日, 郞將劉仁願以兵一萬人,

해 확인할 수 있다. 이를 통해 당군이 사비성에서 부소산성 내부를 사용했음을 알 수 있다.

기공비뿐만 아니라, '대당' 와당이 부소산성 내부에서 출토된 점에서도 이를 확인할 수 있다. 그런데 이 '대당' 와당은 부소산성 내부에서만 발견된 것이 아니라, 부소산 남쪽 쌍북리의 쌍구리 일대에서도 확인[105]되었다. 또한, 관북리 대형 전각건물지 뒤편에서는 가마 내부에 당나라 계통의 연화문 수막새가 가득 채워진 채 발견[106]되기도 했다.

이는 당군이 부소산성과 부소산 남쪽 사면 일원 즉, 관북리와 쌍구리 일원 역시 주요 근거지로 활용했음을 시사한다. 즉, 백제의 왕궁구였던 왕궁과 부소산성을 당군 또한 사용했다는 것이다. 그리고 당군의 승전 기록이 관북리의 부여 석조와 정림사지의 오층석탑에 새겨진 것을 통해 사비도성의 왕궁구와 그리고 국가사찰은 당군에 의해 지속적으로 사용되었음을 확인할 수 있다.

한편, 신라가 671년 사비에 소부리주(所夫里州)를 다시 설치[107]한 시점에도 그 중심지는 부소산성과 관북리 유적 일원이었다. 즉, 소부리주는 옛 백제 도성인 사비에 십여 년이라는 짧은 기간 동안 존속했지만, 부소산성은 주요 거점으로 중시되었고[108], 관북리 일원도 그러했다.

이처럼 백제가 망한 후 사비 지역의 중심지는 사비성의 왕궁구였고, 조선시대까지 그 명맥은 이어졌다. 다만, 그 규모가 축소되었을 뿐이다.

하지만, 사비도성지였던 나성 내부 공간은 백제가 망하면서 사람의 주거 공간은 급격하게 축소된 것으로 확인된다. 즉, 나성 내부였던 동남리 202-1 유적과

留鎭泗沘城..

105) 龜田修一, 2004, 「扶余 '大唐'銘軒丸瓦の語るもの」, 『古代文化』 56-11.

106) 국립부여문화재연구소, 2011, 『부여 관북리유적 발굴보고』 V, 49쪽.

107) 『三國史記』 卷第七 「新羅本紀」 第七 文武王 置所夫里州, 以阿湌眞王爲都督.

108) 홍보식, 2020, 「물질문화로 보는 삼국통일-고고학적 접근」, 『역사비평』 121, 330쪽.

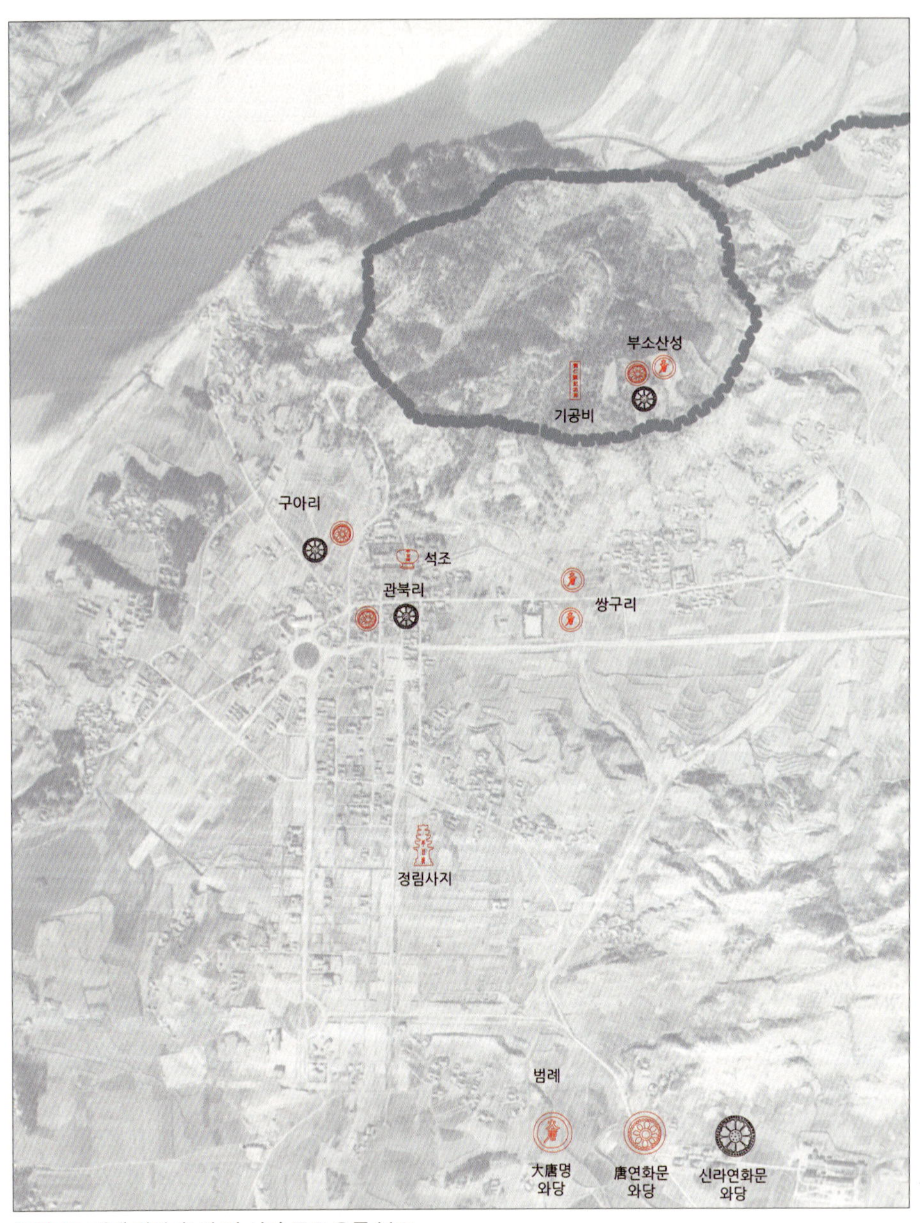

그림 40. 백제 멸망 후 당 및 신라 주요 유물 분포

동남리사지 사역에 석축으로 축조된 무덤이 들어선 것[109]을 통해 확인할 수 있다. 그리고 상습 침수 구역이었지만, 백제 도성 시기에는 대부분이 주거 생활 공간이었던 쌍북리와 가탑리, 동남리 일대의 충적지 일원이 수전 경작지로 사용되거나 농경지로도 활용되지 않는 공간으로 변모한 점을 통해서이다. 그리고 생활 공간은 축소되어 일제강점기의 부여 마을 분포지(그림 8)와 비슷한 양상을 띠고 있어, 백제 사비도성의 유적 분포와는 확연한 차이를 나타낸다.

이처럼 백제가 멸망한 후 사비 지역은 서서히 그 규모가 줄어갔다.

---

109) 부여군문화재보존센터, 2013, 『부여나성 북나성』 I ; 부여군문화재보존센터, 2014, 『부여 동남리 202-1 유적』 등의 유적에서 통일신라시대에 조영된 석축으로 된 분묘가 확인되었다.

VI.

결론

475년, 백제는 국가의 존망이 걸린 위기 속에서 어쩔 수 없이 웅진으로 천도했다. 당시 백제는 충분한 준비 없이 웅진으로 수도를 옮겼으며, 477년에야 비로소 왕궁을 수리했다. 한성 시기의 양성제와는 달리, 웅진에서는 공산(公山)에 왕성과 왕궁인 공산성만을 설치하고 국가 재건에 힘썼다. 그 결과 무령왕은 '다시 강한 나라가 되었다(更位强國)'를 선포했고, 동성왕 대부터 염원했던 새로운 수도를 무령왕 대에 사비 지역으로 결정했다. 성왕 대에 본격적으로 사비성을 축조하기 시작했다.

사비성은 쌍북리 421-2 일원에 추정 도성 축조 지휘소를 설치하여 본격화된다. 이와 관련된 시설물 중 하나가 당시 막대하게 소비되었던 기와를 생산했던 정동리 와요이며, 쌍북리 일대의 가야계 토기도 신도 조영의 부족한 노동력 일부가 가야와 관련되어 있음을 보여주고 있다.

이 글에서는 사비성의 축조와 공간 확대 과정을 살펴보기 위해 그간의 연구 성과를 살펴보았다. 그래서 사비천도는 다분히 계획적이며, 중국 및 고구려의 제도와 전통에 구애받으면서 시작되었음을 확인할 수 있었다. 그리고 외곽만 갖춘 사비도성이 나성 외부 공간을 갖춘 사비왕도로 발전하면서, 도시 공간의 확대가 어떻게 이루어졌는지를 검증하기 위해서, 사비기의 물질 자료에 시간성을 부여하였다. 그 시간성은 사비성의 핵심 유적인 부여 관북리 유적의 중심 토층을 근거로 하였다. 즉, 시대적 흐름은 아래와 같이 6단계로 구분된다.

1. 웅진 중반 이전인 무령왕 단계로 도성으로 개발하기 전의 시기,
2. 웅진 말~사비기 초인 성왕 단계의 원지형 이용인 공방 및 지하 저장시설 설치 등의 왕궁지원시설 시기,
3. 사비기 전기인 위덕왕~혜왕~법왕 단계인 제1차 성토가 이루어져 구아리사지 설치 시기[왕궁지원 시설 지속기],
4. 사비기 중기인 무왕 전반 단계로 홍수 퇴적층이 조성되는 시기,
5. 사비기 후반인 무왕 후반~의자왕 단계로 대형전각건물지 등이 들어서는 왕궁 핵심 공간으로 변모하는 시기,
6. 통일신라시대 극초 단계인 사비도성이 서서히 붕괴되는 시기이지만, 지역 치소 공간으로 유지되는 시기

이를 사비도성(나성 내부) 및 외부를 포함한 사비왕도 그리고 인접 군·성의 백제 사비기 유적을 중심으로 검토하여 대수의 법칙에 따라 그 양상을 파악해 보았다.

그 결과, 사비 지역은 기존 연구와 마찬가지로 웅진기에는 커다란 세력권이 그다지 미치지 않는 힘의 공백지였음을 다시 한번 확인하였다. 그리고 나성 내부의 경우 부소산과 그 남사면, 그 남쪽 일대의 개발이 빠르고, 나성 내부의 남편 끝자락 부분인 군수리 및 중정리, 왕포리의 유적 분포 양상이 현저히 낮았음을 확인할 수 있었다. 그리고 사비기 후반부에 문헌 기록과 마찬가지로 국가시설물 등이 재개발되는 양상을 감지할 수 있었다.

한편, 나성 밖의 경우 매장시설이 동과 북 그리고 남편에 집중하여 분포함이 확인되었는데, 이 분묘 밀집지가 지방에 편제된 곳이 아닌 사비성의 도성 공간임을 다시 한번 확인할 수 있었다. 그리고 이 지역에는 기와 등의 생산시설과 식량 생산지로 활용됨을 확인하였다.

다음으로 사비성의 공간을 발굴 유적을 바탕으로 살펴본 결과, 나성 내부의 북쪽 중앙인 부소산과 그 남쪽 일원에 왕궁구가 사비도읍 처음부터 끝까지 유지

되었음을 확인하였고, 나성 내부의 거민구에 동서남북의 정연한 도시구획이 이루어지지 않고, 자연지형에 맞춘 다원화된 도시구획에 따라 나성 내부가 개발되었음을 다시 한번 살필 수 있었다. 그리고 이 나성 내부의 주요 길목에 종교시설인 사찰이 성왕대의 정림사를 비롯하여 위덕왕대에 군수리 사찰, 구아리 사찰 등이 축조되고, 화지산 유적과 쌍북리 421-2 유적처럼 나성 내 중심 유적을 배치하여 도성 5부의 중심지로서 활용하였음을 추정할 수 있었다.

도성의 경계 시설은 부소산성과 나성, 그리고 청마산성으로 연결된 최후 방어선으로 구축되었다. 이 나성 밖에 소규모 산성을 환상으로 배치하여 나성과 나성 외부 공간의 교통로 경계 등에 활용했다. 나성 외부 공간과 인접 군·성에서는 기와, 토기, 식량을 대량 생산하여 도성에 공급했으며, 나성 내부에서는 쌍북리 일원에 금속 공방이 집중되어 금속 제품을 생산하는 등 소규모 군집으로 존재하는 양상을 살필 수 있었다. 나성 외부 공간 밖 인접 군·성의 거점 방어성이 다른 군·성보다 크게 구축된 것은 사비성의 1차 방어 기능이 높았음을 보여준다.

이상의 연구를 바탕으로 사비성의 축조와 공간 확대 과정을 정리하면 다음과 같다.

무령왕대에 사비 지역을 새로운 도성으로 선택한 이유는 기존 연구에서와 같이 중국 건강성(建康城)과의 지형적 유사성, 수로 및 안정적인 생산력 확보 등 지형적 이점이 컸던 것으로 보인다. 성왕대 사비성의 공간 구성은 북쪽 중앙부에 왕궁(쌍구리 일대)과 부소산성을 배치한 것이다. 후원이자 최후 방어성인 부소산성과 나성, 그리고 자연 해자인 백마강을 사비도성의 외곽으로 삼고, 그 동쪽 1km 지점에 고구려 도성제와 유사한 구릉부 산성인 청마산성을 배치하여 도성의 기본 골격을 완성했다. 인접 군·성의 거점 방어성(가림성, 석성산성, 노성산성, 우산성 등)이 도성의 1차 방어 기능을 수행했음은 명백하다. 또한, 도성 민가 공간 중앙부에는 목탑이 있었던 국가사찰 정림사를 설치했다. 나성 외부 공간에는 나성 동문 밖에 왕릉을 확보하고, 그 동쪽 일정 거리를 띄워 귀족 등의 분묘 공간으로 사용했다. 매장 공간은 북쪽과 남쪽 일원도 함께 활용되었다. 즉, 538년 사비성은 국도 중심을 왕성에서 곽을 갖춘 도성으로 맨 처음 바꾼 사례이다.

성왕의 갑작스러운 죽음으로 위덕왕은 내치에 집중했다. 그 흔적은 나성 내부 공간에 사찰(군수리사지, 동남리사지 등)을 건립하고, 곡부와 충적지를 적극적으로 개발한 데서 찾을 수 있다. 또한, 나성 외부 공간의 기와 생산 시설(정암리 요지, 왕흥사지 요지 등)을 확장하고 교통로 경계 성곽(500m 미만)을 고리 모양으로 배치했으며, 인접 군·성의 토기 생산 시설(송국리 일원)을 확충했다. 확장된 사비성(사비왕도)의 성립이다. 다만, 이러한 개발은 도성 남부의 충적지나 포인트바 지역까지는 확장되지 않았다.

이러한 개발은 사비성의 거민구역이 부소산과 금성산 사이의 충적지와 왕포천변의 충적지에 집중적으로 조성되는 결과를 낳았다. 그러나 612년에 사비성에는 홍수가 발생했다. 홍수는 바다의 밀물 영향을 받는 금강 하류, 해발 10m에 있는 사비성 민가에 적지 않은 재난을 안겨주었을 것으로 추측된다.

무왕 후반인 630년 갑자기 사비궁을 중수한다. 이 도성의 핵심 공간 중수는 612년 홍수에 의한 사비성 국가시설물을 복원하기 위한 흔적으로 여겨진다. 그 근간은 금강 하류 변에 있는 사비성의 지형적 취약점을 극복하기 위한 저류지(궁남지, 월함지, 옥배지, 유수지)의 치수 보완과 연관된다. 그리고 도성의 핵심부도 그간 관서가와 공방 및 창고 등의 왕궁 지원시설지였던 관북리 유적 일대(동서로 구아리 대형전각건물지 서편부터 부여여고 서편까지이며, 남북으로는 부소산사지부터 일제강점기의 '전(田)'자형 도로망이 구축되어 있던 부여시장 북쪽 입구까지)로의 서쪽 이동이며, 이는 나성 서쪽 백마강의 서안부 개발(외리사지와 왕흥사지의 재개발)과도 연동된다. 이와 연관하여 정림사에 석탑이 들어서고, 쌍북리 421-2 유적과 화지산 유적이 치석된 초석 건물지로 변모한다.

660년 7월 나당연합군이 사비성에 밀려오기 전, 사도성의 모습은 부소산성은 그전과 같이 왕의 거소가 존재하는 후원으로서의 역할을 수행하고, 유사시 최후 방어성으로 활용되었으며, 왕궁은 관북리 유적인 조선시대 부여현 관아의 중심지에 핵심 공간이 배치되어 있었다. 그리고 왕궁의 좌우와 전면부에는 관청가가 들어서 있었고, 나성 내부 중 쌍북리 56번지 일원의 대단위 충적대지 공간은 금속 공방 단지로 구분되어 공간이 구분되어 있었다. 그리고 쌍북리 421-2와 화지산 유적처럼 공간 단위의 핵심시설이 들어서 있었고, 주요 간선도로 상에는 종교시설인 다수의 사찰이 들어섰다. 나성은 이때도 존재했지만, 나성보다 성벽이 긴 청마산성의 기능은 처음 의도한 것에는 미치도 못하였다. 그래서 청마산성 내부에 무덤이 축조되는 상황을 초래했다. 나성 외부 공간에는 이전과 마찬가지로 묘지 및 생산시설지로 유지되고, 도성 인접 군·성도 그 전과 동일했다.

　나당연합군이 나성을 넘어 부소산성을 포위하고, 왕궁인 관북리 일대는 극심

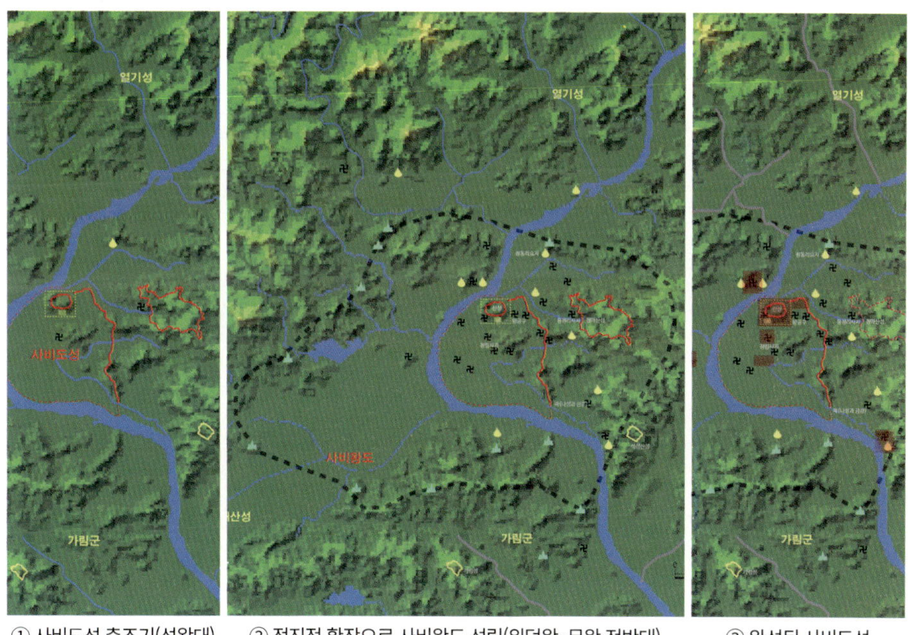

① 사비도성 축조기(성왕대)　② 점진적 확장으로 사비왕도 성립(위덕왕~무왕 전반대)　③ 완성된 사비도성 (무왕 후반~의자왕대)

그림 41. 사비성의 변천 모식도

한 피해를 입었다. 침략군은 부소산성과 관북리 일원의 왕궁구와 국가사찰인 정림사를 주요 거점으로 삼아 백제 옛 영토를 경영하려 했던 것으로 보인다. 그리고 671년 신라가 소부리주를 설치했지만, 나성 내부 공간에 당시 무덤이 설치되는 등 도시로서의 기능은 660년 7월 이후 급격히 축소되었다.

이처럼 사비성은 웅진 시기에 우리나라 최초로 국도의 중심을 왕성에서 도성으로 만들었다(그림 41). 이후, 중심은 나성 외부 공간과 인접 군·성이 자연스럽게 형성되면서 나성 외부 공간을 포함한 사비왕도로 확대되었고, 자연 재해를 넘고자 중심지 재개발을 통해 완성형의 사비성으로 충실히 발전시켜 나갔다. 그러던 백제가 침략군의 침입으로 그 체계화된 시스템이 무너졌다.

참고문헌

『周書』「百濟傳」

『隋書』「百濟傳」

『舊唐書』「蘇定方傳」

『三國史記』「百濟本紀」

『三國史記』「新羅本紀」

『三國遺事』

『忠淸道邑誌』

『新增東國輿地勝覽』

발굴보고서

가경고고학연구소, 2021, 『부여 쌍북리 329-3번지 유적』

考古學會, 1940.1, 「彙報 昭和十四年に於ける朝鮮古蹟調査の槪要 -扶餘扶蘇山城の實測調査-」, 『考古學雜誌』

국립문화재연구소, 1999, 『부소산성 발굴중간보고서』III

國立博物館, 1969, 『金剛寺』

國立文化財研究所, 1996, 『扶蘇山城 發掘調査報告書』

國立扶餘文化財研究所, 1993, 『扶餘 羅福里古墳群』

_________________, 1997, 「林川聖興山城 百濟古墳群」, 『扶餘 百濟古墳 地表調査 報告書』II

_________________, 1997, 『扶蘇山城 -발굴조사 중간보고-』II

_________________, 1998, 『陵山里』

國立扶餘文化財研究所, 1999, 『扶蘇山城-整備에 따른 緊急發掘調査』

_______________, 2000, 『扶蘇山城 -발굴조사 중간보고서-』IV

_______________, 2001, 『宮南池』II

_______________, 2002, 『扶蘇山城 -발굴조사보고서-』V

_______________, 2002, 『宮南池 -現 宮南池 南西片 一帶』II

_______________, 2002, 『부여 화지산유적 발굴조사보고서』

_______________, 2003, 『扶餘 百濟古墳 地表調査 報告書』III

_______________, 2008, 『王宮里 發掘中間報告』VI

_______________, 2009, 『부여 관북리유적 발굴조사보고서』III

_______________, 2009, 『부여 관북리유적 발굴보고』IV

_______________, 2011, 『부여 관북리유적 발굴보고』V

_______________, 2011, 『扶餘 定林寺址 發掘調査 報告書』

_______________, 2014, 『왕흥사지 V -기와가마발굴조사보고』

국립부여문화유산연구소, 2024, 『백제 후기 벽주건물지 유형분류 자료집』

_______________, 2024, 『부여 쌍북리 525-1번지 유적 발굴조사보고서』

_______________, 2025, 「부여 관북리유적 16차 발굴조사 약식보고서」

_______________, 2025, 「부여 관북리유적 17차 발굴조사 약식보고서」

_______________, 2025, 『扶餘 官北里遺蹟(16차) 發掘報告 -자연과학적 분석-』IX

국립부여문화재연구소 · 충남발전연구원, 2001, 『扶餘 合井里』

國立扶餘博物館, 1988, 『扶餘 亭岩里 가마터』I

_______________, 1992, 『扶餘錦城山百濟瓦積基壇建物址發掘調査報告書』

_______________, 2000, 『陵寺』

_______________, 2003, 『부여 나성』

_______________, 2008, 『백제 절터와 가마터 지표조사 보고서』

_______________, 2012, 『부여 군수리사지』

_______________, 2014, 『부여 동남리사지』

_______________, 2015, 『부여 정림사지』

_______________, 2016, 『부여 구아리 사지』

_______________, 2017, 『부여 부소산 사지』

國立扶餘博物館·國立公州博物館, 1981, 「扶餘 亭岩里古墳群」, 『中島』

國立中央博物館, 1991, 『松菊里』 IV

公州大學校博物館, 1997, 『汾江 楮石里遺蹟』

＿＿＿＿＿＿＿＿, 2003, 『鹽倉里古墳群』

錦江文化遺産研究院, 2012, 『扶餘 佳塔里 가탑들 遺蹟』

＿＿＿＿＿＿＿＿＿＿＿, 2013, 『부여 문냉이골 고분군』

대전보건전문대학박물관, 1996, 『靑陽 冠峴里 기와가마터 發掘調査報告書』

동방문화재연구원, 2020, 『부여 중정리(199-9번지 일원) 드론전문교육(체험)장부지 내 유적 문
　　　화재 발굴(시굴)조사 약식보고서』

＿＿＿＿＿＿＿＿＿＿＿＿＿, 2021, 『扶餘 旺浦川邊 遺蹟』

부여군, 2017, 『부여 능산리고분군의 조사와 기록』

＿＿＿＿＿, 2019, 『부여 능안골고분군 주변 백제고분 분포조사』

扶餘郡誌編纂委員會, 1964, 『扶餘郡誌』

부여군문화재보존센터, 2008, 『부여군 산성 문화재 지표조사(1차) 보고서』

＿＿＿＿＿＿＿＿＿＿＿＿＿, 2010, 『扶餘 佳塔里 百濟遺蹟』

＿＿＿＿＿＿＿＿＿＿＿＿＿, 2010, 『부여군보건소 신축공사 부지 내 매장문화재 발굴(시굴)조사 약
　　　보고서』

＿＿＿＿＿＿＿＿＿＿＿＿＿, 2010, 『부여 능산리 고분군 관리사 및 주차장 조성공사 부지 내 매장문
　　　화재 발굴(시굴)조사 약보고서』

＿＿＿＿＿＿＿＿＿＿＿＿＿, 2012, 『부여 구아리 319 부여중앙성결교회유적 발굴조사보고서』

＿＿＿＿＿＿＿＿＿＿＿＿＿, 2013, 『부여 합정리 갱고개유적』

＿＿＿＿＿＿＿＿＿＿＿＿＿, 2013, 『부여 관북리 160번지 백제유적』

＿＿＿＿＿＿＿＿＿＿＿＿＿, 2013, 『부여 뒷개 유적』

＿＿＿＿＿＿＿＿＿＿＿＿＿, 2013, 「부여 구아리 88-3번지 유적」, 『부여 구아리·동남리 일대 백제
　　　유적』

＿＿＿＿＿＿＿＿＿＿＿＿＿, 2013, 『부여나성 북나성』 I

＿＿＿＿＿＿＿＿＿＿＿＿＿, 2013, 『부여 동남리 326번지 유적』

＿＿＿＿＿＿＿＿＿＿＿＿＿, 2014, 『부여 동남리 202-1 유적』

扶餘文化財研究所, 1991, 『扶餘 芝仙里 古墳群』

扶餘文化財硏究所, 1992, 『扶餘 楮石里 古墳群』

___________, 1993, 『扶餘 舊衙里百濟遺蹟』

___________, 1993, 『龍井里寺址』

___________, 1995, 『부소산성 발굴조사 중간보고』

백제고도문화재단, 2014, 『부여나성 북나성』III

___________, 2014, 『부여 쌍북리 184-11 유적』

___________, 2015, 『사비왕궁지구유적』

___________, 2017, 『부여나성 북나성-청산성 정상부 건물지 조사-』V・VI

___________, 2017, 『부여 규암면 반산리 71번지 백제유적』

___________, 2017, 『부여나성 북나성』VII

___________, 2018, 『부여 화지산유적』

___________, 2018, 『부여 호암사지 정비사업부지 내 유적 2차 발굴조사 약보고서』

___________, 2019, 『부여 석목리 143-16번지 유적』

___________, 2021, 『부여 쌍북리(329-1번지 일원) 진출입로부지 내 유적』

___________, 2021, 『부여나성 동나성』V

백제문화재연구원, 2014, 『扶餘 東南里 百濟生活遺蹟 -한국농어촌공사 사옥 신축부지 내-』

백제역사문화연구원, 2023, 『부여 구아리 325・326번지 백제생활유적』

서울문화유산연구원, 2019, 『부여 합정리 369 유적』

비전문화유산연구원, 2024.11, 『부여 가탑리 문화예술교육 종합타운 조성부지 내 유적 정밀발굴조사 약보고서』

申光燮, 1996, 「扶蘇山城-廢寺址 發掘調査報告」, 『扶蘇山城 發掘調査報告書』, 國立文化財硏究所

신광섭・김정완・김성명・김규상, 1993, 「扶餘 宮南池 第2.3次 發掘調査槪報」, 『考古學誌』 5, 한국고고미술연구소

울산발전연구원 문화재센터, 2020, 『부여 쌍북리 56번지 유적』

尹武炳, 1982, 「扶蘇山城城壁調査」, 『韓國考古學報』 13, 한국고고학회

_____, 1987, 「扶餘 定林寺址 蓮池 遺蹟發掘調査報告書」, 『百濟硏究』 18, 忠南大學校 百濟硏究所

尹武炳・李康承, 1987, 「扶餘 龍井里 百濟建物址 發掘調査報告書」, 『百濟硏究』 16, 忠南大學校 百濟硏究所

尹武炳·趙相美, 2003,「軍倉址 發掘調査 報告書('81~'82)」,『扶蘇山城 發掘調査報告書 V』, 國
　　　立扶餘文化財研究所

定林寺址試掘調査團, 1990,『扶餘 定林寺址 隣接地域 試掘 槪報』

朝鮮古蹟研究會, 昭和12(1937),「扶餘軍守里廢寺址發掘調査」,『昭和十一年度古蹟調査報告』

　　　　　　　, 昭和12(1937),「扶餘窺岩面に於ける文樣塼出土の遺蹟と其の遺物」,『昭和
　　　十一年度古蹟調査報告』

　　　　　　　, 昭和14(1939),「扶餘に於ける百濟寺址の調査」,『昭和十三年度古蹟調査
　　　報告』

朝鮮總督府, 1916,『朝鮮 古蹟 調査 報告』

曺永祿, 1965,「扶餘臨江寺址發掘記」,『東國史學』 8, 東國歷史文化研究所

忠南大學校 百濟研究所, 1978,『扶餘地區 遺蹟調査 및 整備計劃案』

　　　　　　　　　　, 2003,『사비도성』

　　　　　　　　　　, 2004,『부여 구봉·노화리 유적』

忠淸文化財研究院, 2003,『扶餘 佳塔里·旺浦里·軍守里 遺蹟』

　　　　　　　, 2006,『扶餘 陵山里 東羅城 內·外部 百濟遺蹟』

　　　　　　　, 2008,『부여 쌍북리 두시럭골 유적』

　　　　　　　, 2008,『부여 정동리 오얏골·꿩바위골 유적』

忠南大學校博物館, 1981,『定林寺』

　　　　　　　, 1982,『扶餘 雙北里 遺蹟 發掘調査報告書』

　　　　　　　, 1985,『부여 관북리백제유적 발굴조사보고』 I

　　　　　　　, 1998,『문화유적분포지도 부여군』

　　　　　　　, 1999,『부여 관북리백제유적 발굴조사보고』 II

　　　　　　　, 2013,『扶餘 東南里遺蹟』

　　　　　　　, 2013,『扶餘 雙北里遺蹟』 II

충남발전연구원, 1996,『聖興山城門址發掘調査報告書』

　　　　　　　, 2003,『부여 합정리』 II

충청남도역사문화원, 2006,『청양 학암리　분향리유적』

　　　　　　　　, 2007,『부여 가탑리유적』

　　　　　　　　, 2008,『군도 19호선(능산-염창)구간 도로확포장구간 내 문화유적 시굴조
　　　사 약보고서』

충청남도역사문화연구원, 2008, 『부여 중정리(85·86-3번지) 백제 토기가마 및 통일신라 수혈
　　　주거지 유적』

＿＿＿＿＿＿＿＿＿＿＿, 2024, 『논산 노성산성-서문지-』

최무장, 1991, 「부소산성 추정 동문지 발굴 개보」, 『百濟研究』 22, 충남대학교백제연구소

한국문화재재단, 2015, 「부여 구아리 74-4·6번지 유적」, 『2013년도 소규모 발굴조사 보고서
　　　Ⅴ』

＿＿＿＿＿＿, 2015, 『부여 정동리 506-2·35번지 유적』

＿＿＿＿＿＿, 2015, 『부여 쌍북리 314-5번지 유적』

＿＿＿＿＿＿, 2017, 『부여 금공리 74-3번지 유적』

＿＿＿＿＿＿, 2018, 『부여 용정리 160-1번지 유적』

＿＿＿＿＿＿, 2019, 「부여 구아리 89-5번지 유적」, 『2017년도 소규모 발굴조사 보고서』

＿＿＿＿＿＿, 2021, 『부여 쌍북리 419-6번지 유적』

＿＿＿＿＿＿, 2023, 『사비백제에 선을 긋다』

한국전통문화학교 고고학연구소, 2011, 『부여 능산리사지 제11차 발굴조사 보고서』

한국전통문화대학교 고고학연구소, 2011, 『송국리 -부여 송국리유적 제12·13차 발굴조사』 Ⅶ

＿＿＿＿＿＿＿＿＿＿, 2017, 『부여 쌍북리요지』

＿＿＿＿＿＿＿＿＿＿, 2019, 『부여 능산리서고분군』 Ⅰ

＿＿＿＿＿＿＿＿＿＿, 2020, 『부여 능산리서고분군』 Ⅱ

한얼문화유산연구원, 2012, 『부여 구아리 434번지 백제유적』

＿＿＿＿＿＿＿＿, 2013, 『부여 오수리 큰덕골 오실골 유적』

논문

강동석, 2025, 「사비도성의 경관 해석」, 『KOREAN JOURNAL OF HERITAGE』 58, 국립문화유산
　　　연구원

강소희, 2018, 「백제 사비도성의 건물군 기능 연구」, 『한국고고학보』 106, 한국고고학회

姜仁求, 1975, 「百濟의 火葬墓·3」, 『百濟文化』 7·8, 공주사범대학 백제문화연구소

권순홍, 2017, 「도성 관련 용어 검토 -都·郭·京을 중심으로-」, 『사림』 62, 수선사학회

＿＿＿, 2019, 「'도성권'의 개념과 고구려 '도성권'의 등장」, 『高句麗渤海研究』 64, 고구려발해
　　　학회

권순홍, 2021, 「『三國史記』의 도성 관련 용어 분석」, 『韓國史學報』 82, 한국사학회

곽종철·고용수·권순강, 2017, 「신라의 토목 -토목의 기초와 계획·설계·시공」, 『신라고고학개론』 上, 진인진

기경량, 2017, 「한국 고대사에서 왕도(王都)와 도성(都城)의 개념 -고구려의 용례를 중심으로-」, 『역사와 현실』 104, 한국역사연구회

_____, 2017, 『高句麗 王都 研究』, 서울대학교 박사학위논문

金庚澤, 2012, 「泗沘都城의 排水體系 變遷에 대한 試論的 考察」, 『韓國上古史學報』 77, 한국상고사학회

김기섭, 2019, 「백제 왕궁 왕도의 변화상과 역사 문화적 의미」, 『백제왕도-동아시아 문화의 정수』, 문화재청

김낙중, 2012, 「백제 정림사의 창건연대」, 『MUNHWAJAE』 45-4, 국립문화재연구원

_____, 2021, 「백제의 익산 경영 방식의 전환과 사비 재정비」, 『문화재』 54-2, 국립문화재연구소

김대영, 2020, 「부여 관북리 유적의 변천과정과 사비도성의 전개」, 『百濟學報』 34, 백제학회

_____, 2025, 『백제 사비기 부소산성의 성격 변화 연구』, 국립공주대학교 박사학위논문

金秀美, 2007, 『熊津都督府 研究』, 전남대학교 박사학위논문

김서인, 2025, 「백제 5部制의 시행과 의미」, 공주대학교 석사학위논문

金誠龜, 1990, 「扶餘의 百濟 窯址와 出土遺物에 대하여」, 『百濟研究』 21, 충남대학교 백제연구소

김성남, 2007, 「백제 사비왕궁의 확대와 변모과정 시론」, 『제57회 충남대 백제연구소 공개강좌 발표문』

兪永培, 1968, 「熊川과 泗沘城 時代의 百濟王宮址에 對한 考察」, 『百濟文化』 2, 公州大學校 百濟文化研究所

김영심, 1999, 「충남지역의 백제 성곽 연구-지방통치와 관련하여」, 『백제연구』 30, 충남대학교 백제연구소

_____, 2000, 「사비도성의 행정구역편제 -王都 5部制의 시행-」, 『사비도성과 백제의 성곽』, 국립부여문화재연구소

김용민, 1997, 「부소산성의 성벽축조기법 및 변천에 대한 고찰」, 『한국상고사학보』 26, 한국상고사학회

_____, 1998, 「百濟 泗沘期土器에 대한 一考察」, 『文化財』 31, 文化財管理局

金正基, 2007, 「青馬山城과 泗沘都城制 研究」, 世宗大學校大學院 碩士學位論文

김종만, 2012, 『백제토기』, 서경

김지선, 2024, 「관북리유적 시기별 유구 및 유물 현황」, 『부여 관북리유적 중 · 장기 조사계획 이행을 위한 전문가 워크숍』, 국립부여문화재연구소

______, 2025, 「부여 관북리유적의 형성과 변천」, 『한국고고학보』 2025-2, 한국고고학회

김혜정, 2011, 「백제 사비기 와적기단 건물지 검토」, 『지방사와 지방문화』 14, 역사문화학회

김희선, 2006, 「6~7세기 동아시아 도성제와 고구려 장안성」, 『한국고대사연구』 43, 한국고대사학회

龜田修一, 2004, 「扶余 '大唐'銘軒丸瓦の語るもの」, 『古代文化』 56-11, 古代學協會

盧重國, 1978, 「百濟王室의 南遷과 支配勢力의 變遷」, 『韓國史論』 4, 서울대학교 국사학과

南浩鉉, 2010, 「扶餘 官北里 百濟遺蹟의 性格과 時間的 位置 -2008년 조사구역을 중심으로-」, 『百濟研究』 51, 忠南大學校 百濟研究所

______, 2011, 「백제 사비기 척도에 대한 일연구」, 충남대학교 석사학위논문

______, 2025, 「扶餘 定林寺址 遺蹟의 性格, 그리고 再調査 必要性」, 『한국고고학보』 2025-2

남호현 · 조운득 · 권은영 · 주진혁, 2024, 「백제 사비도성의 내부 개발 과정에 대한 시론」, 『한국고고학보』 2024-4, 한국고고학회

大橋一章, 2013, 「6세기 후반 백제사원의 사리안치에 대하여」, 『百濟文化』 48, 公州大學校 百濟文化研究所

都守熙, 1983, 「百濟語의 「白 · 熊 · 泗沘 · 伎伐」에 對하여」, 『百濟研究』 14, 忠南大學校 百濟研究所

妹尾達彦, 2014, 「동아시아의 도성과 궁원 구조 -7~8세기를 중심으로」, 『고대 동아세아 도성과 익산 왕궁성』

朴泰祐, 2007, 「백제 사비나성 축조에 대한 검토」, 『호서고고학보』 16, 호서고고학회

朴淳發, 2000, 「泗沘都城의 構造에 대하여」, 『百濟研究』 31, 忠南大學校 百濟研究所

______, 2002, 「백제 천도 백경과 사비도성 조성 과정」, 『백제도성의 변천과 연구상의 문제점』, 국립부여문화재연구소

______, 2003, 「웅진사비기 백제토기 편년에 대하여」, 『百濟研究』 37, 忠南大學校 百濟研究所

______, 2005, 「高句麗와 百濟」, 『고구려와 동아시아 -문물교류를 중심으로-』, 고려대학교 박물관

______, 2007, 「泗沘都城과 益山 王宮城」, 『馬韓百濟文化』 17, 원광대학교마한백제문화연구소

______, 2013, 「동아시아적 관점에서 본 사비도성」, 『扶餘學』 3, 부여고도육성포럼

朴淳發, 2013, 「百濟 都城의 始末」, 『중앙고고연구』 13, 중앙문화재연구원

______, 2014, 「동아시아 고대 도성 民里의 형성과 전개」, 『역사문화연구』 52, 한국외국어대학교 역사문화연구소

______, 2017, 「백제 도성 묘역의 비교 고찰」, 『백제연구』 66, 충남대학교 백제연구소

______, 2018, 「백제 사비기 원락건물의 유형과 성격」, 『백제학보』 25, 백제학회

______, 2019, 「백제 불사 입지 비교 연구」, 『백제연구』 70, 충남대학교 백제연구소

______, 2019, 「백제 도성의 경관」, 『백제왕도-동아시아 문화의 정수』, 문화재청

______, 2024, 「부여 화지산 유적의 성격」, 『부여 화지산유적 조사 성과와 위상』(부여지역 백제 왕도 핵심유적 학술대회), 백제역사문화연구원

박선미, 2013, 「고구려유적 출토 화폐 검토」, 『고구려발해연구』 47, 고구려발해학회

朴永民, 2002, 「百濟 泗沘期遺蹟 出土 高句麗系土器」, 『年報』, 국립부여문화재연구소

박지현, 2017, 「백강구(白江口) 전투 이후 부여융(扶餘隆)의 행적과 웅진도독부(熊津都督府)의 운영」, 『역사와 현실』 105, 한국역사연구회

박천수, 2010, 「고고학을 통해 본 대가야사」, 『퇴계학과 한국문화』 42

박한제, 2011, 「東晉-南朝 建康城의 都城構造」, 『동양사학연구』 116, 동양사학회

백종오, 2006, 「백제 청마산성과 사비도성」, 『史學志』 38, 단국사학회

신가영, 2020, 『4~6세기 加耶 諸國의 동향과 국제관계』, 연세대학교대학원 박사학위논문

徐聲勳, 1979, 「효谷里 百濟廢古墳群」, 『考古學』 6, 국립중앙박물관

______, 1979.5, 「부여지방의 백제유적」, 『박물관신문』 93, 국립중앙박물관

徐程錫, 2004, 「百濟 泗沘都城의 構造」, 『國史館論叢』 104, 國史編纂委員會

______, 2014, 「부여 관북리 '북사'명 토기 출토 건물지의 성격 시고」, 『한국성곽학보』 26, 한국성곽학회

______, 2021, 「사비도성의 왕궁과 5부·5항」, 『한국고대사탐구』 37, 한국도대사탐구학회

서현주, 2021, 「백제 사비기 투공토기의 용도와 출토 의미」, 『백제학보』 36, 백제학회

서현주·이솔언, 2021, 「백제 사비도성 일대 고분의 분포양상과 의미」, 『한국상고사학보』 114, 한국상고사학회

成周鐸, 1982, 「百濟 泗沘都城 研究」, 『百濟研究』 13, 충남대학교 백제연구소

신광섭, 2006, 『백제 사비시대 능사 연구』, 중앙대학교 박사학위논문

신희권, 2017, 「중국 도성과 비교를 통한 한성백제 도성의 형성과 발달」, 『백제학보』 19, 백제학회

심상육, 2018, 「사비도성의 개발 계획과 활용」, 『토지 활용과 경관의 고고학』, 제42회 한국고고학전국대회, 한국고고학회

_____, 2019, 「부여의 백제왕도 핵심유적」, 『백제왕도』, 문화재청

_____, 2019, 「사비기 부여 성곽에 사용된 석재 치석 · 축조」, 『백제 건축, 치석과 결구를 보다』, 서경문화사

_____, 2019, 「사비도성 발굴조사의 최신성과-화지산유적을 중심으로」, 『동아시아 도성경관의 상징』, 문화재청

_____, 2020, 「발굴자료를 통해 본 사비도성의 변천과 경관」, 『百濟文化』 62, 공주대학교 백제문화연구소

_____, 2021, 「부소산성의 공간구성과 평면구조」, 『공산성 왕궁유적 복원고증 심화연구』, 공주대학교역사박물관.

_____, 2022, 「부소산성의 내부 공간 구조 연구」, 『부여 부소산성 조사 · 연구의 새로운 시작』, 국립부여문화재연구소

_____, 2022, 「사비도성의 개발과 도시 확대과정」, 『新編 사비백제사』 01, 부여군

_____, 2023, 「부여지역 백제 목간의 발굴현황과 분포」, 『목간과 문자』 30, 한국목간학회

_____, 2023, 「사비도성의 축조시기」, 『백제 성왕의 사비천도와 도성축조』, 한성백제박물관

_____, 2024, 「백제 사비기 궁역(宮域) 배치에 관하여」, 『동아시아의 궁성체제와 신라 궁성』 (신라왕경 핵시유적 복원 10주년 기념 국제학술대회), 국립경주문화유산연구소

심상육 · 이명호 · 김태익 · 김선옥, 2014, 「부여 동나성 2문지 발굴조사의 의의」, 『百濟文化』 51, 공주대학교 백제문화연구소

심상육 · 이화영, 2019, 「부여 석목리 143-16번지 유적 문자자료 소개」, 『목간과 문자』 22, 한국목간학회

沈正輔, 1996, 「百濟 泗沘都城의 築造時期에 대한 一考察」, 『고고역사학지』, 동아대학교 박물관

山本孝文, 2003, 「百濟 泗沘期의 陶硯 -分類 · 編年과 歷史的 意義-」, 『百濟研究』 38, 충남대학교 백제연구소

_______, 2003, 「百濟 火葬墓에 대한 考察」, 『韓國考古學報』 50, 한국고고학회

_______, 2005, 『韓國 古代 律令의 考古學的 研究』, 부산대학교 박사학위논문

_______, 2005, 「百濟 臺附碗의 受容과 變遷의 劃期」, 『國立公州博物館紀要』 4, 국립공주박물관

양기석, 2003, 「백제 위덕왕대의 대외관계 -대중관계를 중심으로」, 『선사와 고대』 19, 한국고대학회

尹武炳, 1988, 「泗沘都城에 대하여」, 『百濟研究』 19, 忠南大學校 百濟研究所

______, 1990, 「山城·王城·泗沘都城」, 『百濟研究』 21, 忠南大學校 百濟研究所

______, 1994, 「百濟王都 泗沘城研究」, 『學術院研究論文集』

尹武炳·成周鐸, 1977, 「百濟山城의 新類型」, 『百濟研究』 8, 忠南大學校 百濟研究所

윤용희, 2022, 『백제기와 연구』, 성균관대학교 박사학위논문

여호규, 2004, 「國家 祭祀를 통해 본 百濟 都城制의 展開過程」, 『고대 도시와 왕권』

______, 2007, 「三國時期 都城史 研究의 현황과 과제」, 『역사문화연구』 26

______, 2022, 「『括地志』에 나타난 백제 泗沘 都城의 공간구조와 扶蘇山城의 성격」, 『百濟文化』 67, 공주대학교백제문화연구소

呂洪基, 2001, 「百濟 泗沘都城의 構造와 性格」, 檀國大學校大學院 碩士學位論文

이규훈, 2005, 「百濟 泗沘都城의 空間 構造(區劃)와 活用」, 全北大學校大學院 碩士學位論文

李南奭, 1988, 「百濟 蓮花文瓦當의 一研究 -公山城 王宮址出土品을 中心으로-」, 『古文化』 32, 한국대학박물관협회

______, 1997, 「웅진지역 백제유적과 존재 의미-백제의 웅진천도와 관련하여」, 『백제문화』 26, 공주대학교 백제문화연구소

______, 2014, 「사비도성의 경관과 나성의 축조배경」, 『百濟文化』 50, 公州大學校百濟文化研究所

이도학, 2014, 「백제 왕궁과 풍납동토성」, 『쟁점백제사』 3, 한성백제박물관

이명헌, 2022, 「고구려계 사비양식 백제토기의 형성 과정과 그 배경」, 『백제학보』 39, 백제학회

李炳鎬, 2002, 「백제 사비도성의 조영과정」, 『韓國史論』 47, 서울대학교 국사학과

______, 2003, 「백제 사비도성의 구조와 운영」, 『한국의 도성』, 서울시립대학교 부설 서울학연구소

______, 2006, 「부여 정림사지 출토 소조상의 제작시기와 계통」, 『미술자료』 74, 국립중앙박물관

______, 2007, 「부여 정림사지의 창건 배경과 도성 내 위상」, 『백제와 금강』 충청문화재연구원 학술총서1, 서경문화사

______, 2007, 「부여 구아리 출토 소장상과 그 유적의 성격」, 『百濟文化』 36, 公州大學校百濟文化研究所

______, 2008, 「扶餘 陵山里 出土 木簡의 性格」, 『목간과 문자』 창간호, 한국목간학회

李炳鎬, 2008, 「사비도성과 경주 왕경의 비교시론」, 『신라문화제 학술논문집』 29, 경주시

______, 2013, 「백제 사비시기 도성의 의례 공간과 왕권 -통합중추로서의 왕궁과 사원을 중심으로」, 『한국고대사연구』 71, 한국고대사학회

______, 2016, 「식민지기 부여 지역 폐사지 조사와 일본인 고고학자」, 『한국고고학보』 98, 한국고고학회

______, 2019, 「백제 사찰의 역사·문화적 가치」, 『백제왕도』, 문화재청

______, 2020, 「백제의 기와 제작기술과 생산체제의 변화」, 『선사와 고대』 64, 선사와 고대

______, 2021, 「부여 부소산성 출토 토기 명문의 판독과 해석」, 『목간과 문자』 26, 한국목간학회

______, 2022, 「백제 사비도성 내 부소산성의 위상」, 『百濟學報』 40, 백제학회

______, 2022, 「공주 반죽동 출토 백제 기와의 기초적 검토 -대통사 창건 수막새의 모색-」, 『백제문화』 67, 공주대학교 백제문화연구소

______, 2023, 「부여 쌍북리 56번지 목간의 제작시기와 유적의 성격」, 『목간과 문자』 30, 한국목간학회

______, 2023, 「百濟 新羅の王宮と寺院」, 『東アジアの王宮 王都と佛敎』, 勉誠社

______, 2024, 「백제 사비기 물자의 유통과 관리 체계 -부여 부소산성과 쌍북리 일원 발굴 자료를 중심으로」, 『목간과 문자』 33, 한국목간학회

______, 2024, 「기와의 분석을 통해 본 부여 화지산 유적의 성격」, 『백제학보』 47, 백제학회

______, 2025, 「부여 석목리 143-16번지 유적 하층 출토 목간과 유적의 성격」, 『목간과 문자』 34, 한국목간학회

______, 2025, 「부여 왕흥사지 출토 창건 수막새의 재검토」, 『백제문화』 73, 공주대학교 백제문화연구소

李康承·申光燮, 1983, 「扶餘 太陽里 百濟 古墳一例」, 『百濟文化』 15, 公州大學校百濟文化研究所

이성준, 2023, 「백제 사비도성의 도시 공간 기초연구」, 『한국고고학보』 126, 한국고고학회

이성호, 2012, 「역사도시 연구를 위한 고대 지형 복원 -백제 사비도성을 중심으로-」, 한양대학교 석사학위논문

이솔언, 2021, 「백제 사비기 기와가마의 기와 생산과 운영」, 한국전통문화대학교 석사학위논문

李宇衍, 2005, 「朝鮮時代 植民地期 山林所有制度와 林相變化에 關한 研究」, 成均館大學校 大學院 博士學位論文

李元根, 1981, 『三國時代 城郭 研究』, 단국대학교대학원 박사학위논문

이종욱, 1990, 「백제 사비시대의 중앙정부조직」, 『백제연구』 21, 충남대학교 백제연구소

이판섭, 2018, 「길의 지속과 변화에 대한 예찰」, 『길의 고고학(제37회 호서고고학회 학술대회)』, 호서고고학회

이화영·최형운·성정용, 2024, 「사비도성 내 수공업 공방의 양상과 외경부」, 『호서고고학』 59, 호서고고학회

이현숙, 2019, 「백제 웅진기 왕궁의 위치와 왕도의 구조에 관한 재검토」, 『百濟學報』 29, 백제학회

李亨源, 2005, 「泗沘都城內 軍守里地點의 空間區劃 및 性格」, 『湖西考古學』 8, 호서고고학회

이해문, 2020, 「웅진(熊津)도읍기 백제 왕궁의 소묘(素描)」, 『충청학과 충청문화』 28, 충청남도역사문화연구원

임병고, 2012, 「상황리 왕총이 백제왕릉일까?」, 『부여저널』

장성윤, 2025, 「과학적 분석을 통해 본 백제 웅진기 벽돌의 생산과 유통」, 『한국기와학보』 11, 한국기와학회

장재원, 2020, 「사비도성 내 묘역의 조성과 확장」, 『한국고고학보』 115, 한국고고학회

______, 2021, 「백제 사비도성의 범위」, 『호서고고학』 48, 호서고고학회

정재윤, 2018, 「사비 천도의 배경과 시행 과정에 대한 고찰」, 『선사와 고대』 55, 한국고대학회

______, 2018, 「熊津城의 역사적 가치와 의미」, 『百濟文化』 59, 공주대학교백제문화연구소

張學鋒, 2016, 「吳나라 수도 建業의 都城 공간과 葬地」, 『동아시아 古代 都城과 墓域』, 충남대학교 백제연구소

정현용, 2010, 「부여 구아리·관북리 전(田)자형 도로망 형성시기 연구 : 사비도성 방형구획설에 대한 검토」, 경기대학교 석사학위논문

조윤재, 2016, 「중국 고대 부도제의 형성과 유형 -고대 한국 도성 복도제를 검토하기 위한 예찰」, 『중앙고고연구』 20, 중앙문화재연구원

趙源昌, 2003, 「百濟 熊津期 扶餘 龍井里 下層 寺院의 性格」, 『韓國上古史學報』 42, 한국상고사학회

______, 2005, 「기와로 본 백제 웅진기의 사비경영」, 『선사와 고대』 23, 한국고대학회

______, 2008, 「백제 군수리사원의 축조기법과 주영주체의 검토」, 『한국고대사연구』 51, 한국고대사학회

趙源昌, 2020, 「공주 대통사 수막새의 접합기법과 제와술 검토」, 『지방사와 지방문화』 23, 역사문화학회

田中俊明, 1990, 「王都로서의 泗沘城에 대한 豫備的 考察」, 『百濟研究』 21, 忠南大學校 百濟研究所

차용걸, 2019, 「부소산성과 백제산성의 방어체계 연구」, 『부여 부소산성 기록화사업 II 부소산성과 백제산성』, 부여군

최병현, 2016, 「경주 월성과 신라 왕성체제의 변천」, 『한국고고학보』 98, 한국고고학회

崔英姬, 2016, 「百濟 泗沘期의 造瓦系統과 生産體制」, 『百濟研究』 63, 충남대학교 백제연구소

清水昭博, 2003, 「百濟 「大通寺式」 수막새의 성립과 전개 -中國 南朝系 造瓦技術의 전파」, 『百濟研究』 38, 충남대학교 백제연구소

________, 2010, 「아스카시대 전반기의 기와」, 『백제와전』 도록, 국립부여박물관

탁경백, 2016, 「정림사지 창건시기 재고」, 『건축역사연구』 25-4, 건축역사학회

土田純子, 2009, 「泗沘樣式土器에서 보이는 高句麗土器의 影響에 대한 검토」, 『韓國考古學報』 72, 한국고고학회

한성백제박물관·문헌과 문물, 2025, 『그래도 한강은 흐른다』, 2025년 文文昌昌 Episode2 자료집

허의행, 2024, 「사비도성의 고지형과 공간 활용의 검토」, 『先史와 古代』 74, 한국고대학회

洪潽植, 2001, 『6~7世紀代 新羅古墳 研究』, 부산대학교 박사학위논문

_____, 2019, 「2018년 경기·호서지역 백제 고고학 연구 성과와 과제」, 『百濟學報』 28, 百濟學會

_____, 2020, 「익산 왕궁·금마지역의 백제 사비기 유적 입지와 토지 활용 양상」, 『중앙고고연구』 32, 중앙문화재연구원

_____, 2020, 「물질문화로 보는 삼국통일-고고학적 접근」, 『역사비평』 121, 역사비평사

洪思俊, 1971, 「百濟城址研究 -築城을 中心으로-」, 『百濟研究』 2, 忠南大學校 百濟研究所

_____, 1995, 「부여 하황리 백제고분 출토유물」, 『백제사논집』, 도서출판 향지

洪再善, 1981, 「百濟 泗沘城 研究 -遺物과 遺蹟을 中心으로-」, 東國大學校大學院 碩士學位請求論文

황인호, 2012, 「百濟 泗沘都城의 都市計劃에 대한 검토」, 『고고학』 11-3, 중부고고학회

웹사이트

국사편찬위원회 한국사데이터베이스(https://db.history.go.kr/)

백제세계유산센터 홈페이지(https://baekje-heritage.or.kr/kr/)

위키백과(https://ko.wikipedia.org/wiki/)

다음어학사전(https://dic.daum.net/)

나무위키(https://namu.wiki/)

국가유산청 gis통합인트라넷시스템

_ 심상육(沈相六, Shim Sangyuk)

충남 부여군 장암면 출생(1973)

부여 장암초(1986) / 장암중(1989) / 대전 대성고(1992) /

강릉대 사학과 학사(2000) / 공주대 사학과 석사(2005) / 박사(2026)

2000년 국립부여문화재연구소 연구원(~2006) / 2007년 백제고도문화재단 문화재조사부장(~2020)

2020년 공주대학교 역사박물관 연구교수(~2022) / 2022년 국립부여문화유산연구소 책임연구원(~현재)

한국전통문화대학교, 원광대학교 시간강사 역임

사비고고학연구회 / 한국목간학회 / 한국기와학회 회원

주요저서

『건물지로 본 사비고고학』(2015), 『백제 건축 치석과 결구를 보다』(2019), 『(동아시아 문화의 정수) 백제왕도』(2019), 『(新編)사비백제사 제1권, 사비시대를 연 성왕과 사비도성』(2022), 『백제 성왕의 사비 천도와 도성 축조』(2023)

『서천 연봉리 유적』(2011), 『부여 세도 귀덕리고분 발굴조사보고서』(2011), 『부여 홍산현 관아 . 2』(2014), 『부여 동남리 202-1 유적』(2014), 『사비왕궁지구 유적 : 부여 사비왕궁지구 발굴조사』(2014), 『논산 황화정리 석관묘 유적』(2016), 『부여나성 석성산성』(2017), 『부여나성-북나성 Ⅴ·Ⅵ : 청산성 정상부 건물지 조사』(2017), 『부여 화지산유적 : 2015~2016년도 2·3차 발굴조사』(2018), 『부여 가림성 . 3 , 북성벽 조사』(2019), 『부여 능안골고분군』(2020), 『백제왕도 핵심유적 익산지역 발굴조사 마스터플랜 수립 보고서』(2020), 『부여 부소산성 : 종합학술연구보고서 : 부소산성 발굴조사 40주년 기념 연구도서』(2022), 『공주 공산성 : 대지조성과 기단』(2022)

「백제 암막새의 출현과정에 관한 검토」(2005), 「백제 印刻瓦에 대하여」(2010), 「부여나성 동나성 2문지 발굴조사의 의의」(2014), 「부여 구아리 319 유적 출토 편지목간의 이해」(2015), 「발굴자료를 통해 본 사비도성의 변천과 경관」(2020), 「부여 지역 백제 목간의 발굴 현황과 분포」(2023) 외 다수

백제 사비성(泗沘城), 도성(都城)에서 왕도(王都)로

초판발행일	2026년 4월 7일
지 은 이	심상육
발 행 인	김선경
책 임 편 집	김소라
발 행 처	서경문화사
	주소 : 서울시 종로구 이화장길 70-14(204호)
	전화 : 743-8203, 8205 / 팩스 : 743-8210
	메일 : sk7438203@naver.com
신 고 번 호	제1994-000041호
ISBN	978-89-6062-268-5 93910

※ 파본은 구입처에서 교환하여 드립니다.

정가 20,000원